JN418729

아름다운 예의 뿌리를 찾아서

태평양저널

시작하면서

인간은 사회적 동물이라고 한다. 사회적 존재로서의 의미와 윤리 도덕적 존재로서의 의미를 강조하는 말일 것이다. 이를 달리 표현하자면, 인간은 인간 상호간에 요구되는 질서를 존중하고 실천적으로 지키며 살아가는 존재라고도 할 수 있을 것이다. 그러므로 최소한의 규범이라고 할 수 있는 예절(禮節)을 지키며 살아가야 한다는 사회적 요구는 너무나 당연하다. 예절은 아름다운 것이다. 또한 예부터 동방예의지국(東方禮義之國)이라 일컬어질 만큼 예를 숭상해 온 우리 민족이야말로 조상으로부터 면면히 이어받은 충효사상(忠孝思想)을 토대로 아름다운 생활양식을 전수해 온 문화국가라고 자부할 수 있다.

그러나 우리 사회가 발전함에 따라 교육수준도 높아만 가는데 어이없게도 도덕적 기강(紀綱)은 혼란스러워지고 인심 또한 각박해지고 있다. 이 같은 현실은 정신적 혼란과 패덕(悖德), 무질서 등에서 오는 당연한 결과라 할 수 있다.

우리 사회는 언제부터인가 예로부터 지켜 온 미풍양속을 고리타분한 아집인 양 무시하고 있다. 그것의 가치를 잊어버리기라도 한 것처럼 외면한 채 살아가고 있는 것이다. 나는 이러한 현실에 대해 위기의

식을 느끼고 있다.

우리는 옛것을 알고 경건한 자세로 조상을 섬기면서 미풍양속을 지켜나가는 것이 민족문화를 계승 발전시키는 한 방편이라고 생각한다. 따라서 우리만의 독특한 미풍양속의 참된 정신을 이해하여야만 조상을 바르게 섬길 수 있으며 자라나는 자손들에게도 깊은 사랑을 베푸는 일이 어떤 것인가를 일깨워 줄 수 있을 것이다.

뿌리 없는 나무가 있을 수 없고, 조상 없는 후손이 있을 수 없으며, 오늘은 또한 어제의 연속인 동시에 내일로 이어지는 길목이다. 옛 조상의 아름다운 의례생활 중에서 우리가 소중히 간직할 만한 것을 가려내고 이를 갈고 닦으며 길러서 우리뿐 아니라 새로운 세대의 지표로 삼도록 해야 할 의무가 또한 우리에게 있음을 상기해야 할 것이다.

이제는 후학들의 무례함을 한탄만 하고 있어서는 안 되겠다는 생각을 한다. 사실 우리가 언제 그들을 진지하게 가르쳐 보기나 했었던가. 지금 젊은이들은 무엇이 예절인지, 어떻게 하는 것이 예의바른 것인지 모른다. 알고도 실천하지 않는 것이 아니라 아예 모르는 것이다. 만일 한 사회에서 살아가는 각 세대 사이에 무엇이 아름다운 것인지, 무엇이 소중한 것인지에 대한 기준이 각각 다르다면 그처럼 불행한 일은 없을 것이다. 우리는 그렇게 되지 않도록 최선을 다해야 할 것이다.

2001년 12월 대구의 한 중학생이 학교 폭력으로 인해 자살한 사건이 발생하자 교육현장에서 인성교육이 필요하다는 여론이 있었다. 여기에 2014년 4월 세월호 침몰사고 때 승객을 버리고 배에서 탈출

한 승무원들의 도덕성이 비난받으면서 인성교육의 필요성이 더욱 강조되었다.

그리하여 2014년 12월 여야 출석의원 199명 만장일치로 인성교육 진흥법안이 국회를 통과했다. 일선 학교들이 인성교육을 실시하도록 법으로 규정해 학생들이 예 · 효 · 책임 · 협동 등의 덕목을 기르도록 하겠다는 의도에서다.

그러자 임종화 좋은교사운동 대표는 “국가가 강제로 가르치겠다고 하는 순간, 학부모와 학생은 인성도 평가될 것이라는 불안감이 생길 수밖에 없고 사교육 시장을 찾게 된다.”고 말했다. 그리고 이미 불기 시작한 ‘인성 사교육’ 바람은 사그라질 줄 모르고 있다.

그러자 발의를 주도했던 정의화 국회의장 측은 대변인을 통해 “시행 방안을 논의하는 과정에서 오해가 커진 것 같다”며 “인성교육 확대에 대한 국민적 분위기를 만들려는 의도 발의했다”고 밝혔다.

하지만 내 생각은 다르다. 물론 예절교육에 대한 결과를 대입에 반영할 수는 없다. 하지만 그런 것과 관계없이 인성교육을 실시해야 한다. 초 · 중 · 고등학교 생활을 하는 동안 예절에 대한 교육을 1주일에 최소한 1시간 이상 실시해야 한다. 또한 각 가정에서도 학교에서 미처 가르치지 못했던 것들을 가르쳐야 한다. 다시 말하자면 사회가 그 필요성에 대해 공감하고 함께 연구해야 한다는 것이다. 바로 그러한 목적에 도움이 되기를 바라는 마음으로 이 책을 펴내게 되었다.

이 책은 전래되어 온 미풍양속의 바탕 위에서 오늘의 여러 가지 생활의식(生活儀式)을 어떻게 합리적으로 조화시켜 나가느냐에 대해

독자 여러분이 스스로 판단하도록 엮어졌다. 웃어른을 공경하고 자손을 사랑하며 이웃을 돕는 우리의 아름다운 풍속이 지난날의 의식들에 바탕을 두고 있음을 상기할 때, 이 책의 출간이 민족 문화의 계승과 사회순화에 다소나마 기여할 것을 믿어 의심치 않는다.

서장에서는 필자가 생활 속에서 느낀 것들을 수필 형식으로 써보았다. 1장에서는 가정, 학교, 사회에서 요구되는 예절의 필요성들을 설명했다. 그리고 2장에서는 어린이가 자라서 어른이 되는 관례식(冠禮式), 성인이 되는 사람이 제 짝을 맞이하는 혼례식(婚禮式), 죽음을 맞이하여 지내는 상례식(喪禮式), 그리고 죽은 뒤에 자손이 조상을 위해 올리는 제례식(祭禮式)에 대해서 비교적 자세하게 설명했다. 이들 네 가지 중에서 제례는 본인이 죽은 뒤에 행해지는 것이지만, 그 자신이 이미 조상의 제례를 받들었으며 이로 인하여 자손과의 유대가 계승되었다는 점에서 일생 동안의 예절로 보는 것이기 때문이다.

지금이 진부한 전통예절을 고집할 시대는 아니라는 생각에 실용성 있는 생활예절들을 사례 중심으로 엮었음을 밝혀 둔다.

2015년 8월

엮은이 김 영 진

차례

서장

제장

일반예절(禮節)

제II장

관혼상제(冠婚喪祭)

서장

예절소고 禮節小考

1. 한 마디의 말

얼마 전 고속버스에서 있었던 일이다. 표를 구입하고 개찰을 하여 좌석에 앉아 책을 읽고 있는데 갑자기 어디선가 말다툼하는 소리가 들려왔다. 무슨 일인가 해서 돌아보니 점잖아 보이는 할아버지 한 분과 고집스러워 보이는 할머니 한 분이 자리 하나를 놓고 옥신각신하는 것이었다.

자초지종을 알고 보니 할머니께서 아무런 양해도 구하지 않고 할아버지의 좌석에 앉았던 것이 그만 언쟁의 발단이 되었다. 태연하게 자리에 앉아 있는 할머니에게 할아버지가 물었다.

"여기가 할머니의 좌석이 맞습니까?"

그러자 할머니는 퉁명스러운 목소리로 "몰라요" 하고 대답했다.

"모르시다니, 그럼 아무 데나 앉았단 말씀입니까?"

"자리가 많은데 아무데나 앉으면 어때서요?"

할머니는 차 안의 빈자리들을 가리키며 그렇게 되묻는 것이었다.

"지금은 그럴지 몰라도 조금 뒤에 좌석 임자가 오면 자리를 비워 주어야 하니 번거롭지 않습니까?"

"뭐, 아무것도 아닌 것을 가지고 말이 많아요?"

할머니가 이렇게 쏘아붙이자 할아버지는 기가 막히다는 듯이 한마디 했다.

"미안하다고 해도 모자랄 판에 되레 큰소리니 내참……"

"큰소리는 누가 큰소리를 쳤어요?"

이쯤 되니 점잖던 할아버지도 더 이상 참을 수가 없었던 모양이다.

"적반하장도 유분수지……, 보자보자 하니 그 할망구, 며느리 꽤나 볶아먹었겠구먼!"

그 말이 떨어지는 순간 차 안은 온통 웃음바다가 되고 말았다.

한 마디 말의 소중함이란 재론의 여지가 없다. 그러기에 "말 한 마디로 천 냥 빚을 갚는다"는 말이 생겨났는지도 모른다.

우리의 생활 주변에서 일어나는 크고 작은 일 중에서도 경사스러운 일들은 시간이 지난 뒤에 다시 축하의 인사를 해도 흠이 되지 않는다. 그러나 애사(哀事)의 경우, 특히 참척(慘慽:자녀나 손자가 부모, 조부모보다 먼저 죽는 일 따위)과 같은 경우에는 조심할 필요가 있다. 애사를 당한 당사자로서는 어느 정도 마음의 상처가 치유될 즈음에 새삼 예를 갖추기 위해 인사를 한다면, 위로는커녕 그 아픔이 더욱 깊어질 것이기 때문이다. 이런 때에는 일상의 다른 이야기들로 정담을 나누는 것이 현명할 것이다.

물론 부모의 상이나 상처(喪妻) 상부(喪夫)의 경우에는 다를 수 있다. 옛 어른들의 말씀에 따르면 아무리 친한 친구라 할지라도 삼년상에 한 번도 조문(弔問)하지 않으면 의절(義絕)한다고 하였다. 그래서 길사(吉事)에 참석 못하는 것은 결례가 아니지만 흉사(凶事)에 불참하는 것은 큰 결례가 된다고 하는지도 모른다.
경우에 따라서 지나친 친절은 오히려 결례가 되기도 한다. 어느 직장 상사와 부하 직원 사이의 대화를 들어 보자.

상사: "요즘 신혼 재미가 어떤가?"
부하: "그저 그렇습니다."
상사: "아이들은 잘 크는가?"
부하: (속으로 생각하기를) '혼인한 지 3년이 지났어도 아이가 없어 속만 태우는데, 무슨 잠꼬대 같은 소리를 하며 친한 척 하는 거야?'
상사: "그럼 아이가 아직 없나 보군."
부하: "예. 사실은······"
상사: "내가 본의 아닌 실수를 했군. 미안하게 됐네."
부하: "괜찮습니다. 제가 복이 없어서 그렇지요, 뭐."

이렇게 해서 상사와 부하 직원의 대화는 어색하게 끝나버리고 말았다. 아쉬웠던 점은 상사가 좀더 조심성 있게 대화를 이끌어갔다면 이렇게 어색한 대화가 되지는 않았을 것이다.
이럴 때는 다음과 같이 하면 어떨까?

상사: "부인이 아주 미인이라던데?"
부하: "과찬의 말씀입니다."

상사: "그리고 듣자하니 살림꾼이라고 소문이 자자하더군."

부하: "박봉으로 살다 보니 그렇게 된 것 같습니다."

상사: "그래, 직장생활에 어려움은 없나?"

부하: "어려움이 있겠어요? 상사님이 늘 보살펴 주시는데요."

대화가 위와 같이 이루어진다면 화기애애한 분위기가 지속될 것이다.

한 마디의 말이 이처럼 감정을 격화시키기도 하고, 상대방의 마음에 상처를 남기기도 하며, 잔잔한 감동을 불러일으키기도 하는 것이다. 조금만 생각한 후에 말을 하면 기분을 상하게 하지 않고 감화(感化)를 주어 대화를 성공적으로 이끌 수 있다. 그리고 성공적인 대화는 원만한 인간관계를 유지해 나가는 밑거름이 되기도 한다.

2. 생각을 바꾸면 운명도 바뀌어진다

자기의 부모는 사랑하지 않으면서 다른 사람을 사랑하는 것을 패덕(悖德)이라고 하며, 자기 부모를 존경하지 않으면서 누군가를 존경하는 것을 패례(悖禮)라고 한다. 또한 부모의 은혜를 입고서도 자식된 도리를 다하지 못하는 것을 불효(不孝)라고 하며, 부모에게 자식으로서 못할 짓을 하면 패륜(悖倫)이라고 한다.

언제부터인가 우리 주변에 패덕과 패례가 나타나더니 급기야는 불효와 패륜 행위마저 종종 발생하곤 한다. 그래서 생겨난 말이 윤리의 붕괴요 도덕의 퇴폐이며 인간성의 상실과 사회성의 부재 등이다.

우리 사회가 이같이 된 까닭은 무엇일까? 그것은 아마도 농경사회의 대가족 사회가 대가족 사회의 핵가족 사회로 바뀌면서 급격한 경제성장에 따른 가정교육의 부재와 지식 위주의 교육으로 인한 결과가 아닌지 자성해 볼 일이다.

대가족 제도이던 전통 사회에서는 가장(家長)인 노인이 자녀와 손자녀에게 권위와 위엄의 상징이었고, 그들에게 신뢰와 사랑을 심어 주었다. 그러던 것이 핵가족 시대로 접어들면서 노인은 소외의 대상[孤獨苦]이 되었고 가난[貧苦]과 질병[病苦], 여가에 비해 할 일이 없는 것[無爲苦] 등도 겪게 되어 4중고에 시달리는 형편이 되었다.

우리들이 일상생활에서 말과 행동을 쉽게 여기는 것은 무책임한 마음가짐 때문이다. 책임 있는 말이나 행동에는 마음가짐이 조심스러울 수밖에 없다. 그것은 부모가 자녀에게, 교사가 학생에게, 선배가 후배에게, 윗사람이 아랫사람에게 본보기가 되어야 한다는 의무감 때문이다. 말보다 행동이 앞서야 하고 가르침보다 솔선수범이 선행되어야 그들이 뒤따를 수 있다. 그래서 교육은 힘들고 어려운 것이다.

교육 중에서도 제일 어려운 것은 예절 교육이다. 지식을 가르치는 것은 암기와 이해를 통해 할 수 있지만, 예절을 가르치기 위해서는 지식을 바탕으로 한 행동(몸가짐)이 뒤따라야 하기 때문이다.

예절을 몸에 익히도록 하려면 어려서부터 성장 과정에 맞춰 계속적인 지도가 있어야만 한다. 그런데도 우리 주변에서는 예절 얘기만 나오면 고리타분한 것으로 치부해 버리거나, 심한 경우에는 "예절이 밥 먹여 주느냐?"고 빈정거리곤 하는데, 이를 볼 때마다 나는 말문이 막힌다. 그런 사람일수록 '버릇없는 자녀'를 그냥 내버려 두기만 하는 경우가 많기 때문이다.

그러나 우리가 예절에 대해서 한 가지 분명히 알아두어야 할 사항이 있다. 그것은 '생각이 바뀌면 행동이 바뀌고, 행동이 바뀌면 습관이 바뀌며, 습관을 바꾸면 운명도 바뀐다'는 것이다. 예절이 중요한 까닭은 바로 여기에 있다. 그래서 '남의 예절바름을 보면 나의 예절바름을 찾고, 남의 버릇없음을 보거든 나의 버릇없음을 찾는 지혜'가 있어야만 현명한 사람이요, 앞서가는 사람이라고 보는 것이다.

의식(衣食)이 풍요로워질수록 예절을 숭배한다고 하지만 그것은 인간이 완숙된 후의 이야기이며, 어린아이들은 부모나 어른들의 언행을 본받게 마련이다. 그런데도 부모나 어른들 중에는 말과 행동이 다른 이중성을 노출시키고 있다.

가령 부모가 자식에게 '거짓말을 하면 나쁜 사람이다'라고 말하면서 자기 자신은 거짓말을 한다. 말하자면 빚 독촉을 받을 때 자녀에게 '나 찾으면 없다고 해라' 하는 경우이다. 부모의 이러한 모습을 보고 자녀는 심리적인 갈등을 겪게 된다. 부모의 말씀을 따르자니 거짓말을 하게 되는 것이고, 진실을 따르자니 부모의 말씀을 거역하게 되니까 말이다. 그래서 그 자녀가 하는 말이 "없다고 하래요"이다. '없다'는 것은 부모님의 말씀을 따르는 말이고, '하래요'는 잘못인 줄 알지만 강요에 의해서 양심을 속이는 자신을 고백하는 것이다.

우리의 주변에서 사라져야 할 것은 말과 행동을 달리하는 것이다. 즉 언행일치가 안 되는 사람이 더 이상 발붙이지 못하도록 해야 한다는 것이다. 그래야만 건전한 사회 기풍을 확립할 수 있다.

패덕과 패례, 그리고 패륜을 막기 위해서는 우리 전래의 미풍양속인 효제충신(孝悌忠信) 사상과 경장(警長) · 경로(經路)사상, 그리고 상부상조와 협동단결의 정신을 되살리는 길밖에 없다. 부모에게 효도하고 형제간에 우애를 지키며 모든 사람이 맡은 일에 최선을 다하고, 서로 믿고 사는 것이 효제충신 사상이다. 또한 나의 부모에 대한 효성이 남의 부모, 나아가 모든 어른들에게로 확대된 것이 경장 · 경로사상이며, 이것은 인간의 존엄성에 대한 신념이기도 하다.

'나'보다 '우리'를 앞세우는 의식인 상부상조와 협동단결의 정신은 가정 윤리의 재정립을 위해서 지금의 우리에게 가장 절실한 덕목이다. 농사 중에서도 '자식 농사'가 가장 중요하다고 말하면서 버릇없는 자녀에게 무관심한 태도는 모든 농사를 망치는 것과 다를 바 없는 것이다.

3. 관심은 사랑의 출발점

얼마 전 모 방송국의 리포터로부터 인터뷰를 요청하는 전화가 걸려왔다. 요즘 청소년들의 예절에 대해 의견을 듣고 싶다는 것이었다.

약속한 날에 담당 리포터가 휴대용 녹음기를 들고 찾아왔다. 나는 리포터에게 명함을 건네주고서 먼저 가벼운 얘기를 주고받았다.

"저를 어떻게 알게 되셨나요?"

"일전에 신문에서 선생님의 인터뷰 기사를 보고 나서 한번 뵙고 싶었습니다."

"아, 그렇군요. 저에게 관심을 가져 주셔서 감사합니다."

"선생님께서 예절에 대해 남다른 관심을 가지시고, 더구나 예절에 관한 책도 펴내신 것으로 알고 있습니다."

"제가 전공한 분야가 윤리이고, 윤리의 핵심이 예절이라고 생각하면서 〈월간지〉에 '예절 소고(禮節小考)'라는 칼럼을 쓰기 시작한 지 6년째 됩니다."

"그러면 작품이 60회 넘게 연재되었고 많은 일화가 담겨 있겠군요."

"그렇지요. 생활 주변의 일화를 중심으로 오랫동안 칼럼을 썼고, 일상생활에 필요한 예절 상식도 곁들여서 한 권의 책을 만들게 되었어요.”
“교단생활을 하는 것만도 벅차실 텐데 한 번도 거르지 않고 글을 쓴다는 것이 쉬운 일은 아닐텐데?”
“취미로 글을 쓰다 보니 어려움은 적었습니다. 제 글을 관심 있게 읽어 주시는 분들이 있다는 것이 글 쓰는 사람에게는 보람이지요.”
“선생님, 학교생활에서 있었던 일화를 한 가지만 소개해 주시겠어요?”
“그러지요. 전에 근무하던 학교에서 있었던 일입니다. 평소에 품행도 방정하고 공부도 잘하는 모범생이기에 가정교육도 남다를 것 같아 질문을 던져 보았지요. ‘그래, 자네는 본관(本貫)이 어디지?’ 하고 물었더니 그 학생이 ‘여기가 본관(本館) 아니에요?’ 하면서 되묻기에 제가 오히려 당황한 일이 있었어요. 그래서 다시 질문을 했어요. ‘그게 아니라, 네가 어디 정씨냔 말이다’ 했더니 그래도 모르겠는지 ‘나라 정(鄭)가입니다’ 하는 거였어요. ‘내 말뜻을 이해 못하는 모양인데, 본관이란 이를테면 동래 정씨, 연일 정씨, 영일 정씨 등을 말하는 거야’라고 했더니 그제서야 본관의 뜻을 납득한 듯 머리를 긁적이면서 난처해하는 표정이 되더군요. 그래서 제가 ‘모른다고 해서 부끄러울 것 없으니 이제부터라도 관심을 갖도록 하라’고 당부했지요.”
가벼운 대화를 마치면서 필자는 책에 서명을 담아 리포터에게 건네주었다. 그리고 나서 본격적인 인터뷰에 들어갔다.
“선생님, 요즘 버릇없는 아이들이 늘어난다고 하는데 그 원인이 어디에 있다고 보십니까?”

"예, 제 생각은 이렇습니다. 첫째의 원인은 가정에 있습니다. 가정마다 자녀가 하나 아니면 둘이니까 부모가 무조건 과보호하고 있기 때문이지요. 둘째의 원인은 학교에서 찾아야 합니다. 학교에서 공부만 강조하다 보니 버릇없는 아이들을 보고도 오불관언(吾不關焉)하기 때문입니다. 예절 교육은 도덕이나 윤리 교사의 몫이라고만 착각하고 있는 거지요."

"그렇다면 이 문제를 어떻게 풀어나가야 한다고 보십니까?"

"해답은 간단합니다. 가정에서 부모는 귀한 자식일수록 엄하고 예의 바르게 키워야 합니다. 그러려면 먼저 부모가 모범을 보이고, 자녀의 잘못이 있으면 즉석에서 고쳐 주어야 합니다. 학교에서도 마찬가지입니다. 공부를 잘 하더라도 버릇이 없으면 고쳐 주고, 공부를 못하더라도 예의가 바르면 칭찬을 해줘야지요. 예절은 도덕이나 윤리 교사만이 지도하는 것이 아니라 모든 선생님들이 일관성 있게 지도해야만 합니다. 그리고 무엇보다 중요한 것은 선생님들 자신이 학생들에게 모범을 보이는 것이라고 생각합니다.'

"그럼 선생님께서는 어떻게 지도를 하시나요?"

"말보다 행동으로 보여 주지요. 예컨대 학생이 인사를 잘못하면 즉석에서 시정해 줍니다. 그러면 당시에는 다소 기분이 언짢아 보여도 다음에 만나면 고맙다는 뜻으로 정성들여 인사를 합니다. 이렇게 학생들이 행동의 변화를 보일 때 보람을 느낍니다."

예절은 말보다 실천이 중요하다. 특히 가정에서의 자녀 교육은 부모가 모범적인 언행을 하는 것이 지름길이다. 문제아의 배후에 문제 가정이 있다면 버릇없는 아이의 이면에는 방관하는 부모가 있게 마련이다. 건전한 가정에서 건강한 아이가 자라고, 훌륭한 스승 밑에서 예의 바른 학생이 육성되게 마련이다.

바르지 못한 아이를 두고 보기만 하는 것은 사랑이 아니라 아이의 장래를 망치게 하는 무관심하고 무책임한 태도이다.

4. 돈보다 중요한 것들

우리들은 어쩌면 돈에 웃고 돈에 우는 생활 속에서 살아가고 있는 것인지 모른다. 도대체 돈이 무엇이길래 사람의 마음을 이토록 사로잡는가 하고 한 번쯤 생각해 보는 것도 현대를 살아가는 우리에게는 의미 있는 일이 될 것이다.

옛날에는 화폐가 단순히 물건과 맞바꾸는 매개물로만 쓰였다. 그런데 오늘날에는 재산 증식의 수단은 물론이고, 무엇이든지 안 되는 일이 없는 만병통치의 묘약으로 변했다.

돈을 많이 모으는 것보다는 돈을 모으는 방법이 중요하며 돈을 가치 있게 쓰는 것은 더욱 중요한 일이다. 돈이 많다고 자랑하기보다는 그 돈이 깨끗한 돈인가 아닌가 하는 것이 더 중요한 문제이고, 그 많은 돈을 헤프게 쓰기보다는 알뜰하고 보람 있게 쓰는 것이 더 자랑스런 일이다.

예컨대 언 발을 구르며 손등이 갈라지고 입술이 터지는 것도 참으면서 한푼 두푼 평생 모은 돈을 학교의 장학금으로 기탁했다는 눈물겨운 어느 독지가의 일화라든지, 불구의 몸으로 행상을 하며 어렵게 모은 돈을 고아원이나 양로원에 희사했다는 지체부자유자의 기막힌 사연은 이따금 이 각박한 사회에 신선한 청량제가 되어 준다.
그러나 아쉬운 것은 돈 때문에 자리를 팔고, 재물 때문에 양심을 팔며, 재산 때문에 우애를 끊고, 일확천금을 꿈꾸다 패가망신하는 일을 듣고 볼 때마다 황금만능의 사고가 얼마나 무서운가를 다시 한 번 느끼게 된다.
문민정부 시대를 맞이하여 재산 공개 과정에서 국민의 지탄을 받아 온 선량(選良)들이 법의 심판대에 오르는 모습을 바라보면서 옛날의 청백리(淸白吏)를 떠올리게 된다.
대표적인 인물로 조선조 세종 때 영의정을 지낸 황희 정승(1363~1452)을 들 수 있는데, 그는 인품이 원만하고 생활이 청렴한 명신(名臣)으로 후세에 추앙받고 있는 청백리의 상징이기도 하다. 가까이는 자유당 시절에 외무부 장관을 지낸 변영태 씨를 들 수 있다. 그는 나라의 공금으로 외국에 다녀오면 남는 돈은 꼭 반납하여 양심적인 정치인으로 정평이 났다. 이것은 어쩌면 당연한 일이었는데도 세상 사람들이 청백리라고 불렀으니 당시의 세태를 짐작할 수 있다.
산모가 난산으로 진통을 겪을 때 동전을 흔들면 뱃속의 아기가 동전 소리를 듣고 빨리 나온다는 우스갯소리가 있다.
옛날에 한 선비는 어린아이가 갖고 놀던 동전 한 닢을 삼켜 버려 그 어머니가 크게 걱정하는 것을 보고, "어떤 탐관오리는 몇 천 냥을 삼키고도 눈 한번 깜짝 안 하는데, 그까짓 동전 한 닢을 가지고 무얼 걱정하느냐"고 태연스럽게 말했다고 한다. 오늘을 사는 우리에게도 시사하는 바가 큰 이야기다.

'세상엔 돈 때문에 안 되는 일도 없고 되는 일도 없다'는 말은 돈의 위력을 암시하는 말이다.

'돈 때문에 안 되는 일도 없다'는 것은 아무리 힘들고 어려운 일이라도 돈만 있으면 된다는 말인데, 이 말은 돈의 위력을 광신(狂信)한 데서 나온 말이다. 그리고 '되는 일도 없다'는 것은, 무엇을 하려고 해도 돈이 없으면 하지 못한다는 뜻으로, 돈의 무한한 힘을 맹신한 데서 나온 말이리라.

그야말로 울던 아이도 '돈' 하면 울음을 그치는 세상이다. 극장이나 운동 경기장의 입장권이 매진되었어도 '웃돈'만 주면 암표를 사서 들어갈 수 있다는 사고방식은 시민 정신을 좀먹는 결과를 낳을 뿐이다.

남편에게 바가지를 긁던 아내도 남편의 월급봉투만 보면 얼굴색을 바꿔 화기가 돌고 애교를 부리게 된다면 뭔가 잘못되어도 한참 잘못된 이야기이다. 가정주부가 남편이 월급봉투를 받아오기까지 겪는 크고 작은 어려움을 한 번쯤 생각한다면 어디 월급의 많고 작음이 문제이겠는가. 남편을 진정 사랑하는 마음으로 그의 고충을 이해한다면 월급의 많고 적음은 전혀 문제가 되지 않을 것이다.

김형석 교수는 〈돈과 인격의 함수〉라는 글에서 "사람은 90의 인격을 갖추었을 때 89까지의 재물을 관리할 수 있으며, 60의 인격을 지닌 사람은 59까지의 재산을 관리할 수 있다. 그런데 인격이 40밖에 안 되는 사람이 부모로부터 80의 재물을 물려받으면 그는 노력 없이 얻은 재산 때문에 오히려 불행해지며 사회에도 피해를 끼치게 된다"고 하였다.

이 말은 우리들이 자녀에게 인격과 인간적 능력을 무시하고 많은 재산을 물려주는 어리석은 과오를 지적하는 가르침이다. 금전의 다툼보다 형제간의 두터운 우정을 생각하고, 자녀에게 많은 재산을 물려주는 것보다는 교육에 대한 투자를 생각하며, 마구잡이 축재(蓄財)보다 부(富)의 분배를 생각할 줄 알아야 앞서가는 사람이라 할 수 있다. 돈보다 중요한 것은 의리요 명예요 우정이며 인격이다. 돈 때문에 의리를 저버리지 않고, 양심을 속이지 않으며, 명예를 더럽히지 않고, 우정에 금이 가지 않으며, 인격에 손상을 주지 않는 삶이 아쉬울 따름이다.

5. 아버지와 아버님

우리가 흔히 사용하는 '임(님)'이라는 말이 있다. 명사로 쓸 때는 사모하는 사람을 지칭하는 말로 '임'이지만, 접미사로 사용할 때는 사람의 호칭 밑에 붙여 높임을 나타내는 '님'이다. 예를 들어 '임도 보고 뽕도 딴다'의 경우는 전자에 속하고 선생님, 사모님, 도련님 등은 후자에 속한다.

아버지, 어머니는 친부모일 경우 '아버지', '어머니'로 불러야 올바른 호칭이며, 시부모일 경우 '아버님', '어머님'이라고 불러야 올바른 호칭이 된다. 그러나 '선생'이라는 말은 스승이나 교원 또는 자신과 학식이 비슷하거나 그 이상인 사람에게 사용하는 말인데도 불구하고 아무에게나 함부로 선생이라고 부르는 것은 웃음거리밖에 안 되는 일이다.

우리는 일상생활에서 부지불식간에 겹높임말을 예사로 사용하고 있다.

문장에서 간접 호칭의 경우 'OO 선생' 하면 될 것을 'OOO 선생님'이라고 한다든지 편지의 겉봉투에 'OOO 사장님' 하면 될 것을 'OOO 사장님 귀하'라고 하는 것은 아무리 생각해도 어색한 일이다.

그런가 하면 직접 호칭도 마찬가지이다. 변호사님, 검사님, 판사님이라고 하면 될 것을 변호사 선생님, 검사 선생님. 판사 선생님이라고 부르니 말이다.

언젠가 서비스업을 하는 사람과의 대화 도중에 깜짝 놀란 일이 있다. 그는 무슨 이야기인가 끝에 협조하거나 허락해 달라는 뜻으로, 옛날 임금에게나 쓰던 '윤허(允許)하여 주십시오'라는 말을 서슴없이 사용했다. 자기 자신은 정중하고 품위 있는 말을 하려고 했을지 모르지만 듣는 사람으로서는 당황할 수밖에 없었다.

당신(當身)이라는 말도 마찬가지다.

'할아버님 당신께서……'와 같이 웃어른을 극히 높여 일컬을 때 사용하는 3인칭 대명사로 쓰이는가 하면, 부부 사이에서의 '당신'과 같이 2인칭 대명사로 쓰이는 평존칭의 경우도 있다. 그리고 상대방을 질책할 때 '당신, 그러면 안 돼!'와 같이 비존칭의 2인칭 대명사 용법도 있다. 따라서 상대에 따라서 억양이나 표현이 적절해야 한다.

이 같은 '당신'이라는 말은 전해오는 일설에 의하면, 신라의 임금이 당(唐)나라의 신하에게 '당나라 신하'라는 뜻으로 '당신(唐臣)'이라 한 데서 연유되었다고 한다.

일선 행정기관이나 학교 또는 회사 등에서 아랫사람이 올린 안건을 책임자가 헤아려 승인하는 절차를 흔히 결재(決裁)라고 한다. 그런데 어떤 사람이 결재 서류를 들고 상사에게 가서 "재가(裁可)하여 주십시오"라고 했다니 정말 웃지 않을 수 없다. 재가란 국사 제반 안건에 대해 임금이 몸소 결재하여 허가함을 말하는 것이다.

의사를 일반적으로 '의사 선생님'이라 부르는데, 그렇다면 목사도 '목사 선생님'이라 불러야 옳고 교사도 '교사 선생님'이라고 불러야 옳은 것은 아닌지 모르겠다. 역전(驛前)을 '역전 앞'이라고 하는 것이나, 외가나 처가를 '외갓집', '처갓집'이라 부르는 것도 그와 같은 꼴이다. 해변(海邊)을 '해변가'라고 하는 것, 낙수(落水)를 '낙숫물'이라 부르는 것도 마찬가지이다.

'사모님'의 경우를 보아도 아무렇게나 제멋대로 사용하고 있어 이맛살을 찌푸리게 한다. 사모님이란 말은 스승이나 스승뻘 되는 부인의 높임말인데, 친구의 부인이나 심지어는 제자의 부인에게까지 함부로 사용하는 실수는 없어야 할 것이다. 하기야 구멍가게 주인에게도 '사장님'이라고 해야 친절하게 대해 주고, 그의 부인에게 '사모님'이라고 불러야 물건 값을 깎아준다면 '울며 겨자 먹기' 식이 될 수밖에 없다.

이 같은 사례들을 일일이 늘어놓자면 한도 끝도 없다. 우리는 과장된 말에 시달려서(?)인지 사실대로 말하면 오히려 흥미를 잃고 실감이 나지 않으며, 때로는 믿지 않으려고까지 한다.

또 언제부터인지 조그만 직장이나 단체들까지도 시상식에서 보면 시상자가 직접 읽어야 할 상장의 내용을 으레 다른 이가 읽는 경우가 대부분이다. 뭔가 잘못되어도 단단히 잘못된 경우가 아닌가 생각된다. 더구나 대신 읽으면 분명한 대독(代讀)인데도 '대독'이란 말조차 쓰지 않는 것을 보면 더욱더 한심한 노릇이다.

이런 일은 아무래도 친절이 지나친 경우라고 말할 수밖에 없다. 지나친 친절은 아부요, 아부는 무능의 소치라는 말도 있듯이, 과장된 말이나 지나친 친절은 삼가야 할 것이다.

시상식에서 상장을 시상자가 직접 읽지 않고 대신 읽도록 요구하는 것은 권위주의의 발상이며 시상자의 권위 그 자체까지도 실추될 수밖에 없다. 권위주의는 청산하더라도 권위는 되찾아야 한다. 그래야 위계질서가 바로 서게 되는 것이다.

6. 나물 먹고 물마시고

우리 조상들은 "나물 먹고 물 마시고 팔을 베고 누웠으니, 대장부 살림살이가 이만하면 족하리라" 하는 마음으로 세상을 살았다. 이를 두고 유유자적(悠悠自適)이라 하던가. 이러한 생활은 인간이 속세를 떠나 아무것에도 구속되지 않고 자기가 하고 싶은 대로 하며, 조용하고 편안하게 지내는 일이다.

그런 의미에서 중국 고전의 하나인 〈채근담(菜根談)〉도 같은 맥락으로 이해할 수 있다.

〈채근담〉을 보면서 가슴에 와 닿았던 구절 몇 개를 소개해 본다.

첫째, 도덕을 지키는 사람은 한때 외롭지만, 권세에 아부하는 사람은 만고에 처량해진다.

착하게 사는 것이 한때는 외로울지 몰라도 사람의 도리를 다하는 것은 영원히 사는 길이다. 그런가 하면 권력에 아부하고 아첨하는 사람은 일시적으로는 부귀영화를 누릴지 모르나 오랫동안 외롭고 처량해질 수 있다. 감성적인 사람이 재물이나 직위에 연연한다면 이성적인 사람은 정도(正道)를 걸으며 명예를 생명처럼 고귀하게 여긴다.

둘째, 작은 길, 좁은 곳에서는 상대방에게 한 걸음 양보해서 먼저 지나가게 해야 한다.

무엇이든 양보하는 마음가짐은 자기 자신은 물론 상대방을 즐겁게 하며 모두에게 기쁨을 안겨 주는 일이다. 양보하는 마음은 질서 의식에서 생겨나며, 질서는 아름답고 자유롭고 편한 것이기에 돋보이는 것이다.

셋째, 혜택과 이익에서는 남을 앞지르지 말고, 덕행과 일에서는 남에게 뒤떨어지지 마라.

어려운 일은 다투어서 할 것이며, 쉽거나 편한 일은 남에게 양보하는 것이 현명한 사람이요, 앞서가는 사람이다. 근시안적인 사람일수록 눈앞의 이익에 집착하며 과욕 때문에 패가망신하는 경우를 보곤 한다. 사람에게 있어 욕심이란 끝이 없으며, 욕심이 지나치면 눈이 어두워져 사리 판단이 흐려진다.

넷째, 고관(高官)의 자리에 있을지라도 자연에 묻혀 사는 취미가 있어야 하며, 자연에 묻혀 살아가는 사람이라도 반드시 조정(朝廷)의 경륜을 품어야 한다.

높은 지위에 있을 때 지나친 욕심을 부리다 보면 일을 그르칠 뿐만 아니라 자신에게 불행이 닥치게 된다. 반대로 수신(修身)하고 제가(齊家)하지 않으면 치국(治國)의 기회가 오더라도 그 자리에 오르기 어렵다. 바둑에서 돌 한 점을 놓더라도 세상을 관조(觀照)하는 마음이 있어야 하고, 장기에서 졸(卒)을 쓰더라도 용장(勇將)의 위용보다는 지장(智將)의 혜안과 천군만마(千軍萬馬)를 일사불란하게 통솔하는 덕장(德將)의 덕목이 있어야 한다.

다섯째, 세상을 살아가는 동안 언제나 성공만이 따르기를 바라지 마라.

성공이란 자기가 목적한 바를 이루는 것이다. 그러나 어떤 일에서나 성공만을 이룬다면 거기에서 자족(自足)하고 말 것이다. 실패보다 더 큰 성공은 없다. 또한 자기 자신의 성공만을 위하여 남에게 피해를 주기보다는 남에게 베풀면서 살아가는 것이 오히려 성공의 지름길이다.

여섯째, 자녀에게는 출입을 엄하게 하고 친구를 조심해서 사귀도록 해야 한다.

자녀 교육의 으뜸은 출필고(出必告) 반필면(反必面)의 가르침이다. 자녀가 밖에 나갈 때는 반드시 부모에게 행선지를 말씀드리고, 돌아와서는 무사히 다녀왔음을 아뢰는 것이 최소한의 도리임을 가르쳐야 한다. 왜냐 하면 잘못된 친구들과 어울려 탈선의 길을 걷게 되면 돌이킬 수 없는 수렁으로 빠져들게 되어 자식 농사를 그르치기 때문이다.

일곱째, 상대가 부(富)를 내세울 때 나에게는 인(仁)이 있고, 상대가 지위를 내세울 때 나에게는 의(義)가 있다는 것을 생각하라.

부(富)가 분명히 5복의 하나이기는 하지만 인격의 척도는 아니다. 더욱이 그것이 한 사람의 평가 기준이 될 수는 없다. 그러기에 맹자는 부(富)보다는 인(仁)을 중시하여 '사람이 살 편안한 집'이라고 하였다. 또한 지위는 그 사람의 일시적인 명예일 수는 있지만 사람 대접의 잣대가 될 수 없고 인품의 척도가 될 수도 없다. 지위보다는 의(義)가 그 사람의 됨됨이를 가늠하는 기준이요, 우리 인생의 가장 참다운 길이다. 그래서 맹자는 의를 가리켜 '사람이 걸어갈 넓은 길'이라고 했다.

여덟째, 내가 남에게 베푼 공(功)은 마음에 새겨 두지 말고, 내가 남에게 잘못한 일은 마음에 새겨 두라.

흔히 모자란 사람일수록 자기의 공을 침소봉대(針小棒大)하려 하고, 다른 사람에게 불공(不恭)한 것은 잊어버리거나 마음에 두지 않는다. 그럼으로 사람됨에 있어 큰 그릇과 작은 그릇의 구별은 자기의 공을 어떻게 말하느냐에 따라 달라진다. 원래 선행이나 공은 아무도 모르게 행했을 때 더욱 빛나는 법이다.

7. 훈장님과 거짓말

조는 것과 자는 것은 어떻게 다를까? 몸이 피곤해서 앉으나 서나 자꾸만 잠이 오는 상태가 조는 것이라면, 심신의 상태를 멈추고 무의식 상태로 쉬는 것은 자는 것이다.

요즘 학생들을 보자. 수업 시간에 잠시 조는 모습은 이해가 되지만, 아예 코까지 골면서 자는 학생은 그 마음가짐을 의심하게 된다.

옛날, 어떤 서당에서 갑돌이라는 학생이 꾸벅꾸벅 졸다가 훈장에게 야단을 맞았다. 며칠 후에 이번에는 훈장이 학생들 앞에서 잠시 졸다가 학생들에게 비웃음을 받게 되었다.

훈장은 변명하기를, "내가 눈을 감았던 것은 조는 것이 아니라 공자님을 면회하는 중이니라"하고 말했다.

며칠 후 갑돌이가 또 졸고 있었다. 이를 발견한 훈장이 갑돌이를 깨우고는 "공부 시간에 졸면 되느냐?"고 꾸짖었다. 그러자 갑돌이가 대꾸하기를 "저는 지금 조는 게 아니라, 잠시 공자님을 면회했을 뿐입니다" 하는 것이었다.

훈장이 어이없어하며 물었다.

"그래, 공자님께서 뭐라고 하시더냐?"

갑돌이는 능청을 떨면서 말했다.

“며칠 전에 공자님께서 우리 훈장님을 만나신 적이 있습니까?” 하고 여쭈어 보았더니, ”만난 적이 없다“고 하시던데요.”

훈장은 할 말을 잃고, 서당 안은 온통 웃음바다로 변했다. 훈장이 거짓말을 하면 그의 가르침을 받는 학생도 자연스럽게 따라하게 되는 법이다.

또 이런 이야기도 있다.

어느 고을 훈장이 혼자서만 즐겨 먹는 것이 있었다. 그것은 다름 아닌 꿀이었다. 하지만 학생들이 물을 때마다 훈장은 약이라고 하면서 ‘너희들이 먹으면 죽는 것’이라고 거짓말을 했다.

그 후 훈장이 외출한 사이 짓궂은 학생 하나가 그것을 먹어 보니 달콤한 꿀이 아닌가. 이 학생 저 학생이 먹다 보니 꿀은 순식간에 바닥이 나고 말았다. 훈장이 아끼던 꿀을 다 먹어 버렸으니 큰일이었다. 영악한 학생들은 훈장의 벼루를 깨뜨리고서 모두들 그 자리에 누워 잠을 청했다.

마침내 훈장이 돌아왔다. 한데 들려야 할 글 읽는 소리는 들려오지 않고 쥐 죽은 듯 조용하니 의아한 생각이 들었다. 방문을 열고 안으로 들어선 순간 훈장은 또 한 번 놀라지 않을 수 없었다. 자기가 그토록 아끼던 벼루는 박살이 나 있고 꿀은 바닥이 났으며 학생들은 모두 죽은 듯이 잠을 자고 있으니 말이다. 화가 난 훈장은 흥분을 가라앉히고 모두 자리에서 일어나게 한 후 자초지종을 물어보았다.

그들의 대답인즉, 훈장이 외출한 사이 장난을 치다가 벼루를 깨뜨리고는 크게 혼날 것을 두려워한 나머지, '먹으면 죽는다는 그 약'을 모두 나눠 먹고 죽기만을 기다리는 중이라는 것이 아닌가. 훈장은 자신의 거짓말 때문에 빚어진 일임을 깨닫고 크게 자책하였다.

하나의 거짓말은 또 다른 거짓말을 낳는다. 특히 부모의 거짓말은 자녀들의 비행을 낳고, 교사의 거짓말은 학생들의 탈선을 부르는 것이다.

맹자는 그의 언행을 담은 책 〈맹자〉의 진심장(盡心章)에서 군자유삼락(君子有三樂) 중 하나로 '앙불괴어천(仰不愧於天) 부불작어인(俯不怍於人)'을 꼽았다. 이는 곧 '하늘을 우러러 부끄럽지 않으며, 땅을 굽어보아 사람에게 부끄럽지 않은 것'을 말한다.

시인 윤동주도, 서시(序詩)〉에서 '죽는 날까지 하늘을 우러러 한 점 부끄럼이 없기를' 바랐다.

이것이 어찌 맹자와 윤동주만의 바람이겠는가. 그것은 오늘을 사는 모든 이들의 가슴에 깊이 새겨야 할 경구이리라. 우리 모두 한 점 부끄럼 없는 삶, 거짓 없는 삶을 위해 최선을 다해야 할 것이다.

8. 덕(德)을 길러야 외롭지 않다

도덕이란 사람이 길러야 할 품성이고, 윤리는 사람이 지켜야 할 순리이며, 예절은 사람이 행해야 할 규범이라고 한다. 그렇다면 도덕, 윤리, 예절은 바른 인간의 척도이자 사람으로서 마땅히 지켜야 할 도리인 것이다.

예를 들어 부모에게 존댓말을 사용하고 공손한 태도를 보이는 것이 자녀의 도리라면, 자녀에게 온화한 얼굴로 사랑을 베풀고 잘못에 대해서는 엄하게 다스림으로써 과오를 되풀이하지 않도록 하는 것은 부모의 도리이다. 또한 스승의 말씀에 귀를 기울이고 그 가르침에 따라 올바른 인격을 쌓고 배운 바를 몸소 실천하는 것이 학생의 도리라면, 학생을 내 자식처럼 가르치고 사랑하며 바른 길로 인도하는 것은 스승의 도리이다.

흔히들 윤리와 도덕이 무너지고 예의범절은 이제 옛날 얘기가 되었다고 푸념하면서도, 정작 누구 한 사람 예의를 실천하기 위해 헌신하지 않는 것이 요즘의 세태이다. 남의 말이나 허물은 탓하면서도 자신의 부족함을 드러내려 하지 않는 데서도 이 같은 모습은 잘 나타나고 있다. 말하자면 상대방이 교통 신호 하나를 지키지 못한 것은 쉽게 발견하면서도 자신이 암표를 사거나 탈법을 저지르는 것은 아무렇지 않게 생각해 버린다. 부하 직원이 교통 체증으로 지각하면 호통을 치면서도 자신의 무단결근에 대해서는 아무런 해명도 없는 뻔뻔스런 상사도 있다. 대개 이런 사람일수록 안하무인이어서, 결재서류를 들고 가면 안경 너머로 부하 직원을 흘겨보며 트집거리만 생각하고, 수고나 위로의 말에는 인색한 경우가 많다.

직장 상사는 모름지기 부하 직원을 사랑하고 아껴 주어야 한다. 일선에서 실제업무를 추진하는 부하들이 활기차게 일할 수 있어야 회사도 발전하는 것이다. 이를 위해서는 부하 직원들에게 좀 더 친절하게 대해 주고 바르게 가르쳐 주며 독려하는 것이 상사의 바른 도리이다.

어떤 상사는 회의를 주재하면서 담배를 연신 피워대는가 하면, 물건이나 방향을 가리킬 때 하듯이 손가락으로 부하직원을 지적하는 무례도 일삼는다. 이 같은 행동은 상대방을 인격적으로 대하는 태도가 아니다. 더욱 가관인 것은 부하 직원 앞에서 다리를 꼬고 앉아 품위가 어떻고 예절이 어떻고 하며 잔소리를 늘어놓는 모습이다. 상사가 직장에서 자신의 권위를 인정받으려면 먼저 부하 직원이 본받을 만한 모범이 되어야 한다. 그렇지 않고서는 권위를 인정받기는커녕 아무도 그를 따르려 하지 않을 것이다. 가정에서도 부모가 아이들로부터 존댓말을 들으려면 먼저 경어를 써야 하듯이, 직장에서도 상사가 부하 직원에게 존경을 받기 위해서는 자신을 먼저 낮추어야 한다. 상사는 부하 직원 위에 군림하는 자가 아니라 함께 일하는 협력자로서 밀어 주고, 이끌어 주고, 가르쳐 주는 사람이 되어야 한다.

직장에서 뿐만 아니라 가정에서나 학교에서도 이러한 자세가 필요하다. 겸손한 마음으로 덕을 길러야만 외롭지 않다. 반드시 이웃이 있고 그를 따르는 사람이 있으므로.

9. 경로 효친의 시작

우리 민족은 예로부터 예의를 숭상하는 민족이었다. 오늘날에도 우리는 삼강오륜을 근간으로 하여 경로 효친 사상을 생활화함으로써 날로 심각해지는 노인 문제나 청소년 문제를 해결해 나가고 있다.

삼강오륜을 현대적 의미로 해석하면 나라에 대한 충성과 자애와 효도라고 할 수 있다. 자애란 자녀에 대한 부모의 사랑이며, 효도란 부모의 사랑에 대한 자녀의 도리로서, 순종하며 정성을 다하는 것이다. 여기서 순종이라 함은 무조건적인 복종을 의미하는 것이 아니라, 마음을 터놓고 대화함으로써 서로를 이해할 수 있도록 노력하는 것을 말한다. 가정에서의 이러한 효도가 밖으로 확산될 때 경로 정신으로 나타난다.

웃어른이나 노인을 공경하고 부모에게 효도하는 것이 바로 경로 효친이다. 연장자에 대한 존대와 공경은 우리가 지켜나가야 할 겨레의 미덕이며, 이러한 예가 바르게 지켜진다면 지금과 같이 노인 문제가 심각하지는 않을 것이다. 또한 부모에 대하여 자연스럽게 우러나오는 보은의 정이 있다면, 그리고 그 실천의 덕목인 효친 사상을 심어 준다면 부모의 뜻을 거역하는 탈선 청소년이나 패륜 행위는 생겨나지 않을 것이다.

경로 효친 사상과 더불어 우리는 청소년들에게 미래를 향한 밝은 꿈을 키워 주기 위해 노력해야 한다. 밝은 꿈은 그들이 장차 큰 그릇이 될 수 있도록 굳은 의지를 심어 주는 것이며, 모든 사물과 현상에 대하여 왕성한 탐구심을 가지고 끈질긴 노력을 할 수 있도록 하는 일이다.

또한 청소년들이 각자 자신을 되돌아보도록 해 주고 폭넓은 생활 경험을 할 수 있도록 배려하며 가정교육, 학교 교육, 사회 교육을 통해서 부단히 자기 혁신을 이룰 수 있도록 해 주어야 한다.

노인 문제만 하더라도 일시적인 해결책만으로 만족할 것이 아니라, 다소 시간이 걸리더라도 장기적인 안목으로 교육을 통하여 근본적인 해결책을 모색해야 한다. 교육을 통해 경로 효친 사상을 심어 주는 것은 노인 문제와 청소년 문제를 근본적으로 해결할 수 있는 가장 좋은 방법일 것이다.

10. 〈육아훈요〉에 담긴 뜻

〈육아훈요(育兒訓謠)〉에 보면 꾸지람 속에서 자란 아이와 따돌림과 무관심 속에서 자란 아이, 그리고 욕심과 불만을 채워 주어 응석받이로 자란 아이는 눈치, 비난, 싸움질, 수줍음, 증오, 시기, 편견, 고집 등을 배우며 성장한다고 한다.

그러나 관용과 포용, 인정과 격려, 관심과 기대 속에서 자란 아이는 인내심을 가지고 자신있게 제 몫을 다하여 훌륭한 인격체로 성장한다고 한다. 또한 공정한 대접과 보호, 안정, 도움과 우애 속에서 자란 아이는 세상을 바르고 미더운 마음으로 바라보며, 온 세상이 어질고 자비로우며 사랑이므로 충만함을 알고 살아간다고 한다.

일부를 소개하면 다음과 같다.

꾸지람을 듣고 크는 아이,
눈치와 비난부터 배우게 되고
미움받고 크는 아이,
싸움질만 일삼게 되며
놀림받고 크는 아이,

자신없어 수줍음만 타게 된다.

따돌림과 무시 속에 자란 아이,
증오와 시기의 외톨박이 되고
욕심과 불만 속에 자란 아이,
자기만 아는 고집쟁이 되고
응석과 오만 속에서 방종과 편견이 함께 큰다.

관용과 포용 속에 자란 아이,
용케도 참고 기다릴 줄 알게 되고
인정과 격려 속에 자란 아이,
자신있게 제 몫을 다하게 되며
관심과 기대 속에 자란 아이,
보란 듯이 한 인물 능히 되고도 남는다.

공정한 대접 속에 자란 젊은이,
올바름을 베풀 줄 아는 어른이 되고
보호와 안정 속에 자란 젊은이,
세상을 미더운 눈으로 바라보고
도움과 우애의 손길 속에 자란 젊은이,
온 세상이 어질고 자비로운 사랑으로 가득함을 알게 된다.

우리의 자녀를 더 이상 고정된 관념과 편견, 아집과 독선으로 키우지 말자. 아이들도 하나의 인격체로서 대우하고, 그들의 의견을 과감히 수용하며, 믿음과 정성으로 바르게 크도록 노력해야 할 것이다.

11. 은자동아 금자동아

하나의 생명이 잉태되어 한 인간으로 태어나기 위해서는 무엇보다도 부모의 은공을 잊을 수가 없다. 그것은 하나의 생명이 부부간의 참사랑의 결과임은 말할 것도 없거니와 부모의 몸을 빌려 서 세상에 나왔기 때문이다.

부부 중에서도 특히 임신한 아내의 경우에는 열 달 동안 마음가짐은 물론이요, 몸가짐 하나에도 흐트러짐 없는 자세를 가지려고 노력한다. 이 같은 마음가짐과 몸가짐을 갖기 위해서는 남편도 말과 행동을 하나하나 조심해야 할 것이다.

임산부는 옆으로 눕지 말고 변두리에 앉지 않으며 설 때도 반듯한 자세로 서야 한다. 또 음식을 먹을 때도 반듯하게 자른 것만 골라서 먹고, 현란한 것은 보지도 않으며 음란한 소리는 듣지도 말아야 한다. 이런 것들이 임산부가 태아를 위해 가지는 몸가짐인데, 이를 흔히 태교(胎敎)라 한다.

부녀자의 4덕(四德)에서도 여성다운 덕성과 태도, 여성다운 말씨와 솜씨를 들고 있다. 여자가 이 네 가지 덕만 갖추고 있다면 귀한 자녀를 둘 수 있다고 한다.

부모의 은덕 중에서도 특히 어머니의 은혜는 바다와 같이 넓고 깊은 것에 비유된다. 그것은 어머니의 뱃속에서 새 생명이 잉태되면서부터 그 어머니가 갖는 마음가짐과 몸가짐은 말할 것도 없고, 특히 분만의 고통은 그 무엇과도 비교할 수가 없기 때문이다. 산고는 가히 생사의 갈림길이라고까지 부를 지경이니 어머니의 고통은 알 만하지 않은가. 우리들 각자는 어머니의 그런 고통 끝에 생을 허락받은 존재인 것이다.

태교 전문가의 말에 의하면 자연 분만보다 인공 분만이 쉽기는 하지만, 태아에게 미치는 영향은 우리들이 생각하는 것보다 훨씬 더 크다고 한다. 마취에서 오는 피해도 적지 않고 산모가 수술 때 겪게 되는 충격도 태아가 함께 겪게 되어 열등아 출산의 확률이 높다고 한다.

부모의 마음을 조금이라도 이해하기 위해서 아이를 키우면서 들려주는 〈은자동아 금자동아〉의 글귀 하나하나를 가슴으로 읽어보자.

어화 세상 벗님네야 이내 말씀 들어보오.
천지간에 소중함이 부모밖에 또 있는가.
태산보다 높은 것이 부모 은혜 아니던가.
아버님께 뼈를 빌리고 어머님께 살을 빌려
잉태하여 열 달 동안 천신만고 하였어라.
이 세상의 모든 사람 부모 없이 태어났을까.
아기 날 때 겪는 고생 생사마저 초월했네.
낳은 뒤에 온갖 정성 애지중지 보살피며

진자리와 마른자리 가려주며 키우셨네.
부모 자신 마다하고 좋은 의복 좋은 음식
입히나니 자식이요 먹이나니 자식이라.
말 배울 때 예뻐하고 걸음할 때 기뻐하네.
업어주고 안아주고 무릎 위에 올려놓고
은을 준들 너를 사며 금을 준들 너를 사랴
하늘에서 내려왔나 땅속에서 솟아났나.
만첩산중 보옥동아 창해바다 진주동아!
칠보천금 보배동아 채색비단 오색동아!
수명장수 부귀동아 자손창성 만복동아!
우리 자식 수명일랑 동방삭의 명을 타고
석숭아의 복을 빌며 항우장사 기운나네.
이태백의 문장 빌며 왕희지의 필법 빌려
소진장의 구변 닮아 간 곳마다 박수로다.
귀히 되게 해달라고 삼신님께 빌으셨고
홍역손님 치를 적에 정성으로 치료하고
천지신명 조화 빌려 천만세를 축원하네.
아침나절 오이 본 듯 저녁나절 가지 본 듯
어서어서 자라거라 토실토실 자라거라.
생이지지 하여라 문일지십 하여라.
말끝마다 향내나고 글발마다 문장나라.
나라에는 충신동이 부모에는 효자동이

동기간에 우애동이 일가친척 화목동이
남의 눈에 귀염둥이 동네방네 의리동이
붕우간에 유신동이 태산같이 굳세어라.
하늘같이 높거라. 바다같이 깊거라.
불면 날까 쥐면 깰까 애지중지 기르셨고
일곱 살이 되고 나서 좋고 좋은 명문 학교
어진 스승 찾아가서 사람되게 간청하며
소학대학 가르쳐서 관례 제례 치르면서
어진 배필 짝지어서 백년해로 빌고 비네.

부모 은혜 갚아낸들 만분지일 갚을소냐.
새벽에는 일찍 깨어 문안 인사 먼저 하고
즐기시는 온갖 음식 정성으로 차려드려
부모님이 잡수시면 자식 마음 기쁨일세.
때늦으면 시장할까 날이 차면 추우실까
오매불망 부모 생각 마음 편한 날이 없네.
부모님의 하고픈 일 앞서가서 먼저 하고
부모 곁에 항상 있어 봉양공대 잊지 않네.
평안하게 하는 것이 효도 중에 으뜸일세.
부모 취침하실 적에 이부자리 펴드리고
온량 정도 살펴봐서 춥게 말고 덥게 말고
한평생을 하루같이 우리 부모 섬겨보세.

입신양명 하게 되면 부모님도 칭송되니
가난함을 근심 말고 정성으로 모셔 보세.
논에서는 벼를 심고 밭에서는 보리 심어
벼는 베어 부모 봉양 보리 베어 우리 양식.
뒷산에서 뽕 따오고 앞터에서 목화 따다
명주 짜서 부모 의복 무명옷은 우리 차지.
가축들을 잘 기르고 물고기를 낚아다가
만반진수 차려드려 우리 부모 섬겨 보세.
위험한 데 가지 마라 부모 근심 끝이 없네.
주색잡기 멀리하면 부모님이 맘 편하고
처자형제 화목하면 부모님이 기뻐하네.
아무쪼록 효도하여 부모 은혜 갚아보세.
부모 만일 걱정하면 자식 마음 죄송하여
말씀 또한 유순하고 얼굴빛은 온화하게
공경하고 공대하면 부모 감동하시리라.
우리 부모 내가 모셔 부자자효 하여 보자.
세월 또한 유수 같아 날로 백발 늙어가니
우리 부모 백 세 후면 효도할 곳 전혀 없네.
지금 효도 못하면 평생 한이 아닐 소냐.

부모 만일 병환나면 근심하고 걱정하여
지성으로 보살피면 하느님도 감동하리.

불행하여 별세하면 호천망극 어찌할까.
낮과 밤을 안 먹어도 음식 생각 전혀 없고
장례 전에 여러 날을 먹는 음식 죽뿐이다.
장 · 의례를 갖추어서 선영 아래 안장할 때
황망 중에 정신 차려 예법대로 행하여라.
바쁜 중에 그릇되면 영원토록 한 되리라.
우제졸곡 지내고도 상중 내내 애통하니
굴건제복 벗지 말고 밤낮 곡성뿐이로다.
나무 실과 안 먹는데 술 고기를 먹을 건가.
소상 대상 잠시 지나 담제 길제 다 지낸다.
삼년상을 다 보내면 사모할 곳 어디든가.
사당에다 신주 모셔 없는 부모 계신 듯이
아침마다 문안 인사 삭방으로 분향하고
명절마다 차례 모셔 조상 은덕 추모하고
기일이면 제사 지내 부모 생각뿐이로다.

이 노래에서 '나라에는 충신동이 부자에는 효자동이, 동기간에 우애동이 일가친척 화목동이'가 눈여겨 볼 구절이다. 부모에게 효도하는 것이야말로 인륜의 근본이며 자식된 도리이기에 말이다.
자식이 효도하면 부모가 즐거워하고, 집안이 화목하면 만사가 순조롭게 이루어진다. 부모에게 효도하는 사람은 나라에 충성하는 것도 잊지 않는다. 그 대표적인 사례가 충무공 이순신 장군이다.

충무공은 무예뿐 아니라 문예에도 남다른 조예가 있었으며, 나라에 대한 충성심 못지않게 부모에 대한 지극한 효성을 지니고 있었음을 〈난중일기〉에서 찾아볼 수 있다.

그는 모친상을 당하여 하늘이 무너지는 슬픔을 안고 장례도 치르지 못한 채 금부도사의 성화같은 독촉으로 다시 천리 길의 백의종군(白衣從軍)에 나섰다. 충무공은 당시의 심정을 이렇게 탄식하였다.

"아침 일찍 백의종군을 떠났다. 영구를 그대로 두고 곡(哭)만 하고 길을 떠나게 되니 이 일을 어떻게 한단 말인가. 천지간에 어찌 이 같은 일이 있겠는가. 빨리 죽어버리는 것만 못하구나!"

자식 된 도리를 다하지 못하니 죽고 싶을 따름이라는 그 안타까운 마음을 숨김없이 털어놓은 것이다.

형제간의 우애나 친척간의 화목도 사랑하는 마음에서 두터워지고 정겨워지는 것이다. 형은 동생을 친구처럼 다정하게 대해 주고, 동생은 형을 공경하는 마음으로 대하는 가운데 형우제공(兄友弟恭)의 정신이 싹트고 다져진다.

그러고 보면 형제간의 우애가 친척간의 화목으로 이어지고, 친척간의 화목이 이웃 간의 협동으로 발전하게 된다. 또한 이웃간의 상부상조는 사회의 질서 의식을 싹틔우는 기틀이 되며, 이러한 질서 의식은 나라 발전의 원동력이 되는 것이다.

12. 부모는 기다려 주지 않는다

조선 인조 때의 무신이자 시인이던 노계 박인로(朴仁老)는 한음 이덕형(李德馨)이 접대로 내놓은 감을 보고 돌아가신 어머니를 생각하며 시조를 지었다고 전해진다.

반중 조홍감이 고와도 보이나다
유자 아니라도 품은직도 하다마는
품어 간 반길 이 없을 새 글로 설워하노라

일명 〈조홍시가(早紅柿歌)〉로도 불리는 이 시는 박인로의 지극한 효성을 보여 준다. 또한 이 시조는 옛날 중국 삼국 시대에 오(吳)나라의 육적(陸績)이 여섯 살 때에 원술(袁術)이 주는 귤을 품속에 품었다가 자기 어머니에게 주려 했다는 육적회귤(育績懷橘)의 고사에 비추어 지은 것이라고도 전해진다. 아무튼 효에 대한 마음은 예나 지금이나 다를 것이 없다. 다른 것이 있다면 정신이 아니라 마음의 차이일 것이다.

우리가 자주 부르는 〈어머니의 은혜〉라는 노래가 있다.

나실 제 괴로움 다 잊으시고
기르실 제 밤낮으로 애쓰는 마음
진자리 마른자리 갈아 뉘시며
손발이 다 닳도록 고생하시네
하늘 아래 그 무엇이 넓다 하리요.
어머님의 희생은 가이 없어라

어머니의 생신이나 회갑 때 자녀들이 이 노래를 부르며 감사의 마음을 전할 때면 가슴이 찡해져 옴을 느낀다. 그나마 부모가 살아계실 때만이 이 노래의 생명력이 있음을 생각하면, 부모를 여읜 사람의 서글픔은 이루 형언할 수 없을 것이다. 그래서 그들은 부모님이 병석에라도 살아서 누워 계시기만 한다면 효도 한 번 할 수 있게 되어 여한이 없겠노라고 넋두리를 하는가 보다.

옛말에 '수욕정이풍부지(樹慾靜而風不止) 자욕양이친부대(子欲養而親不待)'라고 하였다. '나무가 조용히 있고자 하나 바람이 그치지 아니하고, 자녀가 부모를 모시고자 하나 부모가 기다려 주지 않는다'라는 뜻이다. '철나자 망령난다'는 속담같이 세월은 빠르게도 지나가며, 어물어물하다가는 아무 일도 이루지 못함을 경계하는 말이다. 허구한 날 바람이 그치기를 바라는 것은 부모가 천년 만년 살아 계시기를 바라는 것만큼이나 어리석은 일이다.

송강 정철(鄭澈)의 훈민가(訓民歌)도 효도를 노래하고 있다.

어버이 살아계실 제 섬길 일란 다하여라
지나간 후면 애닯다 어이하리
평생에 고쳐 못할 일이 이뿐인가 하노라

정철의 많은 시 중에서도 이처럼 가슴에 와 닿는 작품도 많지 않다. 이 작품이 시대를 초월하여 〈훈민가〉라 불려지는 이유는 모든 이들의 공감을 불러일으키기 때문일 것이다.

젊다는 것은 한평생 동안 계속되는 것이 아니며, 부모가 영원히 살아계시는 것도 아니다. 그런데도 요즘 젊은이들 중에는 늙은 부모를 구박하고 심지어 현대판 고려장까지 생긴다고 하니 그저 참담할 뿐이다.

늦었다고 생각할 때가 이른 것이라는 말도 있듯이 이제부터라도 부모를 가슴 아프게 하고 주위 사람들을 우울하게 만드는 불효와 불륜은 더 이상 되풀이하지 말아야할 것이다. 그런 의미에서 시조 한 수를 지어 보았다.

여보소 젊은네들 부모를 싫다 마오
한평생 그대들은 늙지 않고 있을 건가
가신 뒤 후회치 말고 살아생전 효도하세

어설픈 글이긴 하지만 현대를 살아가는 사람들에게 자신을 되돌아볼 수 있는 기회가 되기를 바라는 마음이다.

부모에게 효도하기를 자식 사랑하듯 한다면 보다 훈훈하고 따듯한 가정이 될 것이다.

13. 고전에서 배우는 지혜

오늘을 사는 우리가 삶의 지혜를 터득할 수 있는 길 중의 하나는 고전(古典)을 읽는 것이다. 고전 속에서 우리는 선인들이 남긴 금과옥조(金科玉條)의 글귀들을 만나 볼 수 있다.

동서양의 수많은 기라성 같은 선각자들 중에서도 성리학(性理學)을 집대성한 중국 남송(南宋)의 대유학자인 주희(朱熹)가 가장 먼저 떠오르는 것은 그의 〈주자십회훈(朱子十悔訓)〉 때문인지도 모르겠다. 여기서 〈주자십회훈〉을 소개해 본다.

첫째, 불효부모사후회(不孝父母死後悔).

살아생전에 부모님을 정성껏 모시지 않으면 돌아가신 뒤에 뉘우치게 된다는 뜻이다. 삶이 풍요로울수록 부모에 대한 효성이 더욱 지극해야 마땅할 텐데 그렇지 못한 오늘의 현실을 볼 때 안타깝기 그지없다. 불효도 가슴 아픈 일인데 입에 담기조차 거북한 패륜 행위가 뉴스거리로 오를 때에는 눈과 귀가 의심스러울 정도이다.

둘째, 소불근학노후회(小不勤學老後悔).

젊어서 부지런히 배우지 않으면 늙은 후에 참회하게 된다는 말이다.

그러니까 청소년 시절에 힘써 배우고 몸소 익히지 않으면 뇌의 기능이 떨어지는 장년기나 노년기에 가서는 한탄하게 된다. 〈명심보감〉에도 '소년이로학난성(少年易老學難成) 일촌광음불가경(一寸光陰不可輕)'이라고 하였다. 소년은 늙기 쉽고 배워서 성공하기는 쉽지 않으므로 짧은 시간이라도 헛되이 보내지 말라는 뜻이다.

셋째, 춘불경종추후회(春不耕種秋後悔).

봄에 땅을 갈고 씨앗을 뿌리지 않으면 가을이 되어 수확기에 후회하게 된다는 말이다. 농부가 봄에 땅을 깊이 갈고 거름을 충분하게 주어서 씨를 뿌리고 열심히 가꾸어야만 비로소 가을에 많이 수확할 수 있다. 자식 농사도 이와 마찬가지이며, 세상 모든 일이 이와 같은 이치임을 되새겨 보아야 할 것이다.

넷째, 불친가족소우회(不親家族疎後悔).

가족이나 친척에게 친절하게 대하지 않으면 멀어진 뒤에 후회하게 된다는 말이다. 가족이나 친척간에 사소한 이해(利害) 관계로 갈등을 빚는다면 멀어진 뒤에 후회하게 된다.

다섯째, 부불검용빈후회(富不儉用貧後悔).

부유하고 넉넉할 때 검소한 생활을 하지 않으면 가난해진 뒤에 후회하게 된다는 뜻이다. 소비가 미덕이 되고 낭비가 자랑이 될 수 없듯이, 있을 때 저축하고 아껴 쓰는 사람만이 부를 오랫동안 누릴 수 있다.

여섯째, 불치탄장도후회(不治坦墻盜後悔)

평소에 집 담장을 다스리지 않으면 도둑맞은 뒤에 후회하게 된다는 뜻이다. 도둑을 맞고 담장을 고치거나 소 잃고 외양간 고치는 일은 유비무환(有備無患)의 교훈을 망각했기 때문에 빚어지는 일이다.

일곱째, 부접빈객거후회(不接賓客去後悔)

손님을 소홀하게 접대하면 떠난 뒤에 후회하게 된다는 말이다. 멀리서 오랜만에 손님이 찾아왔는데도 푸대접을 하면 그가 떠난 후에 마음속으로 크나큰 후회가 밀려들게 된다.

여덟째, 색불근신병후회(色不謹愼病後悔)

여색(女色)를 삼가지 않으면 병든 뒤에 후회하게 된다는 말이다. 성인남녀가 외도를 하게 되면 패가망신한 뒤에 후회하게 되는 것과 같은 이치이다. 최근 에이즈가 문란한 성행위에 대한 하나의 경종이라는 지적도 일리가 있다.

아홉째, 안불사난패후회(安不思難敗後悔)

편안할 때 어려움을 생각하지 않으면 실패한 뒤에 후회하게 된다는 말이다. 건강할 때 몸을 지키지 않으면 건강을 잃은 뒤에 후회하게 되며, 일일이 예를 들지 않더라도 모든 일이 그와 같지 않은가.

열째, 취중망언성후회(醉中妄言醒後悔).

술에 취해서 횡설수설 실수한 말은 술이 깬 뒤에 후회한다는 말이다. 술은 마력을 지닌 듯하다. 그렇지 않고서야 어찌 평소에 못하던 언행을 술의 힘을 빌려 할 수 있겠는가. 술을 즐기는 사람은 때대로 술을 피하거나 못 마시는 사람을 시대에 뒤떨어진 사람으로 매도하는 경우가 있다. 그러나 역설적으로 생각해 보자. 술의 힘을 빌려야만 평소에 못하던 말을 하게 된다면 그 사람이야말로 뭔가 모자라도 한참 모자라는 사람이 아닌가 말이다.

우리들에게 고전이 소중한 것은 옛 성현들의 삶과 고뇌를 통해 습득한 지혜들을 얻을 수 있기 때문이다. 젊은이들에게서는 패기와 순발력, 그리고 용기 있는 결단력을 기대할 수 있는 데 반해, 경험 많은 어른들에게는 그들의 오랜 경험을 통해 축적된 삶의 지혜가 있는 것이다. 그러므로 젊은이의 패기와 순발력, 결단력, 그리고 어른들의 경험을 통해 얻어진 혜안(慧眼)이 조화를 이룰 때 이 사회가 크게 발전할 수 있다. 그렇지 않고 서로 반목하고 대립하며 갈등의 골만 깊어진다면 불화와 혼란만이 가중될 것이다.

14. 효행 열전

모든 일에 있어서 이치나 도리에 어긋나는 불합리성, 사리를 따지거나 분별하는 법 없이 무턱대고 저지르는 맹목성, 그리고 어떤 행위나 의식이 고정적이어서 무의식중에 행동으로 나타나는 습관성 등을 전통 사회의 규범이라고 한다면, 보다 합리적이고 원칙적인 사회 규범을 도덕이라고 할 수 있다. 예컨대 고사를 지낼 때 돼지머리를 쓰는 것은 관습이다. 그러나 사람으로서 마땅히 지켜야 할 도리와 웃어른을 공경하고 사람을 존중하는 것은 인간 사회의 기본 윤리도덕이다.

우리는 과거의 불합리한 관습에 얽매이기보다는 현대의 과학적 사고에 바탕을 둔 도덕과 윤리 의식을 지녀야 한다. 다시 말해서 삶의 지혜로운 윤리관을 정립해야 한다.

효(孝)의 경우를 보더라도 전통적인 효는 대체로 극단적이어서 가난, 전쟁, 호환, 재난 가운데서 이루어진 것이 대부분이다. 오늘날의 첨단문명시대에서는 상상도 할 수 없는 일이지만, 왕이 상까지 내린 '효행(孝行)' 예를 들어본다.

예를 들어 신라 경덕왕 때 향득이라는 사람은 흉년이 들어서 그의 아버지가 거의 굶어 죽게 되자 자신의 허벅지 살을 베어 봉양하였다. 고을 사람들이 이 사실을 왕에게 아뢰니, 왕은 벼 500석을 상으로 내렸고 '향득할고(向得割股)'라는 말이 생겨났다.

신라 흥덕왕 때 손순은 아내와 함께 품팔이를 하여 늙은 어머니를 봉양하였는데, 손순에게는 어린 아들이 있어 언제나 늙은 어머니의 음식을 빼앗아 먹었다. 손순은 이를 민망하게 여겨 아내와 상의한 후 아이를 매장하기 위해 아이를 업고 산으로 올라갔다. 그러고는 매장할 곳을 찾아 땅을 팠는데 그 속에서 석종(石鐘)이 나왔다. 손순 내외는 하늘의 뜻으로 알고 아들과 함께 석종을 짊어지고 집으로 돌아와서 대들보에 달아놓고 두드렸더니 그 소리가 임금이 계신 궁궐에까지 울려 퍼졌다. 왕은 그 종소리를 듣고 신하를 시켜 자초지종을 알아 오도록 하였다. 결국 손순의 효심을 알고 감복한 임금은 집 한 채를 내리고 해마다 벼 50석을 주었으며 그의 지극한 효도를 표창하였다. '손순매아(孫順埋兒)'는 이 일화에서 생겨난 고사성어이다.

조선 시대의 유석진이라는 사람은 아버지의 난치병을 고치기 위해 밤낮으로 간호하며 백방으로 명약을 구해 보았지만 모든 것이 허사였다. 결국 부친의 임종을 앞두고 자신의 왼쪽 무명지를 끊어 뼈를 갈아 피와 함께 부친께 드렸다. 그러자 놀랍게도 부친의 병은 씻은 듯이 낫게 되었다. '석진단지(石珍斷指)'라는 말은 유석진의 효행에서 유래된 고사성어이다.

고려 시대의 최누백이라는 사람은 그의 나이 15세 때 부친이 사냥을 나갔다가 호랑이에게 물려 죽었다. 누백은 부친의 원수를 갚기 위해 호랑이를 잡아 그 뱃속에서 부친의 시신을 꺼내 장사를 지냈다. 그런 뒤에 누백의 꿈에 부친이 나타나 다음과 같은 시를 읊어 아들을 칭찬했다고 한다.

가시덤불 헤쳐 아들 집에 이르니
정에 취해 눈물은 끝이 없고
흙 다져 무덤 만드니
그 정성 명월청풍이라
살아 봉양, 죽어 받드노니
아들 효가 끝이 없네

최누백의 효심을 두고 '누백포호(樓伯捕虎)'라는 고사성어가 생겼다고 한다.

지금까지 효에 얽힌 우리나라의 고사를 찾아보았고, 이제 중국의 고사를 알아보자.

중국 삼국시대의 오나라 맹종은 한겨울에 노모가 병환이 생겨 죽순을 찾으시는 것을 보고, 눈이 내리는 대나무 숲에 가서 죽순을 얻게 해달라고 통곡하며 빌었다. 이 모습을 본 하느님이 그의 효심에 감동하여 죽순을 구할 수 있게 해주었다고 한다. '맹종읍죽(孟宗泣竹)'이라는 고사성어가 여기에서 유래되었다. 맹종의 효행은 왕상(王祥)과 함께 중국의 대표적인 효행으로 꼽힌다.

오나라의 왕상은 노모가 병환으로 누운 뒤 한겨울에 물고기를 찾자, 얼음으로 덮인 연못에 가서 벌거숭이가 되어 하늘에 기원했다. 그러자 잉어 두 마리가 얼음 밖으로 튀어올라 그것으로 노모를 봉양하였다. 정성이 지극하면 하늘도 감동한다는 말은 이런 경우를 두고 하는 말이다. 왕상의 효행을 두고 '왕상빙어(王祥氷魚)'라는 말이 생겨났다고 한다.

열국 시대 노나라의 민손은 공자의 제자로서 효행이 남다른 사람이었다. 그는 모친을 여의고 계모 밑에서 자라게 되었다. 그에게는 두 명의 배 다른 형제가 있었는데, 계모는 민손에게 나뭇잎 옷을 입히고 두 형제에게는 솜옷을 만들어 입혔다. 그럼에도 불구하고 민손은 '어머니가 계시면 한 아들이 춥고, 안 계시면 세 아들이 춥다'고 말해 계모도 뉘우치고 부친도 감동하였다고 한다. '민손단의(閔損單衣)'라는 말은 위의 고사에서 유래되었다.

이와 같이 오늘을 사는 현대인들에게는 믿기 어려운 전통적인 효에 얽힌 이야기들이 한두 가지가 아니다.

맹자는 다섯 가지의 불효에 대해 다음과 같이 언급하였다.

첫째는 팔과 다리를 게을리하여 부모에게 봉양을 못하는 것이요, 둘째는 장기, 바둑을 두고 음주를 좋아하여 봉양을 못하는 것이요, 셋째는 재화를 좋아하고 처자에게만 빠져서 봉양을 못하는 것이요, 넷째는 이목의 욕구를 만족시키느라 부모를 욕되게 하는 것이요, 다섯째는 만용을 부려 자칫하면 싸우고 성내어 부모를 위태롭게 하는 것이다.

전통적인 효가 부모 생전에 잔혹한 자기희생을 감수해야 했고, 사후에도 묘막을 짓고 3년 동안 묘를 지켰던 것[수막(守幕)]은 현대인에게 비합리적이며 형식에 치우친 것으로 인식될 수밖에 없다. 이에 반하여 현대의 효는 합리적이고 실질적이며 자발적인 효가 되어야 마땅하다. 다시 말해서 일방적이고 상향적으로 강요되는 효가 아닌 호혜적이고 쌍무적인, 부모의 사랑에 대한 자녀로서의 도리를 다하는 효가 되어야 한다.

부모 섬기기의 첫출발은 부모에게서 받은 몸을 깨끗하고 온전하게 보호하는 것이다. 그리고 부모님을 물질적으로 잘 모시는 봉양(奉養)은 물론이고, 부모의 뜻을 헤아리고 실천하는 양지(養志), 부모 앞에서 표정을 부드럽게 가지는 공대(恭待), 부모를 욕되게 하지 않고 큰일을 많이 하여 이름을 떨쳐 부모를 기쁘게 하는 양명영친(揚名榮親)도 효도의 길이다. 이 중에서 가장 중요한 것은 부모의 마음을 편안하게 해드리는 일, 즉 안심(安心)으로, 이는 부모님의 뜻을 받드는 일이다.

효는 먼 데 있는 것이 아니다. 매일 매일 부모 앞에서의 행동 속에서 이루어진다. 부모의 은혜를 알고[知恩], 부모의 은혜에 감사하며[感恩], 그 은혜에 보답[報恩]할 줄 아는 마음을 갖고 행동하는 가운데 참된 효가 이루어지는 것이다.

15. 가훈이 있는 가정

가훈(家訓)은 가정의 교훈으로, 한 집안의 좌우명이 되고 생활신조가 되는 교훈적인 글귀이다. 가훈은 전통적으로 가장 중요한 가정교육의 지침이었다. 가훈은 크게 고전적인 가훈과 현대적인 가훈으로 나눌 수 있다. 먼저 고전적인 가훈에는 어떤 것들이 있는지 살펴보자.

- 가전충효(家傳忠孝) 세수인경(世守仁敬): 가정에서는 나라에 충성하고 어버이에게 효도하는 교훈을 전하고, 사회에서는 대대로 남에게 인자하고 어른을 공경하는 법도를 지킨다.
- 가화만사성(家和萬事成): 가정이 화목하면 모든 일이 잘 이루어진다.
- 견리사의(見利思義): 이로움을 볼 땐 의로움을 생각하라.
- 경천애인(敬天愛人): 하늘을 공경하고 남을 사랑하라.
- 궁즉통(窮則通): 세상의 모든 이치는 궁하면 통한다.
- 덕불고(德不孤) 필유린(必有隣): 덕이 있는 사람은 이웃이 있으므로 외롭지 않다.
- 덕재선인(德在先人): 덕망을 갖추고 살면 모든 일에 앞서서 남을

인도하는 사람이 된다.

- 명경지수(明鏡止水): 맑고 깨끗한 마음을 지녀라.
- 무실역행(務實力行): 거짓 없는 진실에 힘쓰고, 옳은 일은 힘써 실행하라.
- 반포지효(反哺之孝): 까마귀 새끼가 자란 뒤에 어미에게 먹이를 물어다 주듯이, 어버이에게 효도를 다하라.
- 백인극백란(百忍克百難): 백 번 참는 것이 백 가지 어려움을 극복하는 길이다.
- 사필귀정(事必歸正): 모든 것은 반드시 옳은 길로 돌아간다.
- 삼사일언(三思一言): 남에게 말을 전할 때마다 세 번 생각하라.
- 석복(惜福) 일신우일신(一新又日新): 복을 아끼고 날마다 새로운 삶을 마련하도록 하라.
- 선공후사(先公後私): 공적인 일을 먼저 하고, 사적인 일은 뒤에 하라.
- 신기독(愼其獨): 혼자 있을 때도 그 몸가짐을 삼가라.
- 언필충신(言必忠信) 행필성실(行必成實): 말은 반드시 진실하고 미덥게 하며, 행동은 반드시 참되고 건실하게 하라.
- 역지사지(易地思之): 입장을 바꾸어서 생각하라.
- 온고지신(溫故知新): 옛것을 알고 그것을 미루어 새것을 생각하라.
- 용인물의(用人勿疑) 의인물용(疑人勿用): 사람을 쓰려거든 의심하지 말고, 사람이 의심스러우면 쓰지 말라.

- 유비무환(有備無患): 평소 어려운 일에 대비해야 근심이 없다.
- 인자무적(仁者無敵): 어진 사람에게는 적이 없다.
- 일일삼성(一日三省): 하루에 세 번 자신을 반성하라.
- 일근천하무난사(一勤天下無難事) 백인당중유태화(白忍堂中有太和): 한 마음으로 부지런히 힘쓰면 세상에는 어려운 일이 없고, 백 번 참으면 집안에 큰 화목이 이루어진다.
- 정신일도하사불성(精神一到何事不成): 정신을 한 곳에 모으면 무슨 일이든 이루지 못하랴.
- 진인사대천명(盡人事待天命): 사람으로서 할 도리를 다하고 하늘의 뜻을 기다려라.
- 천금물전(千金勿傳): 많은 돈을 모아 자손에게 전하려 하지 말라.
- 호사유피(虎死留皮) 인사유명(人死留名): 호랑이는 죽어서 가죽을 남기고, 사람은 죽어서 이름을 남긴다.
- 효제충신(孝悌忠信): 어버이에게 효도를 다하고 형제간에 우애하며 모든 일에 진실을 다 하고 거짓 없이 참되게 살라.

또한 현대적 가훈에는 다음과 같은 것들이 있다.

- 개미처럼 열심히, 꿀벌처럼 알뜰히.
- 나라에 필요한 사람이 되자.
- 넓게 알고, 깊이 생각하며, 바르게 행동하라.
- 높은 이상, 힘찬 노력.

- 늘 감사하는 생활을 하자.
- 내일을 위해 최선을 다하는 오늘이 되자.
- 떳떳하게 살아가자.
- 믿음, 소망, 사랑.
- 빚보증을 서지 말자.
- 불평보다 인내, 방관보다 참여, 말보다 실천을 앞세우자.
- 성실한 마음으로 원대한 꿈을 향해 꾸준히 노력하는 알찬 우리집.
- 웃으며 살자.
- 의롭고, 바르고, 건강하게.
- 자신의 위치를 알고 행동하자.
- 잘살기보다는 올바르게 살기에 힘쓰자.
- 참되고 착하게 살아가자.
- 천재는 노력의 산물이다.
- 하늘을 우러러 한 점 부끄럼 없기를.

고전적 가훈과 현대적 가훈의 차이는, 전자가 어려운 한자로 이루어진 데 반해 후자는 시대감각에 맞게 한글로 쉽게 풀어서 사용한다는 점이다. 그러나 고전적인 가훈이든 현대적인 가훈이든 중요한 것은 그 뜻이다.

필자는 남의 집에 초대를 받아 방문하게 되면 가장 먼저 그 집의 가훈을 본다. 그리고 온가족이 그 가훈을 몸소 실천하고 있는지를 눈여겨본다. 가훈을 보고 그 집안을 평가하는 이유는 가문의 법도와 그 집안의 고유하고 독특한 생활양식을 알 수 있기 때문이다.

필자가 잘 알고 있는 어떤 분은 한 지인으로부터 전해들은 바 있는 '승조전손(承祖傳孫)'을 가훈으로 내걸어 자녀 교육의 지표로 삼고 있다고 한다. 조상의 자랑스러운 유지(遺志)를 받들어 행하고 남에게 부끄러움을 남기지 않겠다는 뜻이라 생각된다. 또한 나와 호형호제하며 친하게 지내는 한 지인은 월탄 박종화 시인이 쓰던 '구자화복지문(口者禍福之門)'을 가훈으로 삼았다고 한다. 이는 곧 말에는 항상 화와 복이 따르니 언행에 조심해야 한다는 뜻이다. 내가 존경하는 다른 지인 김 선생은 '독지경문(篤志經文) 역행효제(力行孝悌)'를 가훈으로 삼고 있다. 성현의 가르침을 따라 이치를 밝히며 지식을 넓히는 데는 뜻을 한 곳으로 두고, 조상의 은덕을 효공으로 받들며 동기간에 화목함을 힘써 행한다는 뜻이다.

필자는 가훈을 필자의 수필집 제목이기도 한 '하늘을 우러러 한 점 부끄럼 없기를'로 정했다. 〈맹자〉에 나오는 군자유삼락(君子有三樂) 가운데 하나인 '앙불괴어천(仰不愧於天) 부불작어인(俯不怍於人)'을 우리 글로 풀이한 것으로, 하늘을 우러러보아서 부끄럽지 않으며 땅을 굽어보아도 사람들에게 부끄럽지 않다는 뜻이다.

요즘 윤리와 도덕이 땅에 떨어졌다고 탄식하는 소리가 높다. 이런 와중에 때늦은 감이 있긴 하지만 유치원과 초등학교에서 예절 교육이 강화된다고 하니 무척 반가운 소식이다.

예절 교육의 기본이라고 할 수 있는 우리의 뿌리 찾기 교육이 실효를 거두기 위해서는 가훈을 정하여 몸가짐을 바르게 하는 것도 좋은 방법의 하나다.

가훈이란 조상의 얼을 이어받아 가문의 전통을 지키고 생활의 지침이 되는 길잡이이다. 가정마다 좋은 가훈을 두고 자녀들에게 가르치고 실천하게 한다면 자녀의 예절과 인격을 키우는 데에도 큰 도움이 될 것이다.

가훈은 고금을 막론하고 한 집안의 가풍(家風)으로 또는 전통으로 이어져 내려오면서 지켜지는 것이다. 요즘에는 뿌리 찾기 운동의 일환으로 각 가정마다 가훈을 만들어 지키도록 하고 있다. 건강하고 올바른 삶을 위해 가훈을 애써 실천하기를 바라는 마음이다.

16. 두 권의 책

젊은이들에게 권하고 싶은 두 권의 책이 있다. 마음을 밝혀 주는 보배로운 거울인 〈명심보감(明心寶鑑)〉과, 어릴 때부터 지켜야 할 바른 몸가짐과 도덕, 효행, 효심의 길잡이인 〈소학(小學)〉이 그것이다.

〈명심보감〉에 이르기를,

부혜생아(父兮生我)하시고
모혜국아(母兮鞠我)하시니
애애부모(哀哀父母)여
생아구로(生我劬勞)이니
욕보심은(慾報深恩)이면
호천망극(昊天罔極)이로다

라고 하였다. 그 뜻을 풀이하면 다음과 같다.

아버님 날 낳으시고
어머님 날 기르시니

아아, 아버님 어머님이시여
나를 낳아 길러 주신 그 수고로움이여
깊고 깊은 은혜를 다 갚고자 하나
높고 넓은 하늘처럼 끝이 없구나
또 이런 글귀도 있다.

효어친(孝於親)이면
자역효지(子亦孝之)니라
신기불효(身旣不孝)면
자하효언(子何孝焉)이니라

이는 곧 '내가 부모에게 바치는 효성이 정성스러우면 나를 본받은 자녀들이 내게도 그와 같은 효를 바치게 된다. 그러나 내가 부모님께 효도를 다하지 않는다면 자식들이 어찌 내게 효도를 다할 것인가' 라는 뜻이다. 이렇듯 부모의 일거수일투족은 자녀의 교육에 크나큰 영향을 끼치는 것이다.

〈소학〉에 보면 '사람이 만물 중에 가장 귀한 까닭은 삼강오륜(三綱五倫)이 있기 때문'이라고 하였다.

군위신강(君爲臣綱)하고
부위자강(父爲子綱)하며

부위부강(夫爲婦綱)하는 것이 삼강(三綱)이며,

군신유의(君臣有義)하며

부자유친(父子有親)하고

부부유별(夫婦有別)하고

장유유서(長幼有序)하며

붕우유신(朋友有信)하는 것이 오륜이다.

이는 곧,

신하는 임금을 섬기는 것이 근본이고

아들은 아버지를 섬기는 것이 근본이며

아내는 남편을 섬기는 것을 근본으로 삼는 것이 삼강이며,

임금과 신하는 의(義)가 있어야 하고

부모와 자녀는 친함이 있어야 하며

남편과 아내는 분별이 있어야 하고

어른과 아이는 차례가 있어야 하며

벗과 벗은 믿음이 있어야 하는 것이 오륜이다.

이 같이 너무나도 당연한 인간의 도리를 밝힌 〈명심보감〉과 〈소학〉은, 젊은이들은 물론 모든 이들을 위한 삶의 지침서이며 생활의 바른 길잡이가 아닐 수 없다.

17. 사랑으로 크는 나무

부모가 젖먹이 아이들에게 가르치는 것들 중에 재미있는 것이 있다. 머리를 좌우로 흔들면서 '도리도리'하는 것이 그것이다. '도리(道理)'라고 했으니 한 마디로 이다음에 사람이 되라는 뜻이다.

도리란 사람이 지켜야 할 바른 길로, 이를테면 부모에 대한 자녀의 도리는 효도이며, 남편을 섬기는 아내의 도리는 부도(婦道)이며, 학생에 대한 스승의 도리는 사도(師道)이다. 또한 자녀에 대한 부모의 도리는 자애(慈愛)요, 아내에 대한 남편의 도리는 부도(夫道)이며, 스승에 대한 학생의 도리는 존경하는 마음을 갖는 자세이다.

이 같은 도리의 가장 기본이 되는 것은 말할 것도 없이 사랑이다. 사랑은 부모와 자녀의 관계를 부자자효(父慈子孝)로 맺어 주고, 남편과 아내의 관계를 부부유별(夫婦有別)로 맺어 주며, 스승과 제자를 사제동행(師弟同行)의 관계로 맺어 준다.

또 검지로 손바닥을 콕콕 찍으며 '곤지곤지' 하는 것이 있다. 그것은 아마도 중심을 잡고 살아가라는 뜻일 것이다. 곤(坤)과 지(地)는 모두 땅을 의미한다. 땅의 중심에 서서 균형을 잃지 않고, 한 곳에 치우치거나 지나침이 없이 사는 것은 바로 중용(中庸)의 미덕이다.

아기들에게 가르치는 것 중에 두 손을 오므렸다 폈다 하면서 '잼잼'하는 것은 모든 일에 있어 기회를 놓치지 말고 잡으라는 뜻으로 보인다. 배움은 학창시절이 알맞은 때이고, 남녀가 짝을 이루기에 알맞은 때가 혼기(婚期)이다. 흔히 무슨 일을 하기 위해서는 연때가 맞아야 한다는 말을 한다. 때를 놓치면 경우에 따라서는 평생을 두고 후회하게 되니, 이 또한 일생을 살아감에 있어 매우 중요한 것이다.

두 손을 마주치면서 '짝짝꿍' 하는 것에도 나름대로 의미가 있어 보인다. 즉, 한세상을 혼자서 살아갈 수는 없고, 남과 어울려 서로 협력하며 더불어 살아가라는 뜻일 것이다. 고장난명(孤掌難鳴)이라는 말도 있듯이 한 손바닥으로는 소리를 내지 못한다. 두 손이 마주쳐야 소리가 나는 것처럼, 화합은 사람이 살아가는 데 있어 가장 기본적인 미덕이다.

'훨훨'이란 것도 있다. 이것은 두 손을 펴 보이면서 상하로 흔드는 것이다. 이는 곧 욕심을 비우라는 뜻이다. 마음을 비우면 훨훨 날 수 있고 소신을 갖고 일할 수도 있다. 세상에 가장 무서운 사람은 욕심이 없는 사람이다.

자녀를 낳아 가르치는 부모의 사랑과 노력은 참으로 각별한 것이다. 중국 맹자의 어머니는 맹자의 교육을 위해 세 번씩이나 이사를 하여 맹모삼천지교(孟母三遷之敎)라는 고사를 남겼다. 처음에는 공동묘지 근처에 살았는데 어린 맹자는 허구한 날 장례 치르는 흉내를 냈다. 그래서 시장 근처로 옮겼더니 이번에는 시장 상인들의 소란스런 흉내를 냈다. 마지막으로 학교 근처로 이사를 갔더니 열심히 공부하는 흉내를 내더라는 것이다.

조선 시대 한석봉의 어머니의 교육 방법은 좀 남달랐다. 공부를 마치고 돌아온 석봉에게 붓과 벼루와 종이를 준비하게 하고 자신은 떡을 썰 준비를 한 후 촛불을 끈 뒤에 둘이서 시합(?)을 벌였다. 석봉은 글씨를 비뚤비뚤 썼지만 그의 어머니는 가지런한 모양으로 고르게 떡을 썰어놓았다. 이에 석봉은 크게 뉘우치고 입산수도하여 눈물겨운 고생 끝에 당대 최고의 명필이 되었다고 한다. 맹모의 삼천지교도 훌륭하지만 석봉 어머니의 기발한 가르침도 그에 못지않게 돋보인다.

부모들이 젖먹이 아이들에게 가르치는 것이나 위의 두 위인을 가르친 어머니들의 교육이나 한결같이 사랑에서 비롯된 것임은 두말할 나위 없다.

요즘 청소년들의 범죄가 날로 심해져 가고 있다. 청소년이 범죄를 저지르는 동기를 보면 대부분 향락을 위해, 순간의 만족을 위해, 혹은 절망적인 환경을 견디지 못해서이다. 그들의 범죄는 벌을 받아 마땅하지만, 그에 앞서서 어른들이 그들에게 따듯한 눈길을 보내 주었는지를 자성해 볼 일이다.

지금 한창 자라나고 있는 청소년들에게도 위에서 본 것과 같은 지극한 사랑을 베풀고 따스한 어머니의 품을 느낄 수 있도록 해주어야 할 것이다. 그들의 억압된 마음을 풀 수 있는 건전한 해방 공간을 우리가 마련해 주었는지, 스스로 참된 인간이 되기 위한 깨달음을 주었는지, 아니면 그들이 본받을 만한 모범을 우리가 몸소 보여 주었는지 반성해 보자.

문제아로 취급되는 일부 청소년들을 무조건 매도할 것이 아니라, 우리 사회 우리 가정의 어디에 잘못이 있는지를 먼저 살펴보자. 그런 후에 폭넓은 사랑과 관심으로 청소년들의 앞길을 바르게 인도하기 위해 노력해야 한다.

18. 아름다운 풍속

예로부터 우리 조상들은 애 · 경사에 있어서 상부상조하는 마음으로 서로의 어려움을 다투어 돌보아 주는 미풍양속을 지니고 있었다.
이러한 아름다운 풍속은 희생과 봉사 정신을 바탕으로 이웃끼리 서로 돕고 감사하는 생활을 하는 가운데 형성된 것이다. 향약(鄕約)과 계(契), 두레가 그 대표적인 예이다.
향약은 전통적으로 내려오는 미풍양식에 삼강오륜(三綱五倫)의 윤리를 가미하여 권선징악(勸善懲惡)과 상부상조를 내용으로 하는 지방의 자치 규약이었다.
그 중요한 4대 강령을 보면 다음과 같다.

첫째, 덕업상권(德業相勸)으로 덕스러운 일을 서로 권하는 일이고.
둘째, 과실상규(過失相規)로 잘못된 일을 서로 꾸짖으며.
셋째, 예속상교(禮俗相交)로 예의바른 풍속을 지키면서 서로 사귀고.
넷째, 환난상휼(患難相恤)로 재난과 어려운 일을 당했을 때 단결하여 도와준다.
계는 우리나라 고유의 협동 자치기관의 하나로, 여러 사람이 같은 목적 아래 돈이나 물건을 얼마씩 추렴하여 그것을 서로 운용하는 것이다. 이 조직은 어떤 외부적인 강요에 의해서 형성되는 것이 아니고 자발적으로 참여하는 협동 조직이기 때문에 오늘날에 와서도 여전히 생명력을 유지하고 있다.

그뿐 아니라 농촌에 아직도 남아 있는 두레도 우리 민족이 전통적으로 지닌 협동 정신의 좋은 예이다. 모내기에서부터 김매기가 끝날 때까지 공동 작업으로 서로가 일손을 도와주는 미풍으로, 오늘날 새마을 사업으로 농촌과 도시의 균형 있는 발전을 가져오게 한 원동력이 되었다. 외세의 침략으로 국가의 운명이 바람 앞의 등불과 같은 처지에 놓였을 때마다 우리 민족이 보여준 위대한 단결력과 강한 협동 정신은 면면히 이어져 온 한민족의 자랑이다.

우리는 소아(小我)를 버리고 대아(大我)를 위해 국가와 민족과 세계를 생각하는 폭넓은 이상을 품어야 한다. 또한 내 주변의 사소한 이해관계를 초월하여 세계 시민으로서의 '우리'라는 인식을 가져야 할 것이다. 나는 더 이상 나 혼자의 '나'가 아니며, '우리'라는 전체로서의 나이다. 때문에 우리는 공동의 목표를 향해서 자신의 일에 보람과 긍지를 가지고 적극적으로 임하며 희생하고 봉사해야 한다.

우리는 화목한 가정, 다정한 이웃, 명랑한 사회, 복지 국가 건설을 위해 서로 믿고 의지하며 서로 돕는 상부상조의 정신을 계승 발전시키는 데 혼신의 힘과 노력을 아끼지 말아야 할 것이다.

19. 예절의 길, 사람의 길

'동방예의지국'이라 불리던 우리나라에서 언제부터인가 윤리의 타락, 도덕의 붕괴를 질책하는 소리가 높아지고 있다.

부자자효(父慈子孝)의 천륜을 거역한 패륜아를 질타하는 매스컴의 보도를 보면서 모두가 '내 탓이오' 하는 마음을 갖게 한다. 그러면서 우리들 자신을 '냄비의 성질'에 비유하게 된다. 어떤 일이 있을 때만 한동안 관심을 가지다가 조금 시간이 지나면 언제 그런 일이 있었냐는 듯 잊어버리기 때문이다.

모든 것이 그러하듯 이 같은 반인륜적인 문제에 대해서는 보다 근본적인 처방을 내려야만 한다.

우리 사회의 도덕과 윤리가 이렇게 추락하게 된 원인을 우선 가정에서 찾아보자. 부모가 자녀를 과잉보호하는 것이나 돈이면 다 된다는 식의 황금만능주의 사고를 심어 주는 것은 자녀를 그릇된 길로 빠져들게 하는 원인이 된다. 또한 학교에서도 그러한 원인을 찾을 수 있다. 교과 성적이 전부인 양, 혹은 대학 진학이 전부인 양 생각하여 정작 중요시해야 할 인간 교육에는 소홀했다. 또 세칭 일류 대학을 나와야만 대접받고, 능력보다는 간판을 중시하는 사회 풍토도 오늘날의 인류 부재 현상을 부채질하였다.

이제 가정에서 부모는 자녀를 하나의 독립된 인격체로 보고 가르치는 데 힘써야 한다. 자기가 못 배웠으니 자식은 배워야 한다며, 자식을 마치 '한풀이'의 대상으로 생각해서는 안 된다. 대학을 가느냐 안 가느냐가 중요한 것이 아니라, 어떤 능력을 가지고 있으며 사람 됨됨이는 어떤가 하는 것을 중시할 줄 알아야 한다.

또한 학교에서도 학생들의 교과 성적에만 치중할 것이 아니라 개개인의 장점과 능력을 개발하는 데 중점을 두어야 한다. 그림을 잘 그리는 학생은 국어 성적이 나쁘다고 야단치고, 노래를 잘 부르는 학생은 수학 점수가 나쁘다고 책망하며, 운동에 특기가 있는 학생은 영어를 못한다고 혼내 주는 것은 바람직하지 못하다.

사실 공부를 잘하는 학생은 그냥 내버려둬도 잘하지만 공부를 못하는 학생은 그냥 방치해 두면 자칫 빗나가 버리기 쉽다. 그러므로 공부에 소홀하거나 관심이 적은 학생들에게 보다 더 관심을 가지고, 그들이 지닌 잠재력을 발굴하는 데 노력해야 할 것이다.

사회의 모든 기업체에서도 학력이나 인맥 등을 따지지 말고 능력 위주로 인재를 선발했으면 하는 바람이다. 일부 대기업에서는 이미 학력 파괴, 성차별 파괴 원칙을 내세우고 능력 위주로 신입사원을 모집한다고 하니, 때늦은 감이 있기는 하지만 다행이라고 생각한다. 이러한 채용 제도가 국내의 모든 산업체와 관공서 등에도 전면적으로 확산되기를 기대해 본다.

얼마 전 우연한 기회에 예절 교육의 현장을 찾아가 본 일이 있었다.

교육 대상은 서울 시내 초중고교에서 윤리 도덕 교육을 담당하는 교사들이고 강사는 한국전례연구원 원장이었다.

강사로 소개된 원장은 '전통 예절이라고 하면 공자왈 맹자왈 하는 고리타분한 것'으로 생각하기 쉬우나 우선 '전통이란 과거로부터 존재해서 현재에 이르러왔고 미래로 이어져야 할 것'이라고 간명하게 정의 내렸다.

그리고 '전통을 부정하는 것은 현재와 미래를 부정하는 것이며, 이래 가지고는 문화 민족이 될 수 없다'는 부분에 대해서는 모두가 공감하였다. 그는 미국 조지타운 대학의 맥도널드 교수가 1991년 한국을 방문하여 '중국이 최고의 문화를 누리고 있을 때 한국은 이미 문화 선진국이었다'고 소개하면서 전통 예절의 중요성을 역설하였다.

예절이든 문화든 역사든 전통은 중요한 것이다. 물론 구시대의 예절만 고집하고 새 시대에 맞는 생활 예절을 외면해서는 안 된다. 지금 시대에 맞지 않는 번거롭고 복잡한 절차는 생략할 수 있되 그 마음가짐만은 고스란히 간직하고 지금의 실정에 맞는 예절 표현을 적절하게 구사할 줄 알아야 한다.

예절이란 인간이 더불어 살아가면서 질서와 원만한 대인 관계를 유지하기 위해 서로 약속해 놓은 생활 방식이다 그러므로 예절은 사람이 살아가면서 사람으로서 지켜야 할 도리이다.

부모는 부모의 도리를, 자녀는 자녀의 도리를, 스승은 스승의 도리를, 제자는 제자의 도리를 다할 때 요즘 떠들썩한 패륜의 문제는 근본적으로 사라질 것이다.

20. 예(禮)를 생각하는 마음

율곡 이이(李珥)는 그의 저서 〈격몽요결(擊蒙要訣)〉의 지신장(持身章)에서, 학문하는 사람의 도리를 구용(九容)과 구사(九思)로 제시하였다.

자신의 심신을 가다듬기 위해서는 구용을, 학문과 지혜를 쌓기 위해서는 구사에 힘쓰라고 한 것이다. 율곡이 말하는 구용과 구사는 오늘날의 청소년들에게도 매우 유익한 생활의 지침이 되고 있다.

구용의 첫 번째는 족용중(足容重)으로, 발을 경솔하게 움직이지 말고 무겁게 놀려야 하나 어른 앞에 불려갈 때에는 구애받지 말라고 하였다. 한 걸음 한 걸음마다 무게를 실어 떳떳하고 힘차게 걸어가라는 것이다.

두 번째는 수용공(手容恭)으로, 손을 아무렇게나 두지 말고 공손하게 하라는 것이다. 특히 어른 앞에서는 두 손을 가지런히 모으고 다소곳하여야 하며 쓸데없이 움직여서는 안 된다. 또한 남의 물건에 양해도 없이 손을 대거나, 엄숙한 의식이 치러지는 자리에서 손을 함부로 놀리는 것도 무례한 행동이다.

세 번째는 목용단(目容端)으로, 사물이나 사람을 바라볼 때 흘겨보거나 곁눈질하지 말고 눈을 바르게 뜨고 단정한 눈으로 보라는 가르침이다. 눈에는 그 사람의 마음이 담겨 있다. 눈의 모습에 따라 상대방에게 호감을 줄 수도 있고 불쾌감을 줄 수도 있다. 맑고 깨끗한 눈으로 사람을 대하면 모든 인간관계가 훨씬 부드러워질 것이다.

네 번째는 구용지(口容止)로, 입은 말할 때와 음식을 먹을 때 외에는 조용히 다물고 있어야 한다는 것이다. 하품을 할 때는 손으로 입을 가리는 것이 최소한의 예의이며, 쓸데없는 말로 소란을 피우는 것은 문화인의 수치다. 귀가 둘인 데 반해 입이 하나인 까닭은 상대방의 말을 귀담아 듣되 말은 헤프게 하지 말라는 뜻이다.

다섯 번째는 성용정(聲容靜)으로, 기침이나 하품 같은 잡된 소리는 내지 말고 언제나 목소리를 가다듬어 조용하고 분명하게 하라는 것이다.

여섯 번째는 두용직(頭容直)으로, 머리를 한쪽으로 기울이거나 이리저리 돌리지 말고 바르게 하도록 하며, 몸도 꼿꼿하게 중심을 유지하라는 말이다. 쉴새없이 고개를 움직이는 사람을 보면 어딘가 좀 가벼워 보인다. 특히 엄숙해야 할 시간과 장소에서 고개를 까딱까딱하거나 두리번거리는 사람은 경망스럽고 교양 없어 보인다.

일곱 번째는 기용숙(氣容肅)으로, 숨소리를 크게 내지 말고 숨결을 부드럽게 하라는 것이다. 윗사람 앞에서 한숨을 푹 쉬거나 거친 숨을 몰아쉬는 것은 바르지 못한 행동이다.

여덟 번째는 입용덕(立容德)으로, 서 있는 자세를 반듯하게 하여 덕이 있어 보이도록 하라는 것이다. 구부정하거나 한쪽 다리에만 체중을 신고 있는 자세 등은 보기에도 좋지 않고 거만해 보인다.

아홉 번째는 색용장(色容莊)으로, 얼굴빛은 게으르거나 불손한 기색을 보이지 말고 밝고 환한 표정을 보이라는 것이다. 찌푸리거나 언짢은 표정으로 상대방을 대하면 불쾌감을 주게 되고 때로는 본의 아닌 오해를 부르기도 한다.

다음은 학문을 높이고 뜻을 더하기 위해 필요한 구사(九思)에 대하여 알아보자.

구사의 첫 번째는 시사필명(視思必明)으로, 사물을 볼 때는 밝은 것을 생각하라는 말이다. 사물의 단면만을 보고 전체를 속단하지 말고, 길고 넓게 보는 안목으로 참뜻을 볼 줄 알아야 한다. 사람을 보는 것도 마찬가지이다. 겉모습만 보고 그의 인격을 판단하는 오류를 범해서는 안 된다. 또한 사람이 명예와 재물에 눈이 어두워 자신의 본분을 망각하면 돌이킬 수 없는 불행을 자초하게 되는 것이다.

두 번째는 청사필총(聽思必聰)으로, 들을 때에는 총명하게 들으라는 말이다 즉, 상대방의 말을 들을 때에는 아첨이나 달콤한 말에 솔깃하지 말고 직언과 충고의 말을 귀담아 들을 줄 알아야 한다는 듯이다. 바른 말은 귀에 거슬릴지언정 진정으로 내 자신에게는 도움이 된다.

세 번째는 색사필온(色思必溫)으로, 얼굴빛은 늘 온화하게 가질 것을 생각하라는 말이다. 찡그린 얼굴, 화가 난 얼굴, 사나운 표정을 짓지 말아야 한다. 특히 손님을 대하거나 윗사람을 상대하는 사람이라면 표정 관리에 더욱 신경을 써야 할 것이다. 웃는 낯에 침을 뱉을 수 없듯이, 밝은 표정은 상대방의 마음까지도 즐겁게 해준다.

네 번째는 모사필공(貌思必恭)으로, 몸가짐을 공손히 하라는 말이다. 단정하고 예의바른 몸가짐은 그의 인격을 가늠하는 척도가 된다.

다섯 번째는, 언사필충(言思必忠)으로, 말을 할 때는 반드시 책임질 수 있는 말, 진실된 말을 하라는 뜻이다.

여섯 번째는, 사사필경(事思必敬)으로, 일을 할 때는 공경함을 생각하라는 것인데, 사소한 일이라도 경건한 마음으로 정성껏 하라는 뜻이다. 공경한다는 말은 정성을 다한다는 뜻으로, 이는 말[言]한 바를 반드시 이루려는[成] 언행일치의 자세이기도 하다. 또한 경(敬)은 예(禮)와 통하며, 이것은 사랑하는 마음 곧 질서를 의미하기도 한다.

일곱 번째는 의사필문(疑思必問)으로, 의문이 있으면 물을 것을 생각하라는 말이다. 모르는 것을 묻는 것은 부끄러운 일이 아니다. 망설이지 말고 언제든지 질문을 하는 것이 가르치는 사람으로서도 기쁜 일이며, 모르는 것을 아는 체하는 것만큼 꼴볼견도 없다.

여덟 번째는 분사필란(憤思必難)으로, 화가 났을 때는 어려움을 생각하라는 말이다. 어떤 일에 대해 이성을 잃고 감정적으로 해결하려 하면 사태는 더욱 심각해지고 만다.

아홉 번째는 견득사의(見得思義)로, 이익을 보거든 의리를 생각하라는 말이다. 이것은 견리사의(見利思義), 견위수명(見危授命), 즉 이익을 보거든 옳은 일인가를 먼저 생각하고, 위태로움을 보거든 목숨을 아끼지 말라는 안중근 의사의 애송시와 일맥상통한다. 감탄고토(甘呑苦吐)라는 말과 같이 사리의 옳고 그름을 살피지 않고, 달면 삼키고 쓰면 뱉는 자세는 의인의 태도라고 할 수 없다.

공자는 예(禮)가 아니면 눈으로 보지도 말고, 귀로 듣지도 말며, 입으로 말하지도, 몸으로 움직이지도 말라고 하였다. 이것이 바로 자신의 몸을 닦는 길이기 때문이다.

지혜로운 눈으로 사물을 바라볼 때 진실을 발견할 수 있고, 밝은 귀로 상대방의 말을 귀담아 들을 때 현명한 판단을 할 수 있으며, 충분히 생각하고 말할 때 분명한 의사 전달을 할 수 있고, 언제나 의연하고 바른 몸가짐으로 처신할 때 모든 사람의 사표(師表)가 될 수 있다.

21. 방송국 사람들의 마음가짐

2015년 6월이었던가.

여름휴가를 받았지만 '메르스'라는 전염병 때문에 외출도 제대로 하지 못한 채 집 안에 틀어박혀 시간을 보내게 되었다. 그러다 보니 아침 식사 시간도 전보다 늦어지게 되었고 평소에 하지 않던 짓을 하게 되었다. 그것은 내 직업이 글을 쓰는 일과 관계가 있는 일이어서 아침마다 MBC 방송을 시작으로 계속해서 이어지는 SBS, KBS의 오전 드라마를 무의식적으로 시청하는 것이었다.

재벌 후계자와의 사이에 얽힌 판에 박은 듯한 줄거리와 연출, 뻔한 이야기의 전개 등은 전부터 보아왔던 터여서 그다지 이질감을 느끼지 못했다. 하지만 전보다 강도가 높아진 출연자들의 대화 내용은 나의 무딘 신경을 몇 차례나 건드렸다.

"그 언니 맛이 갔어요"라는 말은 여주인공의 친구가 식사를 하는 중에 자기 남편에게 하는 말이다. 이렇게 해야 보다 가까운 흉허물 없는 사이라고 시청자들이 생각할 것이기에 작가가 멋대로 선택한 방법일 것이라고 생각하며 고개를 끄덕였지만, 치킨 집 배달부 아가씨를 보고 "야, 꼬꼬–" 하고 부르는 재벌 집 사모님역 여배우의 말을 듣는 순간 나는 어지러워지는 현기증 비슷한 것을 느껴야 했다.

현재 우리나라에서 치킨 집 아르바이트를 하는 청소년들이 한두 명이 아닐 텐데 그들을 '꼬꼬-'라고 매도해서 불러도 되는 것인지 나의 평범한 머리로는 제대로 상상이 되지 않았다. 바로 다음 날, SBS의 드라마에서는 지방의 휴양지에서 산책을 하다가 다친 여자의 상처를 먼저 치료하느라고 급성 맹장염에 걸려 사경을 헤매는 어린 소녀의 수술 시간을 놓쳐 소녀가 결국 사망하는 어이없는 줄거리가 소개되었다. 물론 그곳에서 근무하는 젊은 의사가 여인 환자의 아들이었고 매우 다급한 사정이 있었다고는 하지만(?) 우리나라에 그처럼 차례를 무시하고 멋대로 처리되는 의료 절차가 있으며 연속극에 그 같은 내용을 그려도 좋을까라는 생각이 드는 것을 막을 수 없었다.

마지막 KBS방속국 드라마의 경우다. 여기서는 아예 한술 더 떠서 악행을 일삼아 부자로 성공한 한 여자가 뒤늦게나마 후회하고 회개하기는커녕 피해를 당한 가족의 일원을 납치하고, 그들의 사업을 망가뜨리기 위해 계획적으로 손해를 끼치는 일을 계속한다. 어제도, 오늘도. 그래서 나는 매우 걱정되는 일이라고 생각한다.

많은 시청자들을 위해 숨겨진 보다 희망적인 이야기들을 찾아 소개해야 할 방송국들의 드라마 내용이 오히려 인기를 얻기 위해 험하고 자극적인 사건을 무차별적으로 소개하는 일에 앞장서고 있다. 그러나 잘못된 일이라며 소매를 걷고 나서서 만류하는 사람은 없는 것 같다.

방송국 사람들의 삶의 본질이 되어야 할 마음가짐이 잘못된 쪽으로 변해 가고 있는 것 같다는 이야기다.

내가 얼마 전에 당사자의 친구 분에게서 들은 이야기이다.
올해 일흔 살 된 할아버지인데, 3년 전쯤에 부인이 세상을 떠났다고 한다. 그래서 혼자 아파트에서 사는데 아들 내외가 보기에 안됐으니 아파트를 팔고 자기 집으로 들어오면 잘 모시겠다고 몇 달 동안 사정을 했다고 한다. 그래서 그 할아버지는 모든 것을 정리하고 아들 집으로 들어가게 되었다. 물론 들어갈 때는 빈손으로 가지 않고 지참금 같은 것을 가지고 갔을 것이다.
그렇게 한동안 지내던 어느 날 무슨 일이 있어서 아들 며느리 방에 우연히 들어가게 되었다. 무얼 찾다가 가계부가 있어서 무심히 훑어보게 되었는데 '촌놈 용돈 2만 원'이라는 기록이 보이더라는 것이다. 자기 시아버지에게 용돈 주는 것을 '촌놈 용돈 2만 원'이라고 한 것이다. 할아버지는 큰 충격을 받고 그날로 그 집에서 나왔다고 한다.
이 이야기는 실화이다. 나도 이 이야기를 들으면서 충격을 받았다. 오늘날 가정이 해체되어 가고 있다. 그리고 그 자리에 썰렁한 가옥만 남아 있는 집안이 많다. 가정이란 어떤 곳인가? 가족이 한데 모여 오순도순 살아가는 곳이다. 밖에 나가서 일하다가 지치면 돌아와 편히 쉴 수 있는 곳이다. 언제든지 우리들을 반갑게 맞아 주고 받아들이는 곳이다. 전통적인 가정에는 가장이 있고 주부가 있고 부모님이 계시고 자식들이 있다.
가족끼리의 대화가 단절되고 있다. 그것은 비극의 싹이다. 부르고 대답하는 것이 대화가 아니다. 공통적인 관심사가 있고 그걸 주제로 속의 말을 털어놓을 수 있어야 한다.

너무나 이기적이고 자기 본위로 살아가기 때문에 가족 간의 단절 현상이 발생한다. 행복한 가정은 가족끼리 서로 닮아간다. 그러나 불행한 가정은 저마다 따로 산다.

왕이든 평민이든 가정에서 평화를 찾는 자가 가장 행복한 사람이다. 자기 집에 들어와서 평온한 분위기를 누릴 수 있는 자가 가장 행복한 사람이다. 사회의 구성 요소인 가정이 해체되어 가고 있다는 것은 사회가 뭔가 잘못되어 가고 있다는 증거이다. 다시 말해 붕괴되어 가고 있다는 것이다.

그릇가게를 하는 어떤 사람의 이야기를 들으니 요새 그릇이 잘 팔리지 않는다고 한다. 외식문화의 영향일 것이다. 밖에 나가서 먹기를 좋아하기 때문일 것이다. 또 옛날과 달리 집에 손님을 거의 초대하지 않는다. 가까운 친구라도 밖에서 만나지 집으로 불러들이는 경우는 거의 없다. 그러니 친구네가 어떻게 하고 사는지 전혀 알 수가 없다. 연속극에 나오는 아무개 집 소식은 잘 알면서도 막상 가까이 지내는 친구의 집안 사정은 전혀 알지 못한다. 덕분에 사생활은 보호받을지 모르지만 인간의 영역은 점점 왜소해진다. 인간의 설 자리가 자꾸만 비좁아진다.

옛날과 달리 요즘 사람들은 출생부터 자기 집에서 태어나지 않는다. 집 밖의 병원에 가서 태어난다. 돌잔치, 생일잔치, 환갑잔치, 칠순, 팔순, 구순잔치 모두 바깥에서 한다. 죽음까지도 집에서 맞이할 수가 없다. 이것이 오늘 우리의 실상이다. 그렇다면 집은 무엇 때문에 존재하는 것인가? 집은 무엇을 하는 곳일까? 내 집 마련을 위해 수십 년 동안 애쓰다가 집이 생기면 좋아한다. 하지만 결국 따뜻한 가정은 사라지고 차디찬 가옥만 남게 되는 경우가 허다하다.

우리들이 하루하루 살아가는 순간들은 어떻게 보면 지극히 평범하다. 그러나 실제로는 그 순간들이 중요한 의미를 지니고 있다. 그 순간이 없다면 삶이 지속될 수 없다. 한 개인의 삶이 그 순간순간에 이루어지고 있는 것이다. 또한 그 순간들이 쌓여서 한 생애를 이룬다. 그렇기 때문에 순간을 헛되이 보내면 삶 전체가 소홀해진다.

세상살이도 마찬가지이다. 우리가 이 풍진세상을 살아가는 데 가장 힘든 일이 있다면 복잡 미묘한 인간관계일 것이다. 사람과 사람 사이의 관계가 가장 어렵다. 관계가 원만하면 마음이 편안하고 느긋해진다 그러나 관계가 원만하지 못하면 누가 보든 보지 않든 마음이 편치 않다 이것은 공식이다. 그럼 원만한 관계를 이루려면 어떻게 해야 하는가? 만나는 사람마다, 가족이든 직장 동료이든 혹은 친구이든 어떤 마음으로 대하는가에 달려 있다.

우리의 삶은 개인의 의지와는 상관없이 어둡고 추하고 모자라고 고통스런 것들로 둘러싸여 있다. 이것이 이 세상의 구조이다. 굳이 신문 방송을 접하지 않고 우리 일상만 보더라도 사건 사고가 없는 날이 없다. 그런 상황에서 어떤 마음을 가지고 살아갈 것인가? 마음먹기에 따라서 삶이 달라진다. 선하고 아름다운 마음가짐이 삶의 본질이 되어야 한다고 몇 번이나 다시 생각하게 되었다.

자고로 글이란 이런 식으로 써야 되지 않을까 생각된다. 선하고 아름다운 마음가짐을 밑에 깔면서. 아무리 시청률을 놓고 따지고 여러 가지 말 못할 사정이 있는 텔레비전 방송국의 드라마라 해도.

방송국에서 일하는 분들 뿐만 아니라 학교, 군대, 정치계, 기타 여러 분야에서 일하는 사람은 모두가 보다 나은 우리나라의 앞날을 위해 기본 질서 지키기에 앞장서야 한다.

옛 서독은 통일되기 전부터 예절과 기본질서를 잘 지키는 국민이라는 평가를 받았다. 이 예절과 기본질서를 잘 지키는 정신과 독일인 특유의 근면성이 통일의 밑거름이 되었다고 세계의 역사학자들은 증언하고 있다.

비록 늦었지만, 우리도 더 늦기 전에 유치원 · 초 · 중 · 고등학교에서 예절과 기본질서에 대한 교육을 일주일에 1시간 이상씩 시행하자고 당부한다.

국군 장병들도 마찬가지다. 예절 교육을 강화함으로써 서로의 인격을 존중하게 되어 군 생활 중에 발생하는 말다툼, 성희롱, 총기 사고 등을 완전히 예방하는 안전장치가 될 것이다.

22. 두 개의 신문기사

내가 최근에 읽은 일간지 C일보의 두 가지 기사 중 하나는 나를 너무나 놀라게 만들었고, 다른 하나는 내 마음을 무척이나 기쁘게 만들어 주었다.

먼저 소개할 8월 3일자 기사는 최근 5년 동안 19명의 철도기관사가 술을 마신 상태로 열차를 운전하려다가 적발된 것으로 나타났다는 내용이었다.

한국철도공사가 2일 새누리당 이노근 의원에게 제출한 자료에 따르면, 2011년부터 2015년 7월 말까지 철도공사가 자체 시행한 업무개시 전 음주측정에서 적발된 인원은 모두 76명이었다고 한다.

기관사가 19명으로 가장 많았고, 열차의 안전상태를 점검해야 할 차량관리원이 15명으로 2위를 이었다. 또 부(副)기관사가 3명, 관제사도 2명 포함되었다. 혈중 알코올 농도별로는 0.05% 이상이 22명, 0.03~0.05%가 15명이었고 나머지는 그 이하였다.

징계수위는 퇴직 · 해임 · 정직 · 감봉 등 중징계가 17명, 나머지는 견책 · 경고 · 주의 · 당일업무 배제 등 경징계였다. 혈중 알코올 농도가 도로교통법 상 자동차 운전면허 정지에 해당하는 0.05%가 넘도록 술을 마시고 근무에 들어가려 했어도 경징계에 그친 경우가 있다는 의미이다.

한국철도공사 안전계획처 관계자는 "기관사의 경우, 출근 직후 주요역에 설치된 승무사업소 상황실에서 전원 음주측정 후 근무에 들어가기 때문에 열차 음주 운행은 사전에 모두 걸러진다"고 밝혔다.

하지만 음주 실태 관리를 철도공사 자체에 맡겨놓는 것에 문제가 있다는 지적도 나온다. 이노근 의원은 "대규모 승객의 안전과 직결되는 기관사 음주단속을 제3의기관이 아닌 얼굴을 뻔히 아는 같은 '식구에게 맡기는 것은 문제가 있다"며 "적발 수치가 빙산의 일각일 수 있다'고 말했다.

세상에 이토록 기가 막힐 이야기가 있을 수 있는가? 이건 문제가 있는 이야기인 정도가 아니라 극심한 안전불감증에 걸려 있는 사람들의 더없이 심각한 이야기이다. 때문에 그들에 대해 더 이상 언급하고 싶어지지 않는다.

이 모든 행위는 예절의 기본, 기초교육이 되지 않아서 일어난 행동들이라 생각된다. 구체적으로 지적한다면 똑같은 행위나 주변 환경을 극복하지 못한 짧은 생각에서 판단한 행동으로서 자제력과 더 넓게는 남을 배려하는 생각 없이 차후에 엄청난 일이 일어날 수 있다는 생각을 하지 않는 개인주의 행동이라고 볼 수 있다.

그로부터 이틀 뒤(8월 5일)에 읽은 내 마음을 무척이나 기쁘게 만들어 주었다는 기사 내용이다.

정의선 현대차 부회장 등 현대차그룹 주요계열사의 부회장과 사장,

부사장 등 50명 전원이 4일 통일나눔펀드에 동참하기로 했다고 한다.

정 부회장을 비롯해 권문식 · 김용환 · 신종운 · 양웅철 · 윤여철 현대 · 기아차 부회장 · 우유철 현대제철 부회장, 김충호 현대차 사장, 정명철 현대모비스 사장 등 그룹 주요 계열사의 최고경영자(CEO) 등이 모두 이날 통일나눔펀드 정기 기부를 약정했다.

정의선 부회장은 주요 계열사 임원들에게 역사 교육의 일환으로 통일시대의 주역이 될 자녀들 이름으로 통일나눔펀드에 가입하고, 가입 계좌를 자녀들에게 선물하는 방안을 제안했다. 정 부회장의 이같은 생각은 부친 정몽구 회장의 역사관을 반영한 것인데, 그것은 소 떼를 끌고 판문점을 넘어 북한에 갔던 할아버지 정주영 회장의 역사관과도 통한다.

현대차그룹은 평소 임직원의 역사의식을 중시해 각종 교육을 하고 있으며, 대졸 신입사원 공채 때도 역사 문제를 내고 있다.

정진행 현대차 사장은 "통일나눔펀드는 젊은 세대에게 통일에 대해 한 번 더 생각해 볼 수 있는 살아 있는 교재라고 생각한다"면서 통일에 대한 염원이 세대를 건너 이어질 수 있는 정신적 문화유산이 되도록 적극 지원할 것"이라고 말했다.

그래서 나는 문득 생각했다.

'그래. 정의선 부회장의 뜻대로 계열사 직원들의 자녀들에게 기본적인 예절과 기초질서에 대한 교육도 함께 실시한다면 통일의 날은 하루라도 더 빠르게 다가올 것이다.'

이틀 전에 보았던 철도기관사들에 대해서 쓴 기사를 생각하면서.

-조선일보 2015년 8월 3일, 8월 5일자 기사 발췌-

제 1 장

일반예절 禮節

1. 예절이란 무엇인가

(1) 정의

예절이란 예의범절(禮儀凡節)의 준말로서, '사람이 사람답게 이 세상을 살아감에 있어 꼭 필요한 도리(道理)요 질서(秩序)'라고 할 수 있다. 또한 예절이란 우리들이 약속해 놓은 생활 방식이기도 하다.

(2) 정신과 형식

예절의 정신과 형식은 한 마디로 말해서 '그 사회의 공통된 약속'이다. 그러므로 예절은 '상대방에 대해 공경하는 마음(정신)이 격식(형식)으로 나타나는 것'이라고 말할 수 있다.

(3) 근본정신

예절의 근본 정신은 상대방의 인격을 존중하는 마음가짐과 정성스런 태도이다. 〈논어〉에 나오는 공자(孔子)의 말씀 중에 "비례물시(非禮勿視)하며 비례물청(非禮勿聽)하고, 비례물언(非禮勿言)하며 비례물동(非禮勿動)하라"는 것이 있다. 이는 곧 예(禮)가 아닌 것은 보지도 말고 듣지도 말고 말하지도 말고 움직이지도 말라는 뜻이다.

덧붙여 말하면 예절은 '인격 완성의 수단이요, 원만한 인간관계를 이루어 나가기 위한 덕목'이기도 하다.

(4) 예절의 종류

가. 대상에 따라서

a. 개인예절: 스스로 사람다워지려는 자기 관리의 예절이라 할 수 있으며 그 사람의 됨됨이를 가늠하는 척도가 되기도 한다.

b. 남에게 하는 예절: 남을 대하는 의사소통의 예절이며 원만한 대인관계를 위한 지름길이기도 하다.
직장에서의 알맞은 호칭을 보면, 예를 들어 상급자에게는 "O 과장님", 하급자에게는 "OOO 씨" 선배에게는 "OOO 선배님", "OOO 선생님" 등으로 상황에 따라서 알맞게 골라 쓴다. 나에게는 상관이지만 그분보다 더 높은 사람 앞에서는 상사를 낮춘다. 평소에는 과장님이라고 하지만 이때는 "과장께서 이렇게 하셨습니다"라고 하여 직급은 낮추고 행위는 높인다.

c. 함께 하는 예절: 공중도덕(공원, 극장, 박물관, 도서관 학교 등)과 같은 예절로서 모두가 함께 실천하는 예절이며, 조직생활이나 단체 생활에서 필수적인 인간의 덕목이기도 하다.

나. 범위에 따라서

a. 기본예절: 모든 분야에 통용되는 공통적인 예절. 즉 말씨와 어휘, 마음가짐, 몸가짐과 차림새 등과 관계되는 예절을 말

한다.

b. 생활 예절: 개인, 가정, 학교, 사회 등 생활환경에 따른 예절로서 좀더 사람다워지기 위한 마음가짐과 표정, 몸가짐, 차림새 등을 말한다. 가정 예절은 존수와 친척 관계에 따라 어른을 모시는 예절, 아랫사람에 대한 예절 등을 말한다.
학교 예절은 선생님을 모시는 예절, 제자에 대한 예절, 동문 선후배 사이의 예절 등을 말한다. 그리고 사회 예절은 직장생활, 사회생활, 공중도덕, 곧 공동생활을 하는데 필요한 예절을 말한다.

c. 가정의례: 관례(남자의 경우, 여자의 경우는 계례), 혼인례, 상장례(상례와 장례), 제의례, 수연례(회갑, 칠순, 팔순 등)인데 옛날의 관례는 오늘날에 와서는 성년례로 자리잡아 가고 있다.

(5) 절하는 방법

가. 서서 하는 인사

정중한 인사(45도), 보통 인사(30도), 가벼운 인사(15도)로 차려 자세에서 상체를 허리부터 굽힌다(1초간). 굽힌 상태에서 잠시(1초간) 멈춘다. 그런 뒤 천천히 허리를 펴면서 일어선다(2초간). 학교나 직장에서 많이 활용되고 있다.

정중한 인사는 부모, 선생님, 직장 상사, 고객 또는 남에게 사과를 할 때 행하며, 보통 인사는 일반적으로 윗사람이나 고객에게, 가벼운 인사는 동료나 아랫사람, 하루에 두 번 이상 만나는 사람에게 행한다.

"안녕하십니까?"라는 인사말과 함께 머리에서 등이 일직선이 되게 하여 허리를 굽힌다.(상대에 따라 45도, 30도, 15도 등으로 굽힌다. 그러나 혼인 예식 등의 경우는 90도 인사를 한다).

만남의 첫인사는 상대나 형편에 따라서 인사말과 함께 하는 것이 좋다. 윗사람에게 인사할 때는 "안녕하셨습니까?"가 좋다. 그러나 동료에게나 사용하는 "안녕하세요?"는 윗사람에게는 적절하지 않다. 헤어질 때는 "안녕히 가십시오", 밤이나 잠자리에서는 "좋은 밤 되십시오"나 "안녕히 주무십시오" 등의 인사가 무난하다.

나. 앉아서 하는 인사

직장 교육이나 학교 수업 시간에 피교육자가 교육자에게 하는 인사는 30도 인사가 무난하다. 45도 인사는 많은 불편이 따르기 때문이다. 상황에 따라서는 15도 인사도 무방하다.

인사의 요령은 서서 인사하는 법에 준한다. 등과 의자 등받이와의 간격은 주먹 하나 들어갈 정도면 좋다. 무릎을 어깨 넓이로 벌리고 가볍게 쥔 주먹을 무릎 위에 올려놓는다. 여성은 무릎과 발끝을 붙이고 손은 공손하게 모아 오른쪽 무릎 위에 둔다.

다. 목례(目禮)

눈으로 예를 표하는 인사로, 표정을 부드럽게 하고 머리를 가볍게 숙인다. 복도나 실내에서 자주 대하는 분에게 예를 표하거나 대기를 요청할 때, 아랫사람의 인사에 답할 때 행한다.

라. 거수 경례

a. 거수경례를 하는 경우

- 제복과 제모를 착용한 군인, 경찰, 학생
- 군인의 개인 경례: 실내외, 착모나 탈모시 불문
- 부대 경례: 지휘자만 경례

b. 경례를 생략할 수 있는 경우

- 임무 수행상 부득이할 때: 근무, 작업, 훈련 등
- 두 손에 물건을 들고 있을 때
- 운전, 입원, 경기 중일 때
- 공공장소 내에 있을 때: 식당, 화장실, 이발소, 목욕탕 등

마. 악수

악수는 웃어른이 먼저, 이성간에는 여성이 먼저 청해야 예의에 어긋나지 않는다. 동료일 때 여성은 장갑(얇은 것)을 낀 채 악수를 해도 무방하다.

악수할 때 웃어른이 왼손으로 아랫사람의 손등을 감싸쥐거나 다독거려 주는 것은 정겨움의 표시이다. 아랫사람은 한 손으로 가볍게 잡고 허리를 약간 굽힌다. 웃어른에게 두 손으로 잡는 것은 결례가 된다.

2. 개인 예절

(1) 서 있을 때

가. 서서 하는 인사의 기본 요령

웃어른께 인사드릴 때 "앉으세요"라거나 "절 받으세요" 하는 인사말은 결례가 된다. 왜냐하면 아랫사람이 웃어른께 수고를 끼치는 결과가 되기 때문이다.

서서 하는 인사의 기본 요령은 몸이 한쪽으로 기울지 않도록 체중을 두 다리에 안배하여 반듯하게 서고 가슴을 자연스럽게 편다. 눈은 곱게 뜨고 입은 자연스럽게 다물며, 고개를 반듯하게 들어 상대방의 눈을 보고 인사할 준비를 하는 것이 기본 동작이다.

나. 서 있을 때의 기본자세

공수(拱手:손을 맞잡는 것)하거나 차려 자세(손으로 달걀을 쥔 듯한 모양으로 바지 옆선에 갖다 댄다)를 취한다. 이때 주의할 것은, 시선은 상대방 눈 주위의 얼굴을 향하고 턱은 내밀지 말아야 하며 어깨의 힘은 빼야 한다. 그리고 배가 나오지 않도록 하고 등은 반듯하게 편다. 발은 10시 10분(여자의 경우 11시 5분) 방향으로 벌리되 뒤꿈치는 붙인다. 상대방을 진심으로 존경하고 사랑하는 마음과 밝고 환한 마음으로 대하면 매너는 만점이 된다.

(2) 앉아 있을 때

가. 의자에 앉을 때

다리를 어깨 넓이로 벌리고 주먹(달걀을 쥔 모양)을 양쪽 무릎 위에 얹거나 두 손을 마주잡으며 등을 의자의 등받이에서 주먹 하나 들어갈 정도로 띄우고 편안히 앉는다.

나. 방바닥에 앉을 때

앉은 자세가 바르면 모든 일의 능률이 오르는 것은 물론 공부도 잘하게 된다.

어른이 들어오시면 앉아 있다가도 일어나서 어른을 맞이한다. 어른이 먼저 앉으신 다음에 천천히 앉는다. 허리를 바르게 펴서 공손히 앉고 일어선다. 표정은 부드럽고 온화하게 지어 상대방의 마음을 편안하게 하도록 한다.

다. 어른 앞에 앉을 때

어른의 앞에 앉을 때에는 정면에 앉지 않고, 남자는 어른의 왼쪽 앞, 여자는 어른의 오른쪽 앞에 앉는다. 무릎을 꿇고 앉아 있다가 어른께서 편히 앉으라고 하면 편하게 앉는다. 앉을 때는 가구(家具)나 벽 등에 기대지 말아야 하며, 자세는 바르게 하고 시선은 1.5m 앞의 바닥을 향한다. 방석에 앉을 때는 방석을 밟지 않고 중앙에 앉되 발끝이 방석의 뒤편 끝에 걸쳐지게 앉는다. 공수한 손은 남자는 중앙에, 여자는 오른쪽 무릎을 세우고 그 위에 둔다.

(3) 걸어갈 때

가. 웃어른께 인사하기

2~3m 정도 가까이 가서 어른을 향해 마주 선 후 기본자세를 취하고 인사한다. 어른께서 지나가신 뒤에 발걸음을 옮긴다.

나. 안내하기

웃어른 또는 손님이 길을 모를 때는 상대의 오른쪽 1~2m 앞에서 길을 안내한다. 문의 손잡이가 오른쪽에 있으므로 문을 열고 안내해야 하기 때문이다. 반대로 상대방을 수행할 때는 오른쪽 뒤편에서 1~2m 떨어져 뒤따라간다.

다. 계단에서의 인사

계단 위에서 웃어른이 내려오실 때는 한쪽에 비켜서서 기다리다가 목례나 가벼운 인사를 하고 올라가는 것이 예의이다. 계단 밑에서 상사가 올라오실 때는, 눈이 마주쳤을 때 목례한 후 좀더 빨리 내려와 스쳐 지날 때 잠깐 서서 가벼운 인사를 한다.

(4) 출입할 때

가. 들어갈 때

노크(소리가 크지 않게 세 번 정도) 또는 인기척을 낸 후 문을 열어 주거나 들어와도 좋다는 허락을 받은 뒤에 들어간다. 문을 여닫을 때의 몸가짐은 조용하고 바르게 하며, 외투를 입고 실내에 들어가는 것은 결례이다. 여닫이 문을 열 때는 오른손으로 손잡이를 쥐고 자기 몸이 들어갈 정도로 열며, 뒤따라 들어올 사람이 있을 때는 어느 정도 열어 두는 것이 좋다.

실내에 들어선 후에는 안에 있던 사람에게 인사를 하고 상대방이 권하면 자리에 앉는다.

나. 나갈 때

문턱이 있는 방은 문지방을 밟지 않아야 하며, 문을 여닫는 소리나 발자국 소리를 내지 않도록 주의하고, 뒷모습을 보이지 않는 것이 좋다. 어른 앞에서 문을 열고 나갈 때는 두세 걸음을 뒷걸음으로 걷다가 옆으로 걸어 나간다.

(5) 용의 단정

가. 두발

머리 모양은 앞머리가 눈썹을 , 옆머리는 귀를 , 뒷머리는 와이셔츠의 깃을 덮지 않을 정도여야 하고 항상 청결을 유지하여야 한다. 스프레이나 무스 등은 삼가고 단정한 머리 모양을 유지하도록 한다.

나. 복장

옷은 화려한 것(빨간색, 파란색, 노란색 등)을 피하고 학생은 학생답게, 직장인은 직장인답게, 각자의 직업과 신분에 어울리는 것을 선택한다. 양복의 경우 와이셔츠는 흰색이 좋으며 깃은 소매 밖으로 1~1.5cm 정도 나오게 하는 것이 좋다.

단정한 복장과 미소 띤 밝은 얼굴은 상대방에게 첫인상을 좋게 만드는 첫걸음이다. 예의바른 몸가짐과 정성스런 인사 예절은 원만한 대인 관계의 지름길이기도 하다.

a. 조심해야 할 몸가짐

비뚤어진 넥타이, 열려진 단추, 내려간 지퍼, 헝클어진 머리, 눈을 가리는 긴 머리, 남루한 옷차림, 밖으로 나온 속옷, 노출이 지나친 옷차림 등이다.

(6) 공수(拱手)

가. 공수의 원리

두 손을 맞잡는 것을 공수(拱手)라 한다.

공수는 태양 광선을 가장 잘 받는 남쪽을 향했을 때를 기준으로 한다. 남쪽을 향하여 섰을 때 왼손은 동쪽, 오른손은 서쪽을 향하게 된다. 이때 동쪽은 양(陽)으로 남성을 의미하고, 서쪽은 음(陰)으로 여성을 의미하므로, 남자는 왼손, 여자는 오른손이 위로 가게하면 된다. 흉사(凶事) 때에는 이와 반대가 된다.

나. 공수하는 법

남자의 경우 길사 때는 왼손이 앞으로, 흉사 때는 오른손이 앞으로 나오게 두 손을 맞잡는다. 여자의 공수는 남자와 반대이다. 흉사란 사람이 죽은 때를 말하며, 자기가 상주 노릇을 하거나 남의 상가에 가서 인사할 때 및 영결식에 참여하는 경우이다. 그 밖에는 모두 길사로 본다.

(7) 웃어른을 모실 때

가. 상석의 기준

북쪽을 상석으로 보았을 때 동쪽은 산 사람에게, 서쪽은 죽은 사람에게 상석이 된다. 남자와 여자, 주인과 손님은 남동여서(南東女西)와 주동객서(主東客西)의 순으로 상석을 정한다.

나. 상석의 구분

중앙과 양단 중에서는 중앙이, 높은 곳과 낮은 곳 중에서는 높은 곳이, 편리한 곳과 불편한 곳 중에서는 편리한 곳이, 안전한 곳과 위험한 곳 중에서는 안전한 곳이, 가까운 곳과 먼 곳 중에서는 가까운 곳이 상석이 된다.

다. 상사의 구분

관직에서는 벼슬의 높낮이로, 사회생활에서는 나이의 많고 적음으로, 교육에서는 학덕의 많고 적음에 따라, 동문 관계에서는 학창 시절의 상급생과 하급생에 따라 상하의 구별이 생긴다.

원만한 대인 관계를 유지하고 사회생활을 영위하기 위해서는 상대방에 대하여 존경할 구실을 찾는 것이 바람직하다. 따라서 상대방의 신분에 대한 파악이 곤란한 경우에는 우선 공손히 예우하는 것이 좋다. 물론 존경이 지나쳐서 아부하는 것으로 비쳐지면 곤란하다.

라. 친척집을 방문할 때

사전 연락(전화, 편지 등)을 한 뒤 약속 시간에 방문하는 것이 좋다. 너무 일찍 방문하거나 너무 늦게 방문하는 것은 삼가는 것이 예의이다.

웃어른께 먼저 정중하게 인사를 드리며, 양해를 구하지 않고 이 방 저 방 안으로 들어가거나 물건에 함부로 손대지 않도록 조심한다.

상대방의 자존심을 상하게 하거나 기분을 언짢게 하는 언행을 하지 말아야 한다. 말하자면 이 집은 너무 낡았다든지 가재도구가 너무 값싼 것이라는 식의 말은 금하는 것이 좋다.

마. 손님을 맞이할 때

초인종 소리가 들리면 "예, 나가겠습니다" 하면서 대문이나 현관으로 나가 정중하게 손님을 맞이한다. 우선 응접실로 손님을 안내하고 다과(茶菓)를 대접하면서 식사 시간까지 담소를 나눈다.

식사가 준비되면 특별한 사정이 없을 경우에 주인은 손님과 식사를 함께 하며 정담을 나누는 것이 좋다.

손님이 떠날 때에도 대문이나 현관 밖까지 나가서 배웅하는 것이 예의이다. 아파트의 경우 승강기에 동승하여 1층 현관까지 전송하면 주인으로서 손님에게 예의를 갖추는 것이 된다.

바. 손님의 승차 안내

남성이 여성을 승용차로 안내하게 될 때 뒷문을 열어 주고 타도록 하는 것이 예의이다. 남편이 운전할 때 부인은 운전석 옆에, 친구가 운전할 때 자기는 운전석 옆에, 자가 운전자의 차를 탈 때도 운전석 옆자리에 앉는 것이 예의이다.

여성이 승용차를 탈 때는 남성이 문을 열어 주며, 엉덩이를 먼저 넣고 양다리를 붙여 가지런히 차 안으로 옮기면서 앉는다.

사. 술좌석에서의 예의

윗사람으로부터 술을 받을 때는 오른손으로 받되 왼손을 가볍게 술잔 아래에 갖다 대어 두 손으로 받는다. 마실 때는 윗사람을 정면으로 바라보며 마시지 않고 몸을 약간 돌려 앉아 조금씩 마신다.

술을 따를 때는 술병을 오른손으로 잡고 왼손을 받쳐 정중한 자세로 따른다.

술좌석에서의 대화는 공통의 관심사를 중심으로 하며 특정한 사람을 비방하지 않고, 자기의 주장보다는 상대방의 말에 귀를 기울인다.

아. 선물 준비와 증정

선물은 마음의 징표가 될 수 있는 것으로 하되, 필요한 것을 사전에 물어 보아 준비하면 더욱 실용적일 것이다. 너무 싸거나 비싼 물건은 실례이고, 남에게서 받은 선물을 주는 것도 결례이다. 선물을 증정할 때는 정성스럽게 포장하여 상대에게 직접 전달하는 것이 좋다.(서양에서는 받은 선물을 그 자리에서 펴보는 것이 예의)

a. 친척 어른에게 드릴 선물 고르기

값만 비싸고 실용성이 없는 것보다는 저렴하면서도 실용적이며 정성이 깃들여 있는 것이 좋다. 그런 의미에서 겨울철에는 목도리나 장갑 등이 바람직하다. 선물을 드릴 때 가격표는 제거하는 것이 좋고, 마땅한 선물이 없으면 상품권을 드림으로써 웃어른이 기호에 맞는 물건을 손수 선택할 수 있도록 하는 것도 좋다.

자. 문병 예절

문병(問病)은 병원의 수칙에 따라서 환자에게 부담이 되지 않아야 하며 쾌유를 바라는 덕담을 나누는 것이 무난하다.

복장은 검소하고 청결하며 단정하게 입고 가는 것이 좋고, 선물은 환자의 회복에 도움이 되는 신선한 과일이나 음료수 등이 좋다. 대화는 환자에게 희망과 용기를 줄 수 있는 내용을 화제로 삼는다.

환자의 질병에 따라 선물의 선택에 유의하여야 한다. 예를 들어 호흡기 질환의 환자에게 꽃을 선물하는 것은 삼가야 한다.

차. 방향을 안내할 때

직장이나 학교를 찾아온 손님에게 방향을 가리킬 때에는 손가락으로 가리키지 않고 손가락들을 모아 손바닥 전체를 펴서 가리키되 손등을 보여서는 안 된다. 시선은 상대방의 눈과 가리키는 방향을 향하며 밝은 표정으로 안내한다. 방향을 가리키는 손을 다른 손으로 공손히 받치면 보다 정중한 안내가 된다.

a. 손가락을 모아 손바닥 전체를 펴서 방향을 가리킨다.
b. 손등을 보이거나 손목이 보이지 않도록 주의.
c. 팔꿈치의 각도로 거리감을 나타낸다.
d. 시선은 상대방의 눈–가리키는 방–상대의 눈의 순서로 이동하고,
e. 표정은 미소띤 얼굴로 밝게 한다.

(8) 직장 예절

가. 면접 준비

일상의 만남에서 첫인상은 매우 중요하다. 그것은 맨 처음 몇 초 동안에 80%의 이미지가 결정되기 때문이다. 수험생의 첫인상이 면접관에게는 쉽게 지워지지 않으므로 밝은 표정과 공손한 말씨의 인사를 잊지 말아야 한다.

나. 자기 소개서 쓰는 법

성장 과정

저는 서울에서 2남 2녀 중 장남으로 태어났습니다. 아버지는 30여 년을 교직에 몸담고 계시며, 어머니는 깨끗한 가정 환경을 만들고 화목한 집안 분위기를 이끌기 위해 항상 노력하고 계십니다. '정직'을 가훈으로 삼아 가족 모두가 참된 삶을 꾸려 나가기 위해 최선을 다하여 생활하고 있습니다.

성격 소개(장 · 단점)

명랑하고 쾌활한 성격으로 교우 관계가 원만하다는 평을 듣고 있으며, 예의범절에도 남다른 관심을 가지고 있어 그 본보기가 되기 위해 노력하고 있습니다. 정직을 지나치게 지키려다 보니 다소 융통성이 없다는 핀잔을 듣기도 하며, 한 가지 일에만 몰두하는 경향이 있습니다.

생활 신조

가훈이 정직이어서 그런지는 몰라도 거짓말을 하거나 약속을 어기면 큰일을 저지른 것으로 생각하여 과민 반응을 나타내는 때도 있습니다. 주어진 일에 늘 최선을 다하고자 하는 것이 저의 생활 신조입니다. 언제나 정직한 마음으로 맡겨진 일에 최선을 다하는 자세를 다지고 있습니다.

지원 동기

세계화 시대에 걸맞는 기업 경영을 하고 계시는 귀사에, 컴퓨터에 관심이 있고 어느 정도 기량도 가지고 있다고 확신하는 저로서 뭔가 기여할 수 있다는 생각에서 지원하게 되었습니다.

기타(취미, 특기 등)

컴퓨터 조작에 남다른 취미와 특기가 있다고 자부합니다. 그런 까닭인지는 몰라도 정보처리기능사 2급, 워드프로세서 2급 자격증을 취득할 수 있었습니다. 정보화 시대에 걸맞는 자격증을 소지하고, 그와 동시에 현대 사무원으로서의 자질을 갖추었다고 자신있게 말씀드릴 수 있습니다.

다. 이력서 작성의 예

<table>
<tr><td colspan="2" rowspan="3">사
진</td><td colspan="5">이　력　서</td></tr>
<tr><td>성　명</td><td colspan="2">박 종 석 ㊞</td><td colspan="2">주민등록번호
970120-1234567</td></tr>
<tr><td colspan="5">생 년 월 일　서기 1997년 1월 20일생 (만 18세)</td></tr>
<tr><td colspan="2">주　소</td><td colspan="5">서울특별시 영등포구 신길로23길</td></tr>
<tr><td colspan="2">호적관계</td><td>호주와의 관계</td><td>장남</td><td>호주 성명</td><td colspan="2">박 종 남</td></tr>
</table>

년	월	일	학 력 및 경 력 사 항	발 령 청
2009	3	2	서울중학교 입학	학교장
2012	2	15	서울중학교 졸업	학교장
2012	3	2	한국고등학교 입학	학교장
2015	2	12	한국고등학교 졸업	학교장
			상　　벌	
2012	2	15	서울중학교 3년 우등상 수상	학교장
2015	2	12	한국고등학교 효행상 수상	학교장
2015	2	12	한국고등학교 3년 개근상 수상	학교장
2015	2	12	한국고등학교 예절상 수상	학교장
			위의 사실이 틀림없음.	
			2015년　월　일	

라. 넥타이 선택

파티식 장소에서 또는 유흥업소의 종업원이 나비넥타이를 매는 것은 멋스런 의미도 있지만 식사 때의 거추장스러움 때문이기도 하다. 그리고 상가(喪家)에서 검은 넥타이를 매는 것은 조의(弔意)의 뜻이 담겨 있다.

일반적으로 넥타이는 양복과 잘 어울리는 색상을 선택하되 때, 얼룩, 구김이 없도록 유의한다. 넥타이를 매는 방법은 여러 가지가 있는데, 어떤 경우라도 매듭의 모양이 예쁘고 균형이 잘 맞아야 하며, 셔츠의 윗 단추가 가려질 정도로 단정히 해야 한다. 그렇게 해서 맨 넥타이의 길이는 허리띠 위에 닿을 정도면 무난하다.

마. 와이셔츠의 소매길이

와이셔츠의 소매는 양복 소매 끝에서 1~1.5cm 정도 밖으로 나오게 하여 단정히 입는다. 단정(端正)이란 원래 옷의 소매(안쪽의 옷과 바깥쪽의 옷소매)가 같거나 바르다는 뜻이다. 와이셔츠는 깨끗하게 세탁하여 입어야 상대방에게 호감을 줄 수 있다.

바. 양복바지의 길이

일반적인 양복바지의 길이는 바지 끝이 구두 위에 가볍게 닿을 정도가 좋다. 그리고 이때 구두는 검은색이나 갈색이 무난하다. 양말은 양복과 구두에 어울리는 색상을 선택하되 흰색은 피한다.

사. 외투와 머플러의 착용

외투는 겨울에 눈비를 막기 위해 양복 위에 덧입는 긴 겉옷이며, 머플러(목도리)는 추위를 막기 위해 또는 멋을 내기 위해 목에 두르는 것이다. 외투나 머플러는 주로 외출시 방한용으로 착용하는 것이므로 실내에서 착용하는 것은 예의에 어긋난다. 그러나 두루마기는 한복 위에 입는 정장이므로 실내에서도 입고서 의식에 참가하는 것이 예의이다(여성의 경우 두루마기는 방한복이므로 실내에서는 벗는 것이 예의이다).

아. 직장 근무 중에 삼가야 할 일

- 기지개를 펴거나 큰 소리로 하품하는 것.
- 손님, 또는 민원인을 앉혀 놓고 옆 직원과 잡담하는 것.
- 의자나 소파 이외의 책상 등에 걸터앉거나 다리를 꼬고 앉는 것.
- 양손을 주머니에 넣고 걸으면서 인사하거나 받는 것.
- 담배를 피우면서 대화하거나 일하는 것.
- 이쑤시개를 입에 물고 걸어다니는 것.
- 귀나 콧구멍을 후비거나 손톱을 깎는 것.
- 사적(私的)인 휴대폰 통화를 많이 하는 것.

(9) 남녀 관계

가. 데이트 신청

a. 남자가 여자에게 데이트를 청할 때

"실례지만, 오늘 시간을 내실 수 있겠습니까?"라거나 "오늘 제가 저녁 식사라도 대접하고 싶은데 시간을 내실 수 있을까요?"라고 완곡하게 또는 솔직하게 말한다.

b. 여자가 남자에게 데이트를 청할 때

"저와 오늘 차라도 한 잔 마실 수 있는 시간을 내실 수 있으세요?"라거나 "제가 오늘 점심 식사라도 대접하고 싶은데 시간을 내실 수 있겠어요?"하고 조용히 상대방의 의사를 타진해 본다.

나. 독신 남자(여자)의 집을 방문할 때

남자가 여자의 집을, 혹은 여자가 남자의 집을 혼자서 방문하는 것은 삼가야 한다. 상대방이 원하지 않는데 굳이 방문하려고 하는 것도 결례가 된다. 다만 상대방의 초청으로 여럿이 친선 방문하는 것은 친교를 넓힐 수 있는 계기가 된다.

다. 선물을 하고 싶을 때

"제가 조그만 선물을 하고 싶은데 혹시 필요한 것이라도 있으시면 알려주십시오. 그러면 도움이 될 것 같습니다" 하고 정중히 물어 본다.

라. 남자, 여자가 함께 길을 걸을 때

차도 쪽으로 남자가 서고 인도 쪽으로 여자가 서서 걷는다. 대체로 남자는 보폭이 크므로 속도를 줄여서 여자와 보폭을 맞추는 것이 좋다. 비탈길이나 오르기 어려운 곳에서는 남자가 여자의 손을 잡아 주거나 도와주는 것이 예의이다.

3. 대화 예절

(1) 언어 예절의 중요성

가. 말의 맵시

일상의 대화에서 예의바른 말은 사투리보다는 표준말을, 상스런 말보다는 고운 말을 사용하는 것이고, 감정을 편안하게 하고 표정을 부드럽게 하며 조용하면서도 알아듣기 쉬워야 한다. 너무 작거나 큰 목소리를 내는 것도 좋지 않다. 발음을 정확하게 하고 말의 속도를 조절하는 것도 잊지 말아야 한다.

나. 바른 말씨와 어휘 선택

말씨에는 '시, 세, 셔'가 들어가는 '~하세요' 따위의 높임말씨가 있고, 높임말씨인 '~하세요'와 보통말씨인 '~하게'의 중간인 반높임말씨가 있다.

상대방의 지위와 나이 등에 따라 알맞은 말씨를 적절히 선택해야 하며, 속어, 비어 등은 물론 외래어나 전문용어의 사용은 될 수 있으면 피하는 것이 일상생활에서의 예의바른 사람의 태도이다.

(2) 호칭과 지칭

가. 호칭

a. 자기에 대한 호칭

웃어른이나 여러 사람에게 말할 때는 '저'나 '제'가 좋다. 같은 또래나 아랫사람에게 말할 때는 '나'를 많이 쓴다. 자기 쪽을 일컬을 때는 '우리'나 '저희'가 많이 사용된다.

b. 부모에 대한 호칭

- 말을 배울 때: 아빠, 엄마
- 그 이후: 아버지, 어머니
- 돌아가신 부모: 선고(先考), 선비(先妣)
- 남의 부모: 아버님 · 어머님, 춘부장(春府丈) · 자당(慈堂)님
- 할아버지, 할머니께 말씀드릴 때: 애비 · 에미, 아범 · 어멈
- 상대방의 돌아가신 부모: 선고장(先考丈), 대부인(大夫人)
- 남에게 자기 부모를 말할 때: 아버지 · 어머니, 가친(家親). 자친(慈親)

c. 부부간의 호칭

직접 호칭은 '여보(여기 보세요라는 뜻)'가 정겹고, 대화중 호칭은 '당신(자기 스스로)'이 좋다. 요즘 부인들이 남편을 '아빠'라 부르는 것은 바람직하지 않다. 아이들도 '아빠'라 부르고 부인도 '아빠'라 부르면 혼란스럽기 때문이다. 자녀가 대학생이 되었는데도 'OO 아빠'라고

부르는 것도 넌센스가 아닐 수 없다.

부인이 친정에 가서 어른들께 자기의 남편을 말할 때는 'OO 서방'으로 지칭하는 것이 무난하다.

d. 시부모와 며느리 사이

- 시부모의 호칭: 아버님, 어머님
- 며느리의 호칭: 아가, 며늘아가(아이가 생긴 후) 어멈, 에미

e. 처부모와 사위 사이

- 처부모: 장인어른 · 장모님(직접 부를 때), 빙부 · 빙모(남에게 말할 때)
- 사위: (장인이 부를 때) 이름을 호명, (장모가 부를 때) 사위 또는 O 서방

f. 형제, 자매, 남매 사이

- 형(兄): 형, 아우
- 제(第): 동생, 아우
- 자(姉): 언니
- 매(妹): 동생
- 남(男): 오빠, 오라버님
- 매(妹): 누나, 누님, 동생

g. 사돈 간

- 윗세대 사돈 남녀(며느리의 친정 조부모): 사장 어른
- 같은 세대의 동성간 사돈: 사돈
- 바깥사돈이 안사돈을 말할 때: 사부인
- 같은 세대의 이성간(異性間) 사돈: 사돈어른
- 아랫세대의 기혼 이성 사돈: 사돈양반
- 미혼 남자인 사돈: 사돈도령, 사돈총각
- 미혼 여자인 사돈: 사돈처녀, 사돈 아가씨

h. 나이 많은 조카와 어린 당숙간의 호칭

나이 적은 당숙과 나이 많은 연비행고(年卑行高)와 나이 적은 당숙이 대화할 때 알맞은 호칭은 무엇일까? 이런 경우 서로간에 존중할 구실을 찾는 것이 무난하다. 즉, 나이 많은 조카는 당숙에게 '당숙님'이라고 부르고, 나이 적은 당숙은 나이 많은 조카에게 '조카님'하고 부르는 것이 좋다.

나. 지칭

먼저 아내가 남편을 상황에 따라서 어떻게 지칭해야 하는지부터 알아보자. 아이를 갖기 전에는 시부모님께서 '사랑(사랑방에 있다는 뜻)'이라 지칭하고, 아이를 가졌을 때는 '아범(또는 애비)'이라고 하면 된다.

반대로 남편이 부모님께 말씀드릴 때는 아이를 갖기 전후 '제댁(저

의 집사람이라는 듯)'이라거나 '에미(또는 어멈)'라고 하면 무난하다.

타인에게 그 남편과 아이를 지칭할 때 '부군, 주인어른, 바깥어른'과 '부인, 내상'이라 말하고, 내 남편과 아내를 타인에게 말할 때는, '남편, 그이, 아기 아빠'나 '안사람, 내자, 그 사람, 아내'로 말하면 된다.

4. 효도의 실천

(1) 마음가짐

'신체발부수지부모(身體髮膚受之父母) 불감훼상효지시야(不敢毁傷孝之始也)' 곧 내 몸 전체를 부모가 주었으니 조금도 훼손하지 않고 온전하게 보존함이 효도의 시작이란 듯이다.

'입신행도양명어후세(立身行道揚名於後世) 이현부모효지종야(以顯父母孝之終也)' 곧 몸을 바로 세워 진리를 실천한 다음 후세에 이름을 남겨 부모를 영광되게 하는 것이 효도의 마지막이란 뜻이다.

자신의 인격을 수양하는 것도 '효의 실천'의 하나이다.

(2) 올바른 효도

가. 출필고(出必告) 반필면(反必面)

나갈 때 행선지와 목적을 말씀드리고 돌아와서는 무사히 돌아왔음을 말씀드린다. 여기서 '말씀드린다' 함은 다녀온 결과를 상세히 알려드린다는 뜻이다.

효도라는 것은 부모의 자애(慈愛: 자녀에 대한 끝없는 사랑)에 대한 자녀의 최소한의 도리인 것이다. 그렇다고 해서 효도를 계약(契約)으로 보면 안 된다.

나. 아침 문안 인사

어른보다 일찍 일어나 방문 앞에서 기다렸다가 인기척이 나면 "들어가도 되겠습니까?" 하고 여쭙고, 문을 열고 들어가 "안녕히 주무셨습니까?" 하고 아침 문안 인사를 드린다. 인사를 드린 다음 이부자리를 정리해 드리고 밤새 불편이 없었는지 여쭙는다.

집을 나설 때는 "학교(직장) 다녀오겠습니다." 하고 인사를 한다.

다. 저녁 귀가 인사

집에 돌아와서 어른을 뵙게 되면 "학교(직장)에 다녀왔습니다" 하고 인사를 드린 후 개인 용무를 보아야 한다. 학교에서 중요한 전달사항이 있으면 반드시 말씀을 드린다.

라. 취침 인사

어른이 잠자리에 드는 시간을 알아두고, 주무시기 전에 이부자리를 펴드리고 "안녕히 주무십시오" 하고 인사를 드린다. 또한 주위를 조용히 하여 어른이 주무시는 데 불편함이 없도록 주의한다.

겨울철에는 방의 난방을 살펴보아야 하고 여름철이면 냉방을 살펴서 편히 주무시도록 보살펴 드린다.

5. 가족 간의 예절

(1) 가족이란

가족이란 어버이와 자녀, 부부 등의 관계로 맺어져 함께 생활하는 집단이다. 가정이란 가족 구성원이 생활하는 삶의 보금자리로서 각 개인의 안식처이다.

가족은 인간 사회를 구성하는 기본 단위로서 그 기능은 다음과 같다.

첫째, 출산과 양육을 통하여 사회 성원을 재생산하고,

둘째, 부모와 자녀의 공동 사회이며,

셋째, 각 개인의 사회화를 위한 가장 중요한 교육의 장소이다. 결국 가족이란 선택이 불가능한 운명적 성공의 공동체이다.

(2) 형제간의 예절

형제는 혈육(血肉)지(之)친(親), 즉 한 부모 아래 태어나고 자라난, 너와 나의 구별이 없는 숙명적인 관계이다. 그러므로 동생은 형에게 공손하고 공경을 다하며, 형은 동생에게 사랑하는 마음을 가지고 잘 인도해 주어야 할 것이다.

형제(兄弟)는 남자 동기간으로, 나이가 많거나 먼저 태어난 쪽이 형이다. 큰형님(맏형)은 가통(家統)을 잇고 조상의 봉제사(奉祭祀)를 받들기 때문에 아버지 모시듯 해야 한다. 여자 동기간은 자매(姉妹)라고 한다.

(3) 가족 · 친척간의 예절

친척(親戚)이란 혈족 관계와 배우자 관계에 있는 사람을 말한다. 그중에서도 친족(親族)은 배우자와 직계 혈족 및 그 배우자, 8촌 이내의 방계 혈족 및 그 배우자와 4촌 이내의 인족(人族;어떤 개인의 배우자의 혈족이나 또는 혈족의 배우자)을 일컫는다. 인척(姻戚)이란 외가와 처가에 딸린 겨레붙이를 통틀어 일컫는 말이다.

6. 학교생활

(1) 선생님께 인사할 때

직접 학과를 가르치지 않는 선생님이라도 자기 학교의 선생님이라는 사실을 안다면 인사를 하는 것이 예의이다. 선생님에게 인사를 할 때는 등하교시나 교내에서 뵈었을 때는 15도, 수업 시간에는 30도로 하고, 개인적인 용무 또는 호출시에는 45도로 정중하게 하는 것이 예의이다.

선생님과의 거리는 2~5m 정도에서 인사를 하는 것이 적당하고, 선생님과 대화를 나눌 때는 몸을 함부로 움직이거나 책상을 손으로 짚는 등의 흐트러진 자세는 삼가야 한다.

(2) 교무실에 출입할 때

가. 들어갈 때

교무실에 들어가기 전에는 먼저 자신의 옷매무새를 단정하게 하고, 문을 열고 들어선 후에는 15도의 가벼운 인사를 한 다음 담당 선생님을 찾아간다. 담당 선생님 앞에서는 30도나 45도의 정중한 인사를 하고 "선생님 부르셨습니까?"나 "말씀드릴 것이 있어서 왔습니다" 등의 말로 자신의 용무를 밝힌다.

나. 나갈 때

"고맙습니다" "잘 알겠습니다" "안녕히 계십시오" 등의 인사말과 함께 30도나 45도의 인사를 드리고 또 다시 문 앞에서 가볍게 15도 인사한 뒤 밖으로 나간다.

선생님과 대화중에는 중요한 사항을 메모하거나 명심하여 깊이 새김으로써 잊지 않도록 한다. 책상을 두 손으로 짚는다거나 뒷짐을 지는 것은 결례이다.

(3) 수업 시간의 예절

수업 전에 교과서, 노트, 기타 보충 재료들을 미리 준비한다.

가. 수업이 시작될 때

반장의 '차렷', '경례' 구호와 함께 '안녕하십니까?' 하면서 30도 인사를 한다. 수업 중에는 절대 정숙하며 발표할 때는 모든 사람이 들을 수 있도록 분명하게 말한다. 선생님의 가르치는 말씀은 귀담아 듣도록 하며 잡담이나 비웃는 말을 해서는 안 된다. 수업 중에 질문을 많이 하는 학생이 공부 잘하는 학생이다.

나, 수업이 끝날 때

반장의 '차렷', '경례' 구호와 함께 '감사합니다' 하면서 30도의 보통 경례를 한다. 45도의 큰 경례는 의자에 앉은 채로 하기에는 불편이 따르기 때문이다.

(4) 교우관계

진정한 친구가 없는 것처럼 불행한 일도 없다. 급우(級友)란 학문을 같이 연마하는 동료이며, 한 사람의 인격은 그가 사귀는 친구를 보면 알 수 있다.

가. 상 · 하급생 간의 인사

하급생이 먼저 인사하고 상급생이 답례 형식으로 인사한다.

나. 동급생 간의 인사

먼저 본 사람이 인사를 하고 나중에 본 사람이 답례한다.

(5) 손님에 대한 예절

가. 교실 밖에서

복도에서 학교를 방문한 손님을 보면 15도 정도 허리를 굽혀 가볍게 인사한다. 운동장에서는 30도의 보통 인사 또는 45도의 정중한 인사를 드린다.

나. 교실 안에서

수업 시간에 손님이 들어와서 눈이 마주치면 밝은 표정으로 앉은 채로 목례하고 선생님의 수업에 열중한다.

(6) 도서관 · 독서실에서의 예절

가. 조용히 걷는다

다른 사람에게 방해가 되지 않도록 발뒤꿈치를 들고 조용히 걷는다.

나. 큰 소리를 내지 않는다

옆 사람과 쓸데없는 잡담을 하거나 큰소리로 책을 읽지 않는다.

다. 책을 훼손하지 않는다.

빌려 보는 책은 자신의 책 이상으로 소중히 다루어야 한다. 책장을 떼어 내거나 함부로 접 거나 밑줄 또는 낙서를 하는 것은 교양인의 수치이다.

라. 반납 일자를 지킨다

빌려 보는 책을 돌려주겠다는 약속을 반드시 지켜야 하며, 부득이 한 경우 사전에 양해를 구해야 한다.

마. 주변을 깨끗이 한다

도서관이나 독서실은 공동으로 사용하는 시설이므로 항상 주변을 깨끗이 하는 습관을 가져야 한다. 가래침을 함부로 뱉거나 휴지를 마구 버리지 말아야 하며 신발의 바닥은 깨끗이 털거나 닦고 입실해야 한다.

바. 껌을 씹지 않는다

주위 사람들에게 방해가 되지 않도록 하기 위해 껌을 씹지 않아야 하며, 부득이하게 씹을 경우에는 소리를 내지 않도록 하고, 씹고 난 후에는 휴지로 싸서 쓰레기통에 버려야 한다.

(7) 식사 시간의 예절

가. 학교 내에서

a. 밥상머리 교육

- 몸의 상체가 식탁에서 주먹 크기만큼 떨어지도록 한다.
- 턱을 괴거나 다리를 꼬지 않는다.
- 음식의 소중함을 알고 감사하는 마음으로 정해진 시간과 일정한 장소에서 단정하게 앉아 식사하며, 타인에게 불쾌감을 주는 행동을 삼간다.

b. 식사 시간에 지켜야 할 일

- 정해진 시간 (점심시간)과 장소(교실, 식당)에서 정숙하게 식사한다. 부득이한 경우 기타의 장소에서 식사할 때는 깨끗이 청소하는 습관이 필요하다.
- 국 등을 마실 때에는 소리를 내지 않도록 특히 주의하고 입 속

에 음식물이 있는 경우에는 말하지 않는다.

• 국물이 있는 것은 숟가락으로, 국물이 없는 것은 젓가락으로 바르게 먹는다. 젓가락질을 못하는 사람은 빨리 익히도록 한다. 어렸을 때부터 젓가락질을 많이 하면 아이큐가 높아진다고 한다.

• 음식물을 흘리지 않도록 주의한다.

• 웃어른과 식사할 때는 웃어른이 먼저 수저를 들고 진지를 드시기 시작한 뒤에 식사하는 것이 예의이다. 식사가 먼저 끝나더라도 상 위에 내려놓지 않고 빈 밥그릇이나 국그릇에 걸쳐놓았다가 어른이 수저를 내려놓은 후에 내려 놓는다.

• 이쑤시개는 사용하지 않는 것이 좋으나 부득이한 경우에는 한 손으로 입을 가리고 사용한다.

• 식사 후에는 깨끗이 청소를 하고 실내를 환기시킨다.

나. 학교 밖에서

a. 한식

• 식사중의 예절

– 멀리 있는 조미료는 옆사람에게 부탁하여 이용한다.

– 얼굴이나 머리 등은 만지지 않는다.

– 종업원을 부를 때는 손을 들어 의사 표시를 해도 좋다.

– 함께 하는 사람과 식사 속도를 맞춘다.

– 팔꿈치를 식탁 위에 올려놓지 않는다.

– 상체를 지나치게 숙이지 않는다.

• 어른과 함께 식사할 때의 예절

– 어른과 함께 식사를 할 때는 어른이 먼저 수저를 든 뒤에 뒤따라 수저를 든다.

– 밥그릇은 들고 먹지 않으며, 국그릇의 국물을 소리내어 마시지 않는다.

– 식사 중에 숟가락이나 젓가락으로 무엇을 가리키거나 이리저리 뒤적이는 것은 결례이다.

– 식사 중에 기침이나 재채기, 트림 등을 삼가고, 무심코 나왔을 때는 정중하게 '죄송합니다'하고 사과의 말씀을 드린다.

• 올바른 수저 사용법

– 숟가락은 오른손 검지와 중지 사이에 걸쳐 엄지를 살짝 올린 자세로 쥔다.

– 젓가락은 약지와 중지 사이, 중지와 검지 사이에 각각 한 개씩 걸쳐 올려놓고, 중지와 검지로 젓가락을 움직여 음식을 집는다.

– 숟가락과 젓가락을 동시에 들고 음식을 먹지 않는다.

– 숟가락이나 젓가락은 깨끗하게 사용하며, 음식을 이것저것 뒤적이지 않도록 한다.

b. 양식

- 식사 도구의 사용법

– 냅킨: 모두 자리에 앉은 다음 반으로 접어서 접힌 쪽이 자기 앞으로 오도록 놓는다. 식사 전에 미리 펴놓지 않도록 주의하고, 입가나 손을 닦는 데만 사용한다.

– 포크와 나이프: 포크는 왼손으로, 나이프는 오른손으로 잡고 음식이 한 입에 들어가기 좋을 만큼 2~3 조각 정도 잘라 놓는다.

- 요리가 나오는 순서

– 식욕을 돋우기 위해 식사 전에 나오는 음식: 달걀부침, 육류, 소시지, 닭의 간, 구운 연어 등

– 수프: 맑은 국물과 진한 국물 등

– 생선 요리

– 고기 요리: 소 등심살 찜 등

– 닭 요리: 살찐 닭, 세리아, 채소 등

– 샐러드: 아스파라거스, 마요네즈 등

– 디저트: 아이스크림, 과일, 커피 등

- 중식과 일식

– 중국 요리는 찬 것부터 더운 것 순으로 여러 사람의 양이 한 곳에 담겨져 나오기 때문에 그것을 돌려가며 적당한 양을

떠서 먹는다.

- 일본 요리는 젓가락만 사용하기 때문에 국도 젓가락으로 먹거나 마신다. 밥그릇이나 국그릇도 들고 먹는 것이 기본이다.

(8) 의식 행사에서의 예절

가. 용의 단정

학교 사정에 따라 교복이든 사복이든 단정한 옷차림으로 의식행사에 참여해야 한다. 예를 들어 속옷이 겉으로 나와 있거나 단추 또는 지퍼를 잠그지 않은 것은 타인에게 결례가 된다. 특히 현충일 추념식 등에 참석할 때는 화려한 색상의 옷은 피하고 검은색이나 흰색의 복장을 갖추어야 한다.

나. 엄숙

의식이 진행되는 동안 잡담이나 장난을 삼가고, 의식의 참뜻을 되새기는 경건한 마음으로 사회자의 진행에 따라서 적극 참여한다. 묵념할 대는 숨소리마저 죽여가면서 돌아가신 분의 넋을 기린다.

다. 절도

국민의례(국기에 대한 경례, 애국가 제창, 묵념 등)를 사회자의 지휘에 따라 행하며, 경축식에서 행해지는 노래는 힘차게 부르고 추념식에서 부르는 노래는 경건한 마음으로 부른다.

라. 국기에 대한 예절

조의(弔意)를 표할 때는 깃봉에서 기폭만큼 내려서 게양한다.

대한민국 국기에 관한 규정은 대통령령 제11361호(1984. 2. 21)와 같다.

마. 국기에 대한 경례

제복과 제모를 착용한 경우는 거수경례를 하며 국기에 주목한 다. 평상복에 모자를 쓴 경우에는 모자를 벗어 들고 모자의 안쪽을 왼쪽 가슴에 갖다 대며 국기에 주목한다. 평상복을 입은 사람은 오른손을 펴 왼쪽 가슴에 대고 국기에 주목한다.

국기에 대한 경례는 애국가 연주를 시작하여 끝날 때까지 하며, 구령에 의할 경우는 '국기에 대한 맹세'의 낭송이 끝날 때까지 한다.

국기에 대한 맹세

"나는 자랑스러운 태극기 앞에 자유롭고 정의로운 대한민국의 무궁한 영광을 위하여 충성할 것을 굳게 다짐합니다."

(9) 편지 쓸 때의 예절

가. 격식

a. 첫머리

OOO 선생님께

b. 계절 인사 및 안부

저는 OOO의 덕분에 몸 건강히 잘 지내고 있습니다.

c. 용건

아뢰올 말씀은 다름이 아니오라

d. 끝맺음 인사

환절기 건강에 유념하시고 평안하시기 바랍니다.

e. 날짜 및 서명

2115년 O년 O일

제자 OOO 올림

나. 편지 봉투 쓰기

a. 규격 봉투 사용

b. 수신자와 발신자의 주소를 정확하게 기입

c. 우편번호 확인, 명기

* 편지를 받는 분이 직접 펴보아 주기를 원할 때는 겉봉의 이름 옆이나 아래에 '친전(親展)'이라고 쓴다.

편지나 물품을 개인에게 보내지 않고 단체에게 보낼 때는 수신자 이름 옆이나 아래에 '귀중(貴中)'이라고 쓴다.

객지에 있거나 군입대한 자녀가 부모님께 편지할 때는 'OOO(자기 이름) 본가입납(本家入納)'이라고 쓴다.

다. 축의금 봉투 서식

a. 혼인: 경하 혼인(慶賀婚姻)이라 쓴다. 축 결혼(祝結婚)은 장

가간다는 뜻만 있고 시집간다(姻)는 뜻이 없기 때문에 적합하지 않다.

b. 정년: 축 과만(祝瓜滿), 축 송공(祝頌功)

c. 수연: 축 수연(祝壽筵)

d. 격려: 경우에 따라 축 장도(祝壯途), 축 합격(祝合格), 축 성공(祝成功), 발전축(祝發展)

e. 출판 기념: 축 발간(祝發刊), 축 건필(祝健筆)

f. 승진: 축 영전(祝榮轉)

라. 위로금 봉투 서식

a. 문병: 기쾌유(祈快癒), 기회춘(祈回春)

b. 상가: 부의(賻儀)

c. 제례: 전의(奠儀), 향전(香奠)

d. 전근: 석별(惜別), 전별(餞別)

(10) 전화(휴대폰) 예절

가. 전화를 걸 때

a. 순서를 기다린다(공중전화의 경우).

b. 전화를 걸기 전에 상대방의 전화번호 확인.

c. 용건 메모.

d. 상대 번호 확인 후 자기의 신분을 밝힌다.

e. 용건은 신속 정확 간결하게. 전동차 안에서는 가급적 통화를

삼가고 문자 메시지를 이용한다.

나. 전화를 받을 때

전화를 받을 때 역시 예의를 갖추어야 하며 중요한 사항에 대해서는 반드시 메모를 한다. 메모할 때는 언제, 어디서, 누가, 무엇을, 어떻게 등으로 상세히 기록하고, 부탁을 해야 할 경우에는 정중하게 요청한다. 대화를 마친 후에는 상대방의 지위에 걸맞은 정중한 인사말을 전한다.

(11) 소개하거나 소개받을 때

가. 기본예절

a. 소개 순서

- 아랫사람을 웃어른에게 먼저
- 친한 사람을 친하지 않은 사람에게 먼저
- 동년배일 때는 남자를 여자에게 먼저
- 한사람을 여러 사람에게 먼저

b. 소개 요령

- 간단 명료하게 사실대로 소개한다. c. 소개받았을 때
- "반갑습니다. 저는 OOOO에 다니는 OOO라고 합니다"라고 밝은 표정으로 말한다.

나. 명함 교환

명함을 주고받을 때는 오른손으로 건네주고 왼손으로 받은 후, 오른손으로 다시 받쳐들고 명함을 보며 인사를 나눈다.

명함을 건넬 때는 오른손으로 명함을 잡고 왼손으로 받쳐서 상대의 위치에서 바로 읽을 수 있도록 이름을 밝힌다.

(12) 물건을 빌릴 때

가. 기본예절

a. 물건을 빌려 쓸 때

"가위가 필요해서 왔습니다. 빌려 쓸 수 있겠습니까?"하는 인사와 함께 뜻을 여쭙고, 물건을 빌렸을 때는 "고맙습니다"라는 말과 함께 인사를 드린다.

b. 물건을 주고받을 때

윗사람에게 물건을 건네 드릴 때는 바르게 보이도록 전달한다. 가위나 송곳 등은 손잡이가 상대방을 향하도록 건네주고 남에게서 물건을 받을 때는 두 손으로 공손하게 받아서 조심스레 놓는다.

나. 감사의 인사

"잘 사용하고 가져왔습니다. 고맙습니다"라는 인사말과 함께 공손하게 인사하고 돌아간다.

(13) 화장실을 이용할 때

가. 노크 및 용무

a. 문을 열기 전에 조용히 세 번 정도 노크를 한다.

b. 인기척이 없으면 문을 열고 들어가 용무를 본다.

c. 용무는 바른 자세로 본다.

d. 용무가 끝나면 문을 조용히 잘 닫는다.

나. 청결

a. 용변을 마친 다음에는 다음 사람의 상쾌한 사용을 위해 뒷정리를 깨끗이 해야 한다.

b. 누수 여부를 점검하여 계속 물이 나올 때는 밸브를 잠근 후 수리를 요청한다.

c. 벽의 낙서를 지우고 바닥이나 주변을 깨끗이 하여 다음 사용자에게 불쾌감을 주지 않도록 한다.

다. 화장실에서의 예절

a. 쓸데없는 잡담이나 험담을 하지 않는다.

b. 화장실에서 소리내어 인사하는 것도 결례.

c. 윗사람이 화장실에 있을 때는 잠시 기다렸다가 들어간다.

d. 윗사람이 화장실에 들어올 때는 신속히 용무를 마치고 밖으로 나간다.

e. 화장실 안에서는 인사를 생략해도 된다. 그러나 윗사람과 눈

이 마주쳤을 때는 가벼운 목례 정도가 무난하다.

(14) 주번 활동

가. 기본 수칙 준수

a. 일찍 등교하여 창문을 열고 환기를 시키고 주변을 깨끗이 한다.

b. 교실을 비우고 이동 수업을 할 때는 문단속을 철저히 하여 분실물이 생기지 않도록 한다.

c. 분리수거가 잘 되었는지를 수시로 확인하고 쓰레기를 처리한다.

d. 책걸상을 정리 정돈하고 일과 변경(시간표 변경 포함) 사항을 학급 학생들에게 알려 주어 수업에 차질이 생기지 않도록 한다.

나. 봉사, 책임 정신

a. 주번 활동 기간 동안은 항상 솔선수범하고 헌신 봉사하는 자세로 임한다.

b. 급우의 애로 사항을 담임선생님께 말씀드려 도움을 청하는 일에도 노력한다.

(15) 학습 기자재 사용

가. 기본 수칙 숙지

a. 안전사고가 발생하지 않도록 특별히 주의한다.

b. 기자재를 소중히 다루고 고장이나 이상이 발견되면 담당 선생님께 즉시 알려서 조치를 취한다.

c. 사용 후에는 이상 유무를 점검하고 제자리에 놓아둔다.

나. 정리 정돈

a. 주변 청소를 깨끗이 한다.

b. 기자재를 원위치에 정리 정돈한다.

(16) 대화할 때의 예절

가. 말할 때

대화중에 조심해야 할 것은 제3자에 대한 험담을 하거나 남과 비교하여 헐뜯는 이야기, 지나친 자기 자랑 등이다. 상대방의 관심사를 화제로 이끌어내는 것도 자연스런 좋은 대화의 한 방법이다.

이야기를 나누면서 팔짱을 끼거나 주머니에 손을 넣거나 다리를 꼬고 앉는 것도 상대방에게 결례가 된다. 이러한 행동을 해서는 안 된다.

나. 경청할 때

상대방의 이야기에 관심을 보이고, 중요한 대목에서는 고개를 끄덕이거나 동감의 표시를 한다. 딴전을 피우거나 대화 도중 상대방의 말을 아무런 양해도 없이 중단시키면 안 된다.

(17) 학용품 사용

가. 국산품 애용

신토불이(身土不二: 우리나라 사람은 우리나라에서 생산되는 농산물을 애용하자는 운동)의 정신으로 국산품을 이용하는 것이 바람직하다. 지구촌시대의 생활환경에서 국산품 애용만을 고집하는 것은 비현실적인 주장이 틀림없다. 문제는 무분별하게 외제 상품을 선호하며 이를 자랑스럽게 생각하는 소비문화이다. 국산품은 질이 떨어지고 외국산은 무조건 명품으로 받아들이는 풍토야말로 부끄러운 일이며 비애국자라고 지탄받아도 마땅하다. 설령 질이 다소 떨어지지만, 작은 물건 하나라도 국산품을 이용하겠다는 마음가짐이야말로 내일의 이 나라를 짊어지고 나갈 청소년의 올바른 자세일 것이다.

나. 물자 절약

종이 한 장, 연필 한 자루라도 아껴 쓰는 사람이 장차 큰 인물이 될 재목이다. 형편이 어렵던 시절의 '몽당연필 사연'을 모르는 현대인들은 행복한 사람들이라 할 수 있다. 그러나 생활이 풍족하다고 해서 낭비해도 된다는 생각은 매우 위험한 발상이다. 있을 때일수록 더욱 아껴 쓸 줄 아는 자세가 필요하다.

(18) 자연 보호

가. 쓰레기 줍기

청소하기 싫어하는 사람일수록 휴지를 줍기보다는 버리는 데 익숙한 사람이다. 쓰레기는 종류에 따라서 분리수거를 하여 자원 재활용에 앞장서는 자세가 필요한 때이다.

나. 잔디, 수목 보호

사람은 자연 보호, 자연은 사람 보호'라는 말과 같이 사람이 자연을 보호해 주면 자연도 사람을 보호해 주게 된다. '잔디밭 밟지 말라'는 푯말이 더 이상 설치되지 않도록 건전한 시민 정신을 길러야 한다.

(19) 수도 사용

가. 차례 지키기

질서를 지키면 한 모금이라도 더 마실 수 있겠지만, 무질서 때문에 물그릇을 엎지르면 모두가 물을 마시지 못하게 된다. 이처럼 차례를 지킨다는 것은 모두를 위해서 가장 기본적으로 갖추어야 할 소중한 생활 습관이다.

나. 절수(節水)

물은 필요한 만큼만 쓰고, 사용이 끝난 뒤에는 반드시 잠그는 습관을 들여야 한다. '물, 물, 물을 아껴 쓰자'는 구호가 구호로만 끝나서야 되겠는가. 또한 수돗가를 깨끗이 하는 것은 결국 우리 모두의 건강을 보호하는 일이다.

수도꼭지가 고장 났을 때는 즉시 수리하여 물 한 방울이라도 낭비를 막는 것이 물자 절약에 앞장서는 길이다.

7. 사회생활

(1) 교통

가. 교통질서

'질서는 편한 것, 아름다운 것, 자유로운 것'이라는 말이 있다. 이와 같이 질서는 그것을 지키는 사람들에게 편리함과 아름다움, 그리고 자유로운 활동을 보장해 준다.

5분 빨리 가려다 50년을 먼저 가는 어리석음을 범해서는 안 될 것이다. 교통질서는 생명과 직결되는 것임을 늘 명심해야 한다.

나. 대중교통 이용

자가용 이용을 억제하고 대중교통 수단(버스, 전철 등)을 이용하는 것은 교통 체증을 해결하며 교통 소통을 원활하게 하고, 배기가스에 의한 매연과 소음 등의 환경 공해 예방에도 도움이 되는 일석이조의 장점을 가지고 있다.

다. 대중교통 이용 시의 예절

a. 차내 정숙

꼭 필요한 대화는 작은 목소리로 나누어야 하며, 큰 소리로 웃고 떠들거나 하여 주위 사람들을 짜증나게 하고 불쾌하게 해서는 안 된다. 사소한 충돌로 말다툼을 벌이다 보면 승객의 불편함을 떠나서 안전 운행에 지장을 초래할 수도 있으므로 주의해야 한다. 이러한 행동은 절대로 하지 말자.

b. 좌석 양보

경로석이나 노약자 보호석에서의 양보는 물론이고 차내의 웃어른에게는 항상 웃으면서 자리를 양보하는 미덕을 생활화해야 한다. '나는 젊었으니 서서 간들 어떠하리.' 라는 존경과 배려의 마음 자세가 필요하다.

c. 상석의 위치

- 승용차에서의 상석
  - 주인이 운전할 때: 운전석 옆자리
  - 운전기사가 운전할 때: 운전석 대각선 뒷자리
  - 지프차: 운전석 옆자리
- 열차에서의 상석
  - 진행 방향의 창가
- 비행기에서의 상석

– 진행방향의 창가

(2) 출판 기념회

가. 출판 기념회 식순

a. 개회사

b. 저자 약력 소개

c. 저서 소개

d. 서평(편지는 외부 명망가 초빙)

e. 격려사(은사, 또는 같은 분야 권위자 초빙)

f. 기념패 증정

g. 내빈 소개 및 저자 인사

h. 폐회사

i. 광고

j. 기념 촬영

모든 행사는 다과를 들며 자연스런 분위기에서 치른다.

나. 초대장 발송

초대장에는 날짜와 장소를 명확히 밝히는 것은 물론, 교통편과 약도까지 상세하게 안내하는 것이 좋다. 참석 여부를 미리 알려 달라고 양해를 구한다면 연회석 준비에도 크게 도움이 될 것이다. 경우에 따라서는 회비를 명시하기도 하며, 저서와 초대장을 함께 발송하는 것도 좋은 방법이다.

8. 식탁 예절

(1) 식탁 예절

가. 의자 왼쪽으로 들어가 앉으며 식사 후에는 의자 오른편으로 물러나온다.

나. 입을 다물고 음식을 씹으며 소리없이 먹는다.

다. 음식이 입 안에 가득 있을 때는 이야기하지 않아야 한다.

라. 그릇 부딪치는 소리를 내지 않는다.

마. 팔꿈치를 식탁 위에 올려놓지 않는다.

(2) 반상 차림

가. 반상의 종류: 3첩, 5첩, 7첩, 9첩, 12첩

나. 3첩 반상의 예: 밥, 국, 김치, 깍두기, 간장+나물, 구이, 조림(3첩)

다. 상 드리기: 진지 그릇이 어른 앞으로 가도록 들고 손가락이 상 위에서 보이지 않게 팔꿈치 높이로 편히 들고 들어간다. 어른 앞에서는 조금 떨어져 무릎을 꿇고 조용히 앉아 상을 소리 나지 않게 살며시 내려놓되, 어른이 잡수시기 좋은 위치에 놓는다.

(3) 상차림의 종류

가. 반상(飯床 : 밥상)

반상은 밥을 주식으로 하는 우리 나라 고유의 일상식 차림으로, 외상이 원칙이다. 반찬의 수에 따라 3첩, 5첩, 7첩, 9첩, 12첩 등으로 나뉜다. 여기서 첩이란 밥, 국, 김치, 깍두기, 조치(찌개나 찜), 장류(간장, 고추장, 초간장, 초고추장 등) 외에 쟁첩(반찬을 담는 작은 접시)에 담는 반찬을 말한다. 그러므로 3첩이란 세 가지 반찬, 곧 숙채(삶아 익힌 나물), 생채(날로 만든 나물), 구이(고기나 생선에 양념을 하여 구운 음식)나 조림(어육이나 채소 등을 조려 만든 음식) 등을 의미한다. 5첩이란 다섯 가지의 반찬으로 숙채, 생채, 전(煎); 일명 부침개라 하며, 재료를 얇게 썰어서 밀가루를 묽게 반죽한 것에 넣어 무치고 이를 기름 바른 철판 위에 지져 만든 음식의 총칭), 구이나 조림, 마른 반찬이나 젓갈 등을 말한다. 7첩이란 숙채, 생채, 구이, 전, 마른 반찬이나 젓갈, 조림, 회 등을 말한다. 모든 반찬은 재료가 겹치지 않고 색깔과 질감이 잘 배합되도록 구성하는 것이 좋다. 경우에 따라 반주(飯酒; 밥에 곁들여 마시는 술)를 함께 하기도 하며, 후식(後食)으로는 식혜나 수정과, 다식이나 강정, 과일 중에서 선택한다.

나. 면상(麵床 : 장국상)

면상은 간단한 점심상이나 경사스러운 날의 손님상에 차린다. 주식으로는 온면, 냉면, 떡국, 만둣국 등과 장국(장을 타서 끓인 국)이 오르고 나박김치, 잡채, 전(煎), 찜 등의 부식에 떡류와 숙과류(熟果類;

밤, 대추 등을 삶거나 쪄서 꿀과 계핏가루를 치고 잣가루를 묻힌 음식), 생과류(生果類; 밤, 대추, 잣 등의 날과일), 식혜 등을 곁들인다.

다. 주안상(酒案床)

주류를 대접할 때 차리는 상이다. 육포(肉脯; 쇠고기를 얇게 저며 말린 포), 어포(魚脯: 생선을 저며 양념을 넣어 말린 포), 잣, 은행 등의 마른안주와 전, 편육(片肉: 삶아 익힌 고기), 찜, 신선로(神仙爐; 상 위에 놓고 열구자탕을 끓이는 쇠붙이 그릇), 전골(쇠고기 또는 돼지고기를 썰어 양념과 채소를 섞어서 끓이는 음식), 고추장찌개, 겨자채, 김치 등의 안주를 올린다.

라. 교자상(交子床)

생일, 환갑, 혼인 등의 축하연에서 많은 손님을 대접할 때 차리는 상이다. 주식은 손님의 기호와 계절에 따라 밥, 국수, 떡국, 만둣국 중에서 내는데, 밥을 내는 경우에는 맑은 장국을 함께 올린다. 부식으로는 신선로 또는 전골, 찜, 전, 편육, 회, 숙채, 생채, 마른 반찬 등이 놓이며 숙과, 생과, 화채(花菜: 꿀이나 설탕을 탄 오미자 국에 과실을 썰어 넣고 잣을 까서 띄운 음료) 등을 곁들인다.

9. 한복을 입는 예절

(1) 여자 한복 입기

가. 짧은 속바지를 입는다.

나. 긴 속바지를 입는다.

다. 속치마를 입는다.

라. 치마(겉치마)를 입는다. 뒤트기 치마일 경우 뒤쪽 중심에서 양옆으로 7Cm 정도 오른쪽에서 왼쪽으로 여며지도록 입는다.

마. 속적삼을 입는다.

바. 저고리를 입는다.

사. 동정을 갖추어 안고름을 맨 다음 겉고름을 맨다(긴 고름으로 고를 만들어 작은 고름으로 둘러맨다).

아. 버선을 신는다. 수눅이 중앙을 마주보도록 신되 안쪽으로 기울어지게 신는다.

자. 노리개를 단다.

차. 두루마기를 입는다. 두루마기는 방한복이므로 실내에서는 벗는 것이 예의이다. 두루마기를 입을 때는 목도리를 단정하게 매는 것이 멋스럽고 격에 맞는다.

(2) 옷고름 매는 법

가. 왼쪽 짧은 옷고름과 긴 옷고름을 반듯하게 펴서 아래로 늘어뜨린다.

나. 긴 고름을 밑으로 하여 오른손으로 잡고 짧은 고름을 위로 가도록 하여 왼손으로 잡는다. 이때의 모양은 X자가 된다.

다. 오른손으로 긴 고름을 잡고 왼손으로 짧은 고름을 잡는다. 왼손을 사용하여 짧은 고름을 긴 고름 위에서 안쪽으로 밀어 넣어 밖으로(위로) 꺼낸다.

라. 긴 고름으로 고를 만들고 짧은 고름 위로 가게 한다. 왼손으로 긴 고름의 고를 잡고 오른손으로 짧은 고름을 잡아 긴 고름 밑으로 밀어 넣는다.

마. 오른손으로 밀어 넣은 짧은 고름을 긴 고름 밑에서 위로 하여 밖으로 꺼낸다. 이때 왼손으로는 긴 고름을 잡고 있어야 한다.

바. 왼손으로 고를 잡고 긴 고름과 짧은 고름을 가지런히 정돈한다. 긴 고름과 짧은 고름의 길이는 2~3Cm 정도 차이가 나는 것이 멋스러워 보인다.

사. 옷고름을 단정하게 맨 후의 모습. 옷고름이 잘 매어졌는지를 확인하려면 동정이 맞았는지를 보면 된다.

(3) 남자 한복 입기

가. 바지는 사폭(비스듬한 폭)이 왼쪽 다리로 가도록 입는다.

나. 바지춤은 허리에 맞도록 알맞게 여미어 여민 끝의 왼쪽이 위로

가도록 한다.

(4) 허리띠 매기

가. 허리띠는 나비 모양의 고를 내어 맨다.

(5) 대님 매기

가. 한복 바지에는 솔기가 세 군데 있다. 한가운데의 솔기(바지 마루폭선)를 안쪽의 복사뼈에 갖다 댄다.

나. 오른쪽 집게손가락을 왼쪽 집게손가락으로 잡은 쪽에 넣어 안으로 잡아당겨 그 접힌 끝이 안쪽 복사뼈에 닿도록 한다.

다. 오른손 엄지로 안쪽 복사뼈에 모아진 바지의 3겹을 눌러 고정시킨다.

라. 왼손으로 접힌 바지 끝을 밖으로 돌려 그 끝이 바깥쪽의 복사뼈에 닿게 하고 오른손 중지와 약지로 그 끝을 눌러 고정시킨다.

마. 오른손 엄지손가락으로 대님을 누르고 왼손으로 대님을 한 바퀴 돌려서 잡는다. 왼손으로 대님의 작은 부분을 잡고 오른손으로는 긴 대님을 잡고 작은 대님 위로 돌린다.

바. 대님의 긴 폭을 한 바퀴 더 돌린다.

사. 왼손으로 짧은 대님을 잡고 두 바퀴 돌린 밑으로 긴 대님을 오른손 검지손가락으로 밀어 올린다.

아. 오른손 검지손가락으로 밀어올린 긴 대님을 고를 만들어 위로 꺼낸다. 이때 긴 대님의 끈(바지 끝에 남아 있는 부분)이 바지의

끝 부분과 같아지도록 한다. 너무 길면 보기 흉하고 너무 짧으면 풀기가 힘들기 때문이다.

자. 교차시킨 긴 대님의 고를 짧은 대님의 밑으로 넣는다.

차. 밀어 넣은 긴 대님의 고를 왼쪽의 밖으로 꺼내 고를 지으면서 짧은 대님과 수평이 되게 하여 나비 모양이 되도록 한다.

카. 대님을 매어서 마무리하면 이때의 매듭의 모양은 T자가 된다. 대님을 풀 대는 복사뼈의 아래쪽 짧은 대님을 밑으로 잡아당긴다.

타. 바지를 접어 내려서 대님을 덮는다.

10. 다도(茶道)

(1) 다도의 필요성

전통 문화 중 가장 높은 정취를 지니고 있는 다도는 차를 마시는 음료 행위 자체로서가 아니라 몸과 마음을 수련하여 덕성을 높이는 구도적 행위로서 필요한 것이다. 또한 차의 시원(始原)은 동양에 있고 우리나라도 오랜 역사를 가지고 있다. 다도는 정신순화교육을 위해서 필요하며, 예의범절의 실천을 위해서도 필요하다.

(2) 차의 종류

차(茶)는 동백나무과에 속하는 상록수로서, 그 잎을 따서 가공하여 만든 것을 녹차라고 하며 제조 과정에 따라 잎차, 단차, 말차가 있다.

가. 잎차: 어린 순을 처음 딴 것을 일정한 시기에 쪄 비벼 만든 것.

나. 단차: 차나무 순을 찐 후 절구질을 한 다음 다식판에 눌러 고체화시켜 말린 것.

다. 말차: 고형차(단차)를 가루로 만든 것.

(3) 차 끓이는 법

가. 차 마시는 도구(道器)를 준비한다.

나. 찻물을 끓인다.

다. 찻잔을 뜨거운 물로 헹구어 따듯하게 한다.

라. 마른 행주로 찻잔의 물기를 닦아낸다.

마. 찻물이 완전히 끓으면 식힘 그릇에 따른다. 물의 온도를 약 60~80℃로 식힌 다음 차 주전자에 붓는다.

바. 차 주전자에 차를 덜어 넣는다(1인당 2~3g).

사. 잠시 차가 우러나기를 기다린다(대략 2~3분간).

아. 준비한 찻잔에 차를 따른다.

자. 여러 잔 차를 따를 때는 조금씩 돌려가며 서너 번으로 나누어 따르는 것이 좋다(찻물의 온도와 농도를 고르게 하기 위함)

차. 차를 마시기 전에 먼저 빛깔을 감상하고 향기를 맡는다.

카. 혀끝에 놓고 굴리듯 하여 조금씩 마시되, 소리를 내지 말고 여러 번에 나누어 맛을 음미해 가며 마신다.

(4) 차 마시는 법

차를 마실 때는 오른손으로 찻잔의 몸뚱이를 잡고, 왼손으로는 찻잔의 굽을 받쳐 입에 대고 소리 나지 않게 조금씩 그 맛을 음미하며 마신다. 마신 다음에는 공손하게 잔을 내려놓는다.

(5) 차를 대접하는 법

가. 손님 중 연장자나 상급자에게 먼저 드린다.

나. 탁자가 낮을 때는 몸을 약간 낮춘다.

다. 찻잔을 나누는 손의 등이 보이지 않도록 주의한다.

라. 마시기 전 차 스푼은 앞쪽으로 놓아둔다.

마. 찻잔은 손잡이가 오른쪽으로 가게 한다.

(6) 다례(茶禮)

일반적으로 차를 마시기 다기(茶器)를 준비하고, 차를 끓이는 전다(煎茶)와 차를 손님에게 대접하는 공다(供茶)에 이르기까지의 절차에서도 예가 따르게 마련이다.

이러한 과정을 다례(茶禮)라고 부른다.

다기의 준비와 전다 및 공다에 따른 절차는 다음과 같다.

가. 다기를 준비하고 차를 대접할 손님에게 간단한 예를 표한다.

나. 다기를 제 위치에 놓아둔 뒤 가벼운 목례를 한다.

다. 상보를 걷어서 접는다.

라. 탕관이나 주전자에 끓인 차를 찻잔에 따른다.

마. 손님을 향해 차를 권한다.

바. 세 번에 걸쳐 나누어 마신다.

사. 차를 다 마신 후 다건(茶巾)으로 찻잔의 가장자리를 닦는다.

아. 다건 위의 찻잔을 엎어 물기를 없앤다.

자. 상보를 찻상 위에 덮는다.

제II장

관혼상제 冠婚喪祭

1. 가정의례(家庭儀禮)

(1) 성격

가정의례란 가정에서 지내는 의례라는 뜻으로, 우리는 이를 보통 사례(四禮)라 하여 어린이가 자라서 어른이 되는 관례식(冠禮式), 성인이 된 사람이 제 짝을 맞이하는 혼인식(婚姻式), 죽음을 맞이하여 지내는 상례식(喪禮式), 그리고 죽은 뒤에 자손이 조상을 위해 올리는 제례식(祭禮式)을 말한다.

이와 같이 평생의례는 어느 한 상태에서 다른 상태로 또는 한 세계에서 다른 세계로 통과 내지는 이합되어 가는 과정에서 베풀어진다.

이러한 관혼상제가 가지는 의의는 첫째, 개인이 그가 속한 사회에서 새로운 지위와 역할을 부여받게 된 것을 사회에 널리 알리고, 둘째, 의례를 경험하는 당사자로서는 새로운 신분이나 지위에 대해 각별한 인식을 가지게 되며, 셋째는 이와 같은 신분 내지 사회적 지위가 바뀌는 과정에서 발생될 수 있는 위기를 극복하고 평안을 보장하는 데에 있는 것이다.

세계의 어느 사회에서나 관혼상제는 인간 생활에 매우 중요한 문제로 인식되었으며 이를 행하는 데에 큰 비중을 두어 왔지만 오늘날의 문명사회는 점차 그 일관성을 잃어가고 있다. 또한 사회적인 의의도 약화되어 가는 것이 사실이다.

우리의 경우, 관례는 이미 1900년대 초기 무렵부터 소멸되기 시작하였고 제례는 물론 상례조차도 편리 위주로 변형되어 가는 중이다 정부에서도 이른바 '가정의례준칙(準則)'을 제정하여 이의 약식화 내지 간편화를 권장하고 있는 실정에 있다.

그러나 한편으로 생각하면, 비록 평생의례가 지니는 성적(聖的)인 측면이 점차로 쇠퇴하기는 하였지만 현대의 평생의례 가운데는 그 나름대로 상징적인 의미를 띠고 있는 것도 적지 않으며 새롭게 부각된 것도 있다.

예를 들면 입학식이나 졸업식, 생일 기념, 학교의 시험, 신입 사원을 위한 합숙 훈련 등이 그것으로, 개인에 있어서는 일상생활에서 벗어나는 계기와 심리적인 효과를 주며 신분의 변화를 일깨워 주는 구실을 한다.

(2) 종류

가. 관례

관례는 어린아이가 자라서 어른이 되었음을 상징하는 의식(儀式)이다. 이를 행하는 날 남자는 15세가 넘어 20세 미만에 땋아 내렸던 머리를 올리고 머리에 복건, 초립(草笠), 사모(紗帽), 탕건(宕巾) 등의 갓을 쓰고 여자는 쪽을 쪄서 성인이 되었다는 표로 삼았다.

나이가 아무리 많아도 관례를 올리지 못하면 어른 대접을 받지 못했으며 관례를 치름으로써 비로소 어른이 되고 사회의 일원으로서 자격을 얻게 되었다. 한편 이 의식에는 당사자에게 성인으로서의 권리 외에 의무도 무거워진다는 책임감을 일깨워 주는 기능도 포함되었다.

관례라는 말은 남녀의 결합인 혼례가 자연 발생적으로 이루어져오다가 사회에 따라 특정한 의식으로 바뀐 것처럼, 어린아이의 성장 과정에서 생리적인 변화에 따라 어른으로 인정하는 의식을 행하게 되었을 것으로 추측되며, 어른이 된 표시로 관을 썼기에 관례라는 이름이 붙었으리라고 여겨진다.

그런데 어린 아이에서 어른으로 바뀌는 시점에서 일정한 의례를 베푸는 행위는 우리나라나 중국뿐만 아니라 전 세계의 각 사회에서 널리 행해져 왔으며 일반적으로는 성년식(成年式)이라고 부른다. 미개(未開), 후진(後進) 사회에서는 성년이 된 남녀에게 씨족(氏族)의 구성원으로서, 또는 종교 단체의 일원으로서 가입하는 자격을 주기 위해 공공적인 훈련이나 행사를 하기도 한다.

우리나라는 양력 4월 20일을 성인의 날로 정하고 간단한 행사도 하고 있다.

이 의식은 사람이 일생 동안 지내는 여러 가지 의례 중에서 가장 중요하고 다양한 성격을 가지고 있으며, 그 내용 또한 사회에 따라 천차만별하며 여자의 경우에는 이를 성녀식(成女式)이라고 한다.

나. 혼례

혼례는 혼인식을 치르는 의례로서 남자와 여자가 예를 갖추어 부부가 되는 절차를 말한다. 이에 의하여 부부는 비로소 사회적으로 성인이 되었음을 인정받으며 부부 사이에 태어난 자식도 합법적인 자녀로서의 자격을 갖추게 된다. 뿐만 아니라 부부 사이의 성적 결합이 독점되며 경제적 결합도 뒤따른다.

우리나라는 물론, 대부분의 사회에서 부부 사이의 성행위는 독점적인 것으로 인정되지만, 특수한 민족이나 사회에서는 개방되기도 한다. 인도의 토다족이나 시베리아의 주크치 사회에서는 여행자에게 자기의 아내를 동침시키는 것이 관습적으로 허용되어 있으며, 이렇게 하지 않으면 오히려 비도덕적인 인간으로 지탄받는다. 이러한 민족이나 사회에서는 누구든지 여행 중에는 여자의 대접을 받을 권리가 있다고 믿기 때문이다.

성관계뿐만 아니라 혼례 자체도 사회에 따라 규범이 다르다. 예를 들면 아프리카 수단의 목축민(牧畜民)인 누에르족에서는 한 남자가 실제로 예식은 올리지 않은 채 미혼의 아가씨에게 몸값만을 지불하며, 그녀와 애인 사이에 태어난 아이를 자기 아들로 맞아들이는 것이다. 이러한 관계는 여자와 여자 사이에서도 흔히 이루어진다.

많은 학자들은 오늘날의 일부일처제(一夫一妻制)가 가장 이상적인 혼인제도라고 보고, 이러한 제도는 원시시대의 난혼(亂婚)에서 집단혼(集團婚)을 거쳐 정착되었다고 생각된다.

난혼은 일정한 배우자가 없이 아무와도 성관계를 맺는 상태로서 자녀가 출생하는 경우 그 아버지가 누구인지 알 수 없기 때문에 자연히 어머니의 권리를 인정받으며 이른바 모권제(母權制) 사회를 이루어 진다고 보았다.

다. 상례

상례는 사람이 일생 동안을 통해서 지내는 마지막 의례로서 시신(屍身)을 처리하는 장례법이 그 중요 부분을 이룬다. 그리고 장례법은 각 민족의 생활양식(生活樣式)이나 환경, 그리고 전승(傳承)이나 신앙 형태에 따라 각양각색으로 행해지며 종류가 다르다.

이들의 종류를 들어 보면 시신을 땅에 묻는 토장(土葬), 물 속에 던지는 수장(水葬), 불에 태우는 화장(火葬), 그리고 새나 짐승이 먹게 하거나 살이 썩기를 기다렸다가 다시 장례를 치르는 풍장(風葬) 등이 있다.

어느 시대 어느 사회에서나 사람이 죽었을 때 그 시신을 그대로 버리는 법은 없었다. 비록 시신을 새나 짐승이 먹도록 버려두는 풍장의 경우라도 거기에는 일정한 절차와 예식이 뒤따랐다.

이러한 장례법들이 매우 엄격하게 지켜졌던 것은, 죽은 사람에 대한 애착심이나 존경심, 그리고 죽은 이의 영혼이 자기 자손에게 해를 입힐지도 모른다는 공포심 같은 것이 크게 작용했던 까닭일 것이다.

매장법은 아마도 가장 널리 행해지는 장례법으로 역사적으로도 가장 오래 된 의례 중의 하나일 것이다. 어떤 이는 매장법이야말로 동물 중에서 사람에게만 있는 것이며 그러한 의미에서 무덤은 인류사회에서만 볼 수 있는 특수한 것이라고 하였다.

중국 은(殷)나라 때의 어떤 무덤에서는 모두 76명의 시종과 수십 마리의 말이 순장된 예가 있으며, 우리나라에서도 경상도 양산(梁山)에서 순장으로 짐작되는 무덤이 발견된 일이 있다.

수장은 여러 대를 거쳐 예측하지 않았던 불행이 계속되어 집안이 망하고 그 마지막 대의 사람이 사망했을 때 시체를 가마니에 싸서 강이나 바다에 던지는 장례법이다. 이렇게 하면 그 동안의 모든 불행이 시체와 더불어 영원히 떠내려가고 뒤의 자손은 다시 번영을 누리게 된다고 믿었기 때문이다.

조상의 무덤을 잘 써야 후대가 잘 된다고 생각해 온 우리에게 있어, 이 수장법은 매우 의외의 느낌을 주지만, 이렇게 함으로써 오랫동안의 불행을 면해 보려는 일종의 주술심리(呪術心理)도 포함된 것이다.

화장법(火葬法)은 앞에서 든 여러 가지 방법 중에서 가장 널리 행해지는 풍속의 하나이며 특히 불교에서는 중이 사망했을 때 반드시 이에 의한 장례를 치른다. 우리나라에서의 화장법은 장례의 전래에 의해서 생겨난 것으로 짐작되며 예전에는 대대로 부처님에의 공양(供養)으로 수도승(修道僧)이 제 몸을 스스로 불에 태우는 일도 있었다. 화장법은 그리스 시대에도 행해졌다고 한다.

풍장(風葬)은 주검을 자연에 방치하는 장법으로 달리 폭장(曝葬)이라고 부르기도 한다. 중국에서는 악령의 해를 방지하기 위해서 관을 들판에 그대로 놓아두는 풍습이 있었다. 몽골에서는 시신을 갈기갈기 찢거나 토막을 내어 높은 봉우리에 놓아두기도 하였다. 이렇게 하는 이유는 새(주로 독수리)가 쪼아 먹어야 그 영혼이 하늘로 올라갈 수 있다고 믿었기 때문이다.

시신을 거적에 말아서 나무 위에 올려놓는 수상장(樹上葬)도 이와 같은 관념의 소산이라고 할 것이다. 우리나라에서는 1900년대 초기 무렵, 마을에 괴질이 돌아서 죽은 아이를 거적에 싸서 나무에 올려놓았다. 이렇게 하지 않으면 돌림병이 점점 더 성해져 희생자가 늘어날 것이라고 생각했기 때문일 것이다.

우리나라에서는 이 장례법을 보통 초분(草墳)이라고 하고 지역에 따라 초빈, 체변, 외빈. 초구, 초상이, 초우, 고름장, 고촌, 두지, 건품(호남), 샘봉, 치봉, 우봉(영남), 그리고 출병(강원도)이라고 부른다.

라. 제례

제례는 신앙의 대상인 신이나 죽은 사람의 영혼에 대하여 사람이 종교적으로 표시하는 의식이다. 그 내용은 각 나라의 자연적인 조건이나 민족의 풍속, 신앙, 생활양식에 따라 천차만별하며 시대에 따라서 많은 변화를 보인다.

우리나라에서도 예부터 산에는 산신(山神)이, 물에는 수신(水神)이, 그리고 마을에는 동신(洞神)이, 나무에는 서낭신이 깃들어 있다고 믿었으며 이러한 신들이 인간의 길흉화복을 좌우한다고 생각하였다.

따라서 이러한 신들을 위로하고 기쁘게 함으로써 개인은 수명장수나 부귀공명을, 마을에서는 풍년을 거두어 태평성대(太平聖代)를 누리게 된다고 여겨서 특정한 날을 정하거나 필요하다고 생각되는 때에 고사를 올렸다.

한편 우주 만물에 정령이 있듯이 사람의 몸에는 영혼이 깃들어 있는 바, 죽으면 이 영혼이 몸에서 빠져나가 천지간에 머물러 있다고 믿었다.

따라서 죽은 조상의 영혼을 위해서 제사를 올리는 것은 후손된 자의 의무일 뿐만 아니라 그렇게 해야만 조상이 기쁘게 여겨서 자손이 원하는 바를 이루어 준다고 여기게 되었다. 우리나라에서는 오직 조상에게 제사를 받드는 권한을 이어받는 것이 상속의 주요 내용을 이루었다. 재산을 장남(長男)에게 물려주는 것은 그가 자기가 죽은 뒤에 제사를 지내 줄 것을 기대하는 단지 그 한 가지 이유 때문이다. 젊은이가 첫아들을 낳으면 '이 아이가 내 제사를 받들 아이'라고 하는 것도 이러한 생활 관념의 결과이다.

어떤 학자는 세계의 종교 현상 중에 조상의 영혼에 대한 제사야말로 가장 광범위하게 여겨지는 행사라고 했는데, 우리나라의 제례는 다른 어느 의례보다도 복잡하며 이에 대한 관념은 세계의 어떤 사회와도 비교할 수 없을 것이라고 생각된다.

2. 관례(冠禮)

(1) 유래

관례가 언제부터 우리나라에서 행해졌는가에 대한 답은 명백하지 않으나, 삼국시대에 중국의 예교(禮敎)가 전해져 들어옴에 따라 전래된 듯 하며, 고려시대에 이르러서는 광종 16년(965년)에 왕자에게 원복(元服:어른의 평상복인 덧저고리)의 예를 한 것을 시초로 조선시대에는 왕후 · 귀족은 물론 유교에 젖은 상층 지식 계급에서 널리 행해졌다는 의견도 있다. 하지만 그 시대는 원(元)나라의 영향을 크게 받던 시대였기 때문에 그것은 왕자에게 원나라의 의복을 입혔다는 기록일 것이며 그 이상의 의의가 없다는 의견도 있다.

관례를 치르는 연령은 15세 이상이 되어 정신적으로 예의를 지킬 만하고 범절을 이해할 수 있고, 육체적으로는 성인으로서의 외모를 갖춘 때였다.

그러나 조선 중엽 이후 왜란(倭亂)과 호란(胡亂)을 겪고 조혼(早婚)의 풍습이 생기면서부터 관례를 치르는 연령이 낮아져 10세 전후에 관례를 치르기도 했다. 그러다가 남자 나이 10세 전후가 되면 관례 의식을 치르지 않고도 그냥 초립이나 복건을 씌우는 풍습이 생겼다.

그래서 관례를 치르면 엄연히 어린아이가 아닌데도 초립을 쓴 아이라는 뜻의 '초립동(草笠童)'이라는 말이 생기기도 했다.

관례는 남자라면 누구나 다 치르는 것은 아니었다. 양반과 천민으로 구분되어 있던 조선 시대의 천민사회에서는 관례를 찾아볼 수 없었다. 천민들은 혼인을 하고도 탕건, 망건, 갓조차도 쓰지 못했다.

이러한 관례 의식은 오랫동안 전해 내려오는 동안 지역과 가문에 따라 조금씩 변모되었다. 그러다가 갑오경장(甲午更張)을 전후하여 개화사상이 퍼지면서 그 의의를 잃어가다가 고종 32년인 서기 1895년에 단발령(斷髮令)이 내린 후 사라지게 되었다. 어쨌든 이 관례 의식은 옛날에는 혼례, 상례, 제례와 더불어 사례(四禮)의 하나로 대단히 중요시했으며, 부모의 보호에서 떠나 사회로 진출하는 것을 선언하는 의식으로 관(冠)은 예의 시초라 했다.

(2) 절차

관례를 치르려면 주인(主人)은 반드시 관례일(冠禮日) 3일 전에 선조의 위패(位牌)를 모신 사당(祠堂)에 나아가 고(告)해야 한다. 이 의식은 주인(관례식을 치르는 사람의 조부나 아버지를 가리키는 것으로서 선조의 대를 이어받는 종자, 만일 종자가 아닐 때는 반드시 차자가 행할 것이고, 만일 종자가 스스로 관례를 하려 할 때는 역시 자기가 주인이 된다)이 사당에 간단하게 주과포(酒果脯)를 진설해 놓고 다음과 같은 내용의 축문을 읽는다.

有歲次 月 朔孝玄孫
유세차 월 삭효현손

敢昭告于
감소고우

顯高祖考學生府君
현고조고학생부군

顯高祖妣孺人 氏 之子 年漸長成
현고조비유인 씨 치자 연점장성

將以 月 日 加冠於其首
정이 월 일 가관어기수

謹以酒果用伸 虔告謹告
근이주과용신 건고근고

"OO해 OO달 현손 OO는 삼가 묘위(廟位)에 감히 아뢰옵니다. OO의 아들 OO의 나이가 점차 장성하여 이제 곧 관례를 드리게 되었기에 삼가 주과를 펴오며 이를 경건히 삼가 아뢰옵니다."

가. 초가례(初加禮)

주례자를 모신다. 이때 주인을 도와 빈객들을 인도 접대할 빈으로는 아버지의 친구들 중에서 덕망이 높고 어질며 의식 절차에 밝은 자를 택하여 행사의 진행 절차를 담당하게 한다.

초가례란 갓을 쓰고 복식을 갖추는 관례의 첫째 의식이다. 빈자(賓者)가 장관자에게 읍하고 자리에 서면 홀기(笏記: 식순)를 보면서 빈을 도와 예식을 거행하는 찬(贊)은 장관자의 머리를 빗질하여 상투를 만들어 올리고, 망건을 씌운다. 그러면 빈자가 "길한 달, 길한 날에 비로소 원복을 입히니 너의 어린 마음을 버리고 성인의 덕을 지니어 오래도록 살 것과 큰 복을 빈다"라고 축사를 한다.

이때부터는 망건을 이미 썼다는 뜻에서 장관자를 관자(冠者)라 부른다.

나. 재가례(再加禮)

빈자가 관자에게 읍을 하면, 관자는 무릎을 꿇고 앉는다.

손님은 찬(贊)으로부터 초립을 받아들고, 관자 앞으로 가서 "좋고 좋은 이때를 가려서 그대에게 옷을 입히노니, 그대는 위의를 삼가고 덕을 맑게 하여 오래도록 살며, 영원토록 복을 누릴지어다"라고 축사를 한다.

축사가 끝나면 찬은 초가례(初加禮) 때 씌운 복건과 치포관을 벗기고, 빈은 관자에게 초립을 씌운다. 그러면 관자는 빈에게 읍을 한 다음, 방으로 가서 심의를 벗고 조삼을 입으며, 큰 띠를 풀고 혁대(革帶)를 매며, 가죽으로 만든 곳박신을 신고, 대청으로 나와 제자리에 선다.

다. 삼가례(三加禮)

빈이 관자에게 읍을 하고 관자가 꿇어앉으면, 빈은 찬으로부터 복두를 받아들고, 관자 앞으로 가서 "정월, 이 좋은 날에 그대에게 옷을 다 입히노니, 형제와 함께 큰 덕을 이루고 건강하고 오래도록 살며 하늘에서 주시는 경사를 받기 바라노라"라고 축사를 한다.

축사가 끝나면 찬은 초립을 벗기고, 빈은 복두를 관자의 머리에 씌워 주고, 찬이 갓끈을 매어 준다. 그러면 관자는 일어나 빈에게 읍을 하고 방으로 들어가 조삼을 벗고 난삼을 입으며, 띠를 매고 목이 긴 가죽신을 신고 대청으로 나온다.

이 삼가례(三加禮)로써 관례는 끝난다. .

라. 세 번째 순서

초례(醮禮)라 하여 술을 내리는 의식이 진행되는데, 여기서는 "맑고 고운 이 술을 꽃다운 그대에게 주노니, 그대는 이 술을 받아 감사한 마음으로 제주(祭酒)하고 상서로운 일을 정하여 하늘이 주시는 아름다움을 이어받아 오래 살지어다"라고 축사를 한다.

빈이 축사를 마치면 관자는 두 번 절하고 남쪽을 향해 서서 그 술잔을 받는다. 빈은 답례로 두 번 읍을 한다.

이때 찬이 포와 혜의 접시를 가지고 관자 앞으로 나오면 관자는 무릎을 꿇고 앉아 술을 땅에 조금씩 세 번 붓고 조금 마셔 맛을 본 다음, 술잔을 놓고 남쪽을 향해 두 번 절을 한다.

술잔을 받아 땅에 조금씩 세 번 붓는 것을 제주(祭酒)라 한다.

이는 땅의 지신(地神)께 먼저 드린다는 뜻이다. 제사를 모실 때나 술을 마실 때나, 농부가 들에서 일을 하다가 술을 받아도 먼저 지신에게 세 번 붓고 먹는다. 땅 위에서 사는 인간으로서 땅에 감사를 나타내는 일이라고 하겠다.

마. 자(字)

초례를 마치면 빈은 관자에게 자(字)를 지어 붙여준다. 이를 빈자관자(賓字冠者)라 한다.

손님은 서쪽에서 동쪽을 향해 서고, 찬(贊)은 손님 오른쪽에 선다. 주인(主人)은 동쪽에서 서쪽을 향해 서고, 집사는 주인 왼쪽에 선다. 그리고 관자는 주인의 옆 서쪽에서 동쪽으로 향해 선다. 빈자는 관자의 자를 짓고 자사(字辭)를 한다.

자란 관례를 치러 성년이 된 이후에는, 관자의 부모가 지어준 이름을 함부로 부를 수 없다 하여 빈이 지어 주고 부르게 하는 제2의 이름이다. 자는 빈이 짓지 않을 경우에는 그의 아버지가 짓는 것이나, 호(號)는 스승이나 본인 스스로가 짓는다. 자와 호는 짓는 때와 지어주는 사람이 다르며 자(字)는 어른이 손아랫사람을 부르거나 평교(平交) 간에 부르고, 호(號)는 웃사람을 부를 때 쓴다.

여기서는 "예의를 다 갖추었기에 좋은 달 좋은 날에 너의 자를 알려 주노니 자를 아름답게 여겨 훌륭한 선비에 적합하도록 행동하고 복됨에 순응하여 자를 길이 받아 보전토록 하라"는 당부를 한다.

답사를 한 관자는 빈자에게 두 번 절을 한다.

그러나 이 때 빈은 답례의 절을 하지 않는다.

주인이 빈에게 읍하고 먼저 방으로 들어가기를 청하면, 빈은 일단 사양하고, 주인이 동쪽에 있는 섬돌을 밟고 올라가면 자기는 서쪽에 있는 섬돌을 밟고 올라간다.

방에 들어간 주인은 상(床) 동쪽에서 서쪽을 향해 앉고, 빈은 상 서쪽에서 동쪽을 향해 앉는다. 그리고 주인이 먼저 치사를 한다.

"생의 미아(迷兒)에게 갓을 씌우는데 오자의 가르침을 받았으니 감사하나이다"하고 두 번 절을 한다. 그러면 빈은 답례로서 두 번 절하고, 이때 주인은 사례로 읍을 한다. 주인은 먼저 잔에 술을 따라 집사에게 주며 빈에게 드리라고 이르고, 집사가 술잔을 손님에게 주면 빈은 술잔을 받아 상 위에 놓는다.

이때 주인은 빈을 향해 두 번 절을 한다. 그러면 빈도 주인에게 두 번 절하고 무릎을 꿇고 앉아 세 번 조금씩 제(祭)하고 마신다.

그리고 빈은 잔을 집사에게 주며 술을 따라 주인에게 드리라 하고 주인에게 허리를 굽혀 절을 한다. 이때 주인은 답례로 읍을 하고 술잔을 받는다.

집사가 사당 문을 열고 들어가 과실과 잔을 진설하면, 관자와 함께 들어온 주인이 향을 피우고 강신을 한 뒤, 술을 올리고 두 번 절을 한다.

그리고 고사를 읽는다.

"O의 아들 O이 오늘 관례를 마치고 뵈옵니다."

주인이 향탁 동남쪽으로 물러나 있으면 관자가 두 번 절한다. 그리고 주인과 관자는 읍을 하고 물러난다.

사당에서 돌아온 관자는 부모, 형 및 손위 근친에게 절을 하고, 스승과 아버지의 친구를 찾아가 인사를 드린다. 관자가 장자(長子)일 때

어머니께 절을 하면 어머니도 아들에게 절을 한다는 기록이 '예기(禮記)'의 관의(冠儀) 43에 있다.

장자는 아버지에 이어 조업(祖業)을 계승하므로 어머니라 하여도 장성한 후에는 공대(恭待)한다는 것이라 하겠다.

(3) 계례

여자 나이 15세가 넘으면 비록 혼인을 정하지 않았다 해도 계례를 행한다. 계례란 처녀가 처음으로 비녀를 꽂는 의식인데, 이 의식은 친척 중에 어질고 예의범절에 밝은 부인으로서 주례를 정해 계례일 3일 전에 청해야 한다.

계례를 치러야 할 본인을 장계자라 하며, 장계자의 어머니는 주부(主婦)가 된다. 딸은 사당에 나아가 뵙는 일이 없으므로 주부는 종가(宗家)의 종부(宗婦)가 아니라도 관계가 없다.

장계자가 혼처(婚處)를 정했으면 사위가 될 사람의 집안이나 며느리의 친정 집안 부인들 중에서 어질고 예의가 바른 사람을 택하여 빈으로 청하고, 청혼하지 않고 계례를 치를 때에는 자기 집안에서 계례를 주재할 빈을 청한다. 빈을 청하는 것을 계빈(戒賓)이라 한다.

부인은 대문 밖을 자주 나돌아다니지 않기 때문에 주부가 빈을 청할 때는 그 사연을 편지로 써서 사람을 시켜 보낸다.

添親 O氏 拜白
첨친　씨　배백

孺人 粧次 玆有女
유인 장차 자유녀

年適加係 欲擧行之 伏聞吾親 閑於禮度 敢屈
연적가계 욕거행지 복문오친 한어예도 감굴

惠臨 以敎之 不勝幸甚
혜림 이교지 불승행심

(月日 O氏 拜上)
월일　씨　배상

풀이 : 첨친, 부탁드리옵니다. 저에게 여식이 있어 계례를 치르고자 하는데 듣자오니, 귀댁에서 예법이 밝으시다고 하옵는 바, 죄송스럽지만 은혜로서 가르쳐 주신다면 다행이겠습니다.

장차(粧次)는 화장을 한다는 말인데 여기서는 귀하, ~앞이라는 뜻이다. 유녀(有女)란 나의 딸이라는 말이고, 청하는 손님이 존장이면 유아(有兒)라 하고, 빈의 나이가 젊으면 속(屬)이라 한다. 오친(吾親)은 존경하는 귀댁의 ~장이라는 뜻이고, 첨친(添親)은 가까운 처지가 아니면 욕식(辱識), 욕교(辱交)라 하는데, 자신과 알게 된 것이 상대방에게 욕이 되지 않을까 하는, 자기를 겸사해서 쓰는 말이다. 뜻은 '죄송합니다'라는 것이다.

계빈의 글을 받은 손님은 회답의 글을 보낸다.

添親 O氏 拜復
첨친 씨 배백

孺人粧次 蒙不棄
유인 장차 자유녀

召爲戒賓 自念粗俗 不足以成禮 然旣有命 敢不勉從
소위계빈 자념조속 부족이성례 연기유명 감불면종

謹此奉復
근차봉복

月日 O拜復
월일 배복

풀이 : 첨친, 귀댁에 올리나이다. 저와 같은 사람을 계례의 손으로 불러 주시오니, 변변치 못하와 예의를 다 갖출지 주저스러우나 이미 말씀이 계시오니 어찌 말씀대로 따르지 않겠나이까.

계례일이 되면 집 안채의 대청인 중당(中堂)에 자리를 하고, 배자(褙子), 빗, 술, 잔을 탁자 위에 진설하고, 화관(花冠)과 비녀는 소반에 담아 탁자 서쪽에 놓는다.

주부(主婦)는 주인(主人)과 자리를 함께 하지만, 주부가 주인의 자리에 선다.

장계자는 머리를 땅에 내린 채 삼자(衫子)를 입고 남쪽을 향해 선다. 이때 찬(贊)은 시녀(侍女)로 대신하고, 시녀가 장계자의 머리를 빗질하여 쪽을 지으면 빈자(賓者는 사(가는 베로 된 머리 수건)로 머리를 싸고 비녀를 꽂는다.

이후부터는 비녀를 꽂았으니 계자라 부른다.

계자가 방에 들어가 배자(褙字)를 입고 나온다. 계자가 남서쪽을 향해 서면 시녀는 계자 왼편에서 술을 붓는다. 빈은 그 술잔을 받아 들고 계자 앞으로 가서 축사를 한다. 축사는 관례의 삼가례(三加禮) 때의 축사와 같은 내용이다.

축사가 끝나면 빈에게 네 번 절을 하고 손님도 답례로 네 번 절을 한다. 계자는 그 술잔을 받아 땅에 세 번 부어 제주(祭酒)하고 술을 조금 맛본 후 다시 네 번 절을 한다.

이때 빈은 답례를 하지 않는다.

사당 현알의 절차는 관례 때와 그 절차가 같으나 아버지 아닌 주부가 계례하는 딸을 데리고 사당에 참배한 다음 축문을 읽는 것이 다르다.

(4) 성년(成年)

관례와 계례의 의식이 없는 오늘날 성년이라고 하는 것은 민법상 만 20세가 된 사람을 말한다. 그리고 성년은 금치산자(禁治産者), 한정치산자(限定治産者)가 아니면 단독으로 법률행위(法律行爲)를 할 수 있는 행위능력(行爲能力)을 인정한다.

외국에는 성년식(成年式)이라 하여 성년이 되면 행하는 의식(儀式)이 있기도 하고, 미개인(未開人), 후진(後進) 사회에서는 성년이 된

남녀에게 씨족(氏族)의 구성원으로서, 또는 종교 단체의 일원으로서 가입하는 자격을 주기 위하여 공공적인 훈련이나 행사를 하기도 한다.

우리나라는 4월 20일을 성년의 날로 정하고 있다. 그래서 제자나 친구, 또는 친구의 자녀가 성년이 되었을 때 축하한다.

성년이 되면 자기에게 주어진 의무(義務)와 자기가 맡은 바 책임을 다 해야겠다는 스스로의 준비가 필요하다. 그럼으로써 자기의 권리를 주장할 수 있는 것이다. 관례 풍습이 없어진 오늘날에도 사회에서는 그것을 냉엄하게 요구하고 있다. 오늘날 성인의 날은 자기 인생을 개척하는 첫 과정임을 스스로가 깨닫고 인식하는 데에 그 의의(意義)가 있는 것이다.

(5) 관례에 관한 용어 해설

● 복건(幞巾)

머리에 쓰던 관의 일종. 헝겊으로 만들었으며 위는 둥글고 뾰족하며 뒤에 넓은 자락이 길게 늘어지고, 양 옆에 끈이 달려 뒤로 매게 되어 있다. 옛날에는 겨울에 흑단(黑鍛), 여름에는 흑사(黑紗)로 만들어 썼으나 근래에는 흑갑사(黑甲紗)만으로 만들어 사계절에 모두 사용한다. 이것을 한 폭의 천으로 만들기 때문에 복건이라고 한다.

● 복두(幞頭)

옛날 과거에 급제한 사람이 홍패를 받을 때 쓰던 관의 일종이다. 모양은 사모(紗帽)와 비슷하지만 턱이 지지 않고 위가 평평하며 사각으로 되어 있다. 당나라 때부터 쓰기 시작한 것으로 처음에는 비단으로 만들어 머리에 푹 주저앉아 불편했으나 나중에는 속에 나무를 넣어 구릉형으로 만들어 편하게 되었다. 뒤에 약간의 변화가 있어 다리가 짧기도 하고 길기도 했다.

우리나라에서는 신라 때 당으로부터 이를 수입하여 사용하였고 고려 때는 송나라의 복두를 수입하여 다리가 있는 것을 사용하였다.

● 난삼(襴衫)

예복의 하나. 과거 때 생원이나 진사에 합격하면 입는다. 녹색 또는 검은색으로 깃을 둥글게 만든 공복(公服)에 각기 같은 색깔의 선을 두른다.

● 초립(草笠)

옛날에 사족(士族), 서족(庶族)이 쓰던 갓의 일종. 또 관례를 한 나이 어린 사람이 쓰던 갓으로 모양은 패랭이와 비슷하고 재료는 해안 지방의 특산물인 풀로 만들며 빛깔은 황색이다. 본래 삿갓, 방갓, 패랭이에서 변한 것으로 삿갓이나 방갓이 아래로 숙어진 데 비해 초립은 위로 올라 솟았다. 〈경국대전〉에 사족의 초립은 50죽(竹), 서인의 초립은 30죽으로 정했는데 이것은 양반의 것은 고운 것으로 하고, 천인의 것은 굵고 거친 것으로 만들게 했기 때문이다. 조선 말경부터 폐기되었고, 관례한 소년이 쓴 데에서 초립동(草笠童)이라는 말이 생기게 되었다.

● 심의(深衣)

옛날에 높은 선비가 입던 웃옷과 치마가 서로 연이어 몸을 휩싸는 것으로 대개 흰 천으로 만든다. 소매는 넓게 하고, 검은 비단으로 가를 두르며 웃옷은 4폭이고 치마는 12폭으로 되어 있다.

중국에서 전래된 것으로 유생들이 이것을 선왕(先王)의 법복(法服)으로 숭상하였으므로 우리나라에서 유교가 행하였던 조선 왕조에서는 한때 심의제도(深衣制度)가 유학상(儒學上) 논쟁의 대상이 된 적이 있었다. 심의를 입을 때는 머리에 복건을 쓴다.

고대 중국에서는 심의가 제후의 평복이요, 선비의 조제차복(朝祭次服)이었고, 서인(庶人)의 길복(吉服)이 되었다.

● 초례

관례와 혼례의식 절차의 하나.

관례에서는 삼가(三加) 다음의 절차로 그 내용은 다음과 같다. 삼가를 끝낸 관자가 나오면 찬(贊)은 잔에 술을 따라서 관자의 왼쪽에 서고, 빈(賓)은 관자에게 읍하고 오른쪽에서 남쪽을 향해 술을 마신 다음 관자 앞에서 축사를 읽는다. 축사를 들은 관자는 두 번 절하고 남쪽을 향해 잔을 받는다. 여기에 빈이 동쪽을 향해 답례의 절을 하면 관자는 무릎을 꿇고 제주(祭酒)로서 땅에 약간의 술을 붓고 맛을 본 다음, 찬에게 잔을 돌려주고 남쪽을 향해 두 번 절한다.

이에 대해 빈은 동쪽을 향해 답례의 절을 하고 관자가 또 찬에게 절하면 찬은 동쪽을 향해 답례의 절을 함으로서 초례를 마친다.

● 재가(再加)

관례(冠禮) 때, 초가(初加) 다음에 하는 의식 절차.

이 절차에서는 관자(冠者)가 정한 자리에 나오면 빈(賓: 덕망 있는 친구들 중에서 뽑은 사람)이 축사를 읽고 찬(贊: 빈을 돕는 사람)이 관과 건을 벗기면 빈이 초립을 씌운 다음, 관자는 방에 들어가 심의(深衣)를 벗고 청포(靑袍)에 혁대를 띠며 신을 맨다.

● 삼가(三加)

관례의 3번째 의식. 관자에게 빈이 축사를 읽어 준 다음, 찬이 초립을 벗기고 복두를 씌운 뒤에 관자가 방에 들어가 청포(靑布)를 벗고 난삼에 띠를 매고 목이 달린 신발을 신고 나오는 것을 말한다.

● 사례(四禮)

예제(禮制)에 있어서 관례, 혼례, 상례, 제례의 총칭. 일명 관혼상제. 고려 말 불교의 타락과 '주자가례(朱子家禮)'의 전래로 사대부 계층에 국한하여 시행되다가 조선 왕조에 이르러 불교탄압 정책과 더불어 세종 때에는 불교에 의한 예법을 금지하고 민간에서는 이 법을 시행하게 하여 성행되었다.

● 빈자관자(賓字冠者)

관례의식 절차의 하나. 삼가(三加)와 초(醮)가 끝난 다음에 하는 마지막 절차로서 관자에게 자(字)를 지어주는 의식이다. 자를 받은 관자는 답사를 읽고 나서 절을 한 다음, 사당에 재배하고 나와 부모님과 여러 어른들을 뵙는다.

● 댕기풀이

관례를 지낸 뒤 관자(冠者)가 그의 친구들에게 한턱내는 것. 초례를 끝낸 후 사당에 고하고 부모와 존장에게 인사를 끝낸 다음, 친구들을 초청해서 성년이 된 것을 축하하는 축하연을 베푸는 것.

● 조삼

검은색의 깃을 둥글게 만들어 두루마기 위에 입는 옷으로 단령(團領)이라고도 한다. 깃의 빛깔에 따라 흑단령(黑團領), 홍(紅)단령, 백(白)단령, 자(紫)단령이라고 한다.

● 혜(鞋)

가죽으로 만들고 목이 없는 콧박신.

● 늑백(勒帛)

허리에 둘러매는 띠.

● 삼자(衫子)

길이가 무릎에 닿고 소매가 좁은 여자의 평상복.

● 배자(拜子)

소매가 없는 웃옷.

3. 혼례(婚禮)

(1) 의의와 유래

가. 의의

혼인이란 일정한 형식을 거쳐서 남녀간의 결합을 사회적으로 공인을 받는 것이다. 현행 혼례에는 크게 재래식 구식혼과 서구식 신식혼, 종교의식 등으로 치르는 혼인이 있다.

혼례는 일생에서 가장 중대하다고 하는 행사인 만큼 몇 가지 중요한 의의를 들 수 있다.

첫째, 혼인이란 육체적인 관계를 가진다. 사람은 성인(成人)이 되면 성적 욕망을 채우게 되지만 함부로 관계를 해서는 안 되므로 한 남자와 한 여자 사이에 일부일처(一夫一妻)제라는 관계를 이루게 되었다.

둘째, 혼인이란 정신적인 관계를 가지게 된다. 부부가 사랑으로 결합하여 존경과 인내로써 인생의 보금자리를 마련하여 일생을 함께 사는 것이다.

셋째로 혼인이란, 가정이라는 공동 사회 생활의 의미를 가진다. 이 사회 생활의 기본 단위가 바로 가정이며 부부는 자녀를 낳아서 기르며 한 가족을 구성한다.

넷째로 혼인이란 사회적인 규범인 관습 · 도덕 · 법률 등과 같은 제도에 따라야 함을 의미한다.

앞에서 말한 남녀 간의 결합이란 생리적인 조건 외에 정신적인 조건을 갖추어야 하는데, 정신적인 조건이란 자의식이 생기고 독립된 인격을 가져야 함을 말한다.

나. 유래

혼인 제도의 기원은 원시 시대의 습관에서 발달했으며 그 시대에는 남녀가 공동으로 생활했으며 그 결과 공동자손(公同子孫)을 가졌다. 육체적으로 강하고 용맹한 남자는 가족의 보호와 생활권을 맡고, 여자는 자식을 낳고 양육을 맡는 것이 오랜 습관이 되어 관습에 의해 인정되고 법률의 승인을 받아 하나의 사회제도(社會制度)가 성립되었다.

우리나라 혼인의 변천은 문헌에 의하면 부여(夫餘) 시대에는 일부일처제였으나, 실제로는 일부다처제였고 투부(妬婦)와 간부(姦婦)는 죽이는 관습이 있었다.

옥저(沃沮)에서는 여자는 10세가 되면 남편이 될 소년의 집으로 가서 그 곳에서 성장한 다음 집으로 돌아와 일정한 값의 돈을 받고 혼인하여 부부가 되는 매매결혼에 의한 민며느리 제도였고, 삼한(三韓)에서는 몇 쌍의 부부가 공동 세대를 이루었다고 하는데 이것은 원시적인 공동생활로 짐작된다. 또 고구려에서는 혼인이 결정되면 신부 집에서 뒤란에다 작은 집을 짓고 신랑과 함께 거처했다가, 낳은 자식이 크면 비로소 아내를 데리고 집으로 돌아온다고 하는 모계씨족 사회의 유풍이 있었다. 그러나 이와 같은 다양한 혼인 풍습이 고려를 거쳐 조선으로 들어와서는 유교에 의한 윤리관에 의해 통제를 받고 사례 가운데의 하나로서 혼례가 성립하게 되었다.

(2) 전통식 혼례

혼례의 고례(古禮) 절차는 중국 주(周)나라 시대부터 시행되던 것으로 우리나라에서는 어느 시대부터 어느 정도 시행되었는지가 분명하지 않으나 주나라의 혼례법이 우리나라에서 시행되어 오던 혼례의 근본이 된 것만은 틀림없다.

지금으로부터 905년 전까지의 혼례는 삼서육례(三誓六禮)라 하여 그 격식이 매우 엄숙하고 까다로웠으나 오늘날에는 구식 혼례라 하여도 격식 그대로를 따르지 않고 약간 현대식을 절충해 거행하고 있다. 처음에는 6가지 절차의 육례였으나 너무 번거로워 중간에 사례(四禮: 의혼, 납채, 납폐, 친영)으로 줄였다. 이것 또한 〈주자가례(朱子家禮)〉를 본받은 것이다.

가. 의혼(議婚)

신랑 집과 신부 집이 서로 사람을 보내 상대방의 인물, 학식, 인품, 형제 유무 등을 조사하고 신랑, 신부의 궁합을 본 다음 두 집이 합의가 되면 허혼하는 것으로 이것은 달리 면약(面約)이라고도 한다.

a. 허혼(許婚)

혼인할 때는 먼저 성씨를 살펴보는데 동성동본은 혼인이 성립되지 않으며, 동성동본이 아니라 해도 한 조상에서 갈라져 나왔다고 보일 때는 혼인하지 않는 경우가 있다. 합당하다고 생각되면 신부 측에서 신랑 측으로 '혼인 승낙'의 뜻이 담긴 허혼서를 보낸다.

또한 궁합이란 혼인할 신랑, 신부의 사주(四柱)를 오행(五行)에 맞추어 길흉을 점치는 방술(方術)로서 궁합만을 전문으로 보는 이에게 가서 본다. 궁합에는 겉궁합과 속궁합이 있는데 겉궁합은 나이에 따른 십이지(十二支)를 기준으로 혼인문에 따라 맞추어 보며, 속궁합은 신랑, 신부의 생년월일시를 맞추어 보는 것이다. 청혼 후 두 집 부모 간에 승낙이 있을 때 혼인이 이루어지기 때문에 당사자들은 서로 만나 볼 수 없고, 부모들만이 신부와 신랑의 선을 보게 된다. 이런 절차를 밟아 신부 집에서 결혼을 허락할 의사가 있으면 허혼 편지를 신랑 집으로 보낸다.

[청혼 편지 쓰는 법]

伏惟辰下
복유진하

尊體候以時萬重 仰素區久之至
존체후이시만중 앙소구구지지

第家兒親事 年及加冠 尙無指合處
제가아친사 연급가관 상무지합처

近聞某洞某氏家 閨養淑哲云 能其勸誘
근문모동모씨가 규양숙철운 능기권유

使結秦晋之誼如河
사결진진지의여하

餘不備禮謹拜上狀
여불비례근배상장

某年某月某日 弟某拜
모년모월모일 제모배

풀이 : 오랫동안 우러러 사모하옵는데 존체 대안하십니까? 저는 별고없이 지내고 있습니다. 저의 자식이 결혼할 나이가 되었으나 아직 적합한 곳이 없어 결혼을 시키지 못하고 있습니다. 근자에 들으니 댁의 규수가 인품이 훌륭하다고 권유하기에 청혼합니다. 귀하의 귀한 딸과 제 자식을 배필로 맺어주심이 어떠할른지요? 예를 다 갖추지 못하여 삼가 글을 올립니다.

[청혼서 봉투 쓰는 법]

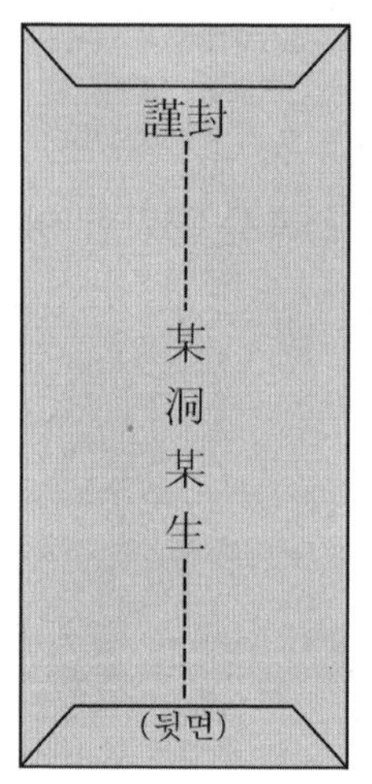

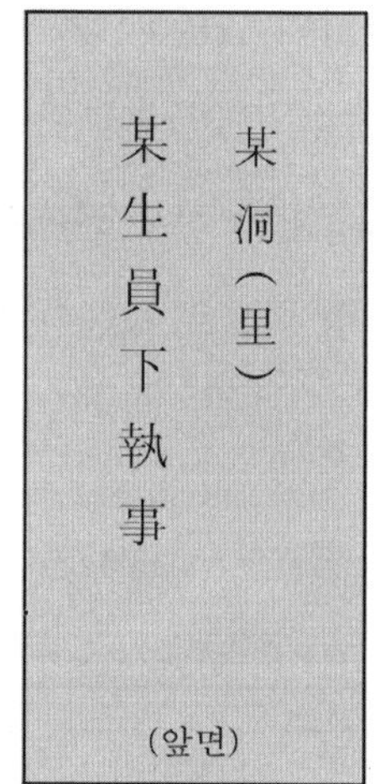

[허혼 편지(許婚片紙) 쓰는 법]

伏惟春元
복유춘원

尊體動止候萬重 仰慰區區之至 弟女兒親事
존체동지후만중 앙위구구지지 제여아친사

不鄙寒陋 女是謹勸 敢不聽從 餘不備伏惟
불비한루 여시근권 감불청종 여불비복유

尊照謹拜 上狀
존조근배 상장

某年某月某日 弟某拜上
모년모월모일 제모배상

풀이 : 봄철에 존체 안녕하십니까? 저 역시 귀하를 사모하던 터에 이와 같은 글을 주시니 실로 영광입니다. 저의 미거한 딸을 구애치 않으시고 청혼하시니 감히 귀하의 뜻을 좇지 않을 수가 있겠습니까. 글로 다 인사를 갖추지 못하며 삼가 귀하께 절하며 글 올립니다.

나. 납채(納采, 四星)

신랑 집에서 신부 집으로 사주(四柱)를 써서 보내고 연길(涓吉:택일)을 정한 다음 신부 집으로 혼서지(납채)를 보내는 것을 말한다.

사주를 보내는 법은 간지(簡紙)를 다섯 번 접어 그 한가운데에 쓰며, 흰 봉투에 넣되 봉하지 않는다. 용지는 창호지 등 백지로 하되 크기는 길이 30Cm, 폭 25Cm 정도로 한다. 이것을 다섯 칸으로 접어 붓글씨로 쓴다. 육십갑자에 따른 간지를 쓰며, 사성을 쓴 종이를 접을 때는 왼쪽에서 오른쪽으로 접어 봉투에 넣는다.

봉투는 사성의 종이와 같은 것으로 만든다. 다음에 겉은 다홍색, 안은 남색인 네모난 비단 겹보자기를 만들어 네 귀퉁이에 금전지를 달아서, 그 보자기에 사주를 싼 다음 간지에 '근봉(謹封)'이라고 써서 그것으로 띠를 두른 다음 보낸다. 사주를 보내는 뜻은 천간(天干), 지지(地支)에 의하여 궁합 등 앞으로의 길흉도 보고 또 혼례식 날짜를 정하는 택일에도 참고하도록 하는 것이다. 요즘은 청혼할 때 미리 다 보아서 이것은 형식에 지나지 않는다.

a. 사주 쓰는 법

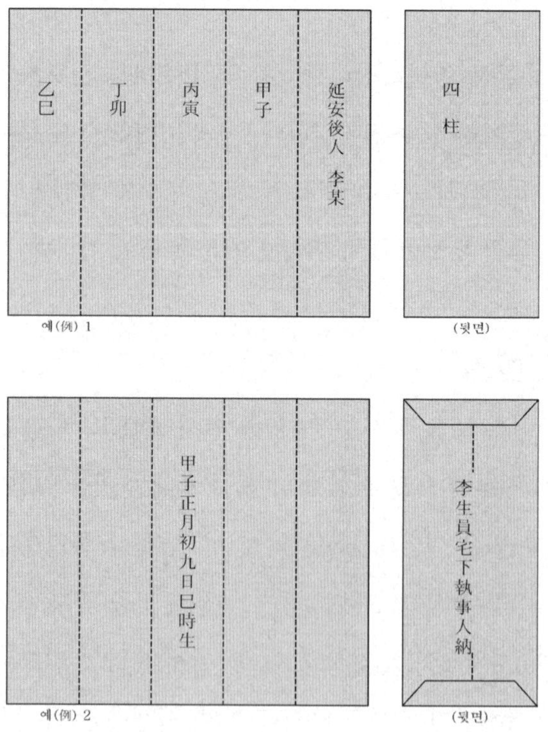

예(例) 1 (뒷면)

예(例) 2 (뒷면)

다. 연길(涓吉)

연길이란 혼례 의식을 치를 좋은 날을 선택하는 것을 말한다. 사주를 받은 신부 집에서는 신부의 생리일 등을 고려해서 혼인 날짜를 잡아 신랑 집으로 보내는데, 내용을 백지에 써서 사주 보자기에 싸서 근봉에 끼워 보낸다.

a. 의제(衣製)

연길서장을 받은 신랑 측에서는 신랑의 의복 길이와 품을 신부에게 알리는 의제장을 보낸다.

b. 의제송서식(衣製送書式): 의제장을 보낼 때에는 편지 겉봉에 '의양동봉(衣樣同封)'이라고 쓴다.

라. 납폐(納幣)

납폐란 신랑 집에서 신부 집에 혼인을 허락해 준 데 대한 감사의 뜻으로 보내는 예물로 '봉채(封采)' 또는 함이라고도 한다. 납폐할 때는 두 개의 크고 작은 함을 사용하는데, 작은 함에는 예서(禮書), 즉 납폐서장을, 큰 함에는 폐백을 담는다. 납폐하는데도 편지를 써서 신부 집에 보내면 신부 집에서는 납폐를 받은 다음 회

답을 써 주고 음식을 대접한다.

편지를 가지고 갔던 사람이 돌아와 복명(復命)하는 것은 사주를 보낼 때와 같으며, 이때 보내는 편지를 혼서(婚書)라고도 하는데

[연길서식 (涓吉書式)]

涓吉

庚寅年十月七日午時

奠雁同日先行

예(例) 1

全州後人 李

奠雁某年某月某日某時際

年 月 日

예(例) 2

함 크기만 한 백지에 신랑 아버지가 써서 사당에 고한 다음 검정 비단 겹보자기에 싸서 함 속에 넣어 혼인 전날 보낸다.

신부는 이 혼서를 죽을 때 관 속에 넣어 가지고 간다 하는데, 이것은 일부종사를 의미하는 것이다. 그리고 혼서와 함께 채단을 보내는데, 이단으로 하나는 청색, 또 하나는 홍색으로 치마감이다. 청색 치마감은 홍지에 싸서 청색 명주실로 동심결(同心結)을 하고, 홍색 치마감은 청색 종이에 싼 뒤 홍색 명주실로 동심을 맺는다.

함 속에는 함 속보(다홍색 겹보)를 넣고 황낭에는 씨 박힌 면화 몇 개와 팥 몇 개를 넣은 뒤 주머니 끈을 매어서 넣고 함 네 귀퉁이에 마분향을 넣은 다음 홍청색 채단을 포개어 넣고 보자기를 덮는다.

그 위에 검은 비단 겹보자기를, 붉은색 금전지를 귀퉁이에 단 혼서보자기에 싸서 근봉(謹封)을 두른 혼서지를 올려놓고 함 뚜껑을 덮는데 자물쇠는 잠그지 않고 그냥 끼워 놓은 채 홍색 겹보자기에 금전자를 달아서 만든 겹보자기로 싼 다음 근봉을 끼운다.

무명 여덟 자로 된 함질 끈을 마련하여 석 자는 땅에 끌리게 하고 남은 천으로 고리를 만들어 함을 지도록 한다. 이것을 봉채, 또는 봉치라고 한다.

a. 함 보낼 때와 받을 때의 절차

신랑과 신부 집에서는 찹쌀 두 켜에 팥고물을 넣은 찰떡을 만드는데 대추와 밤을 박아서 찐다. 이 봉치 떡을 설지 않도록 정성껏 찐 다음 시루를 마루의 소반 위에 놓고 그 위에 함을 올려놓았다가 받도록 한다. 함을 받은 뒤 떡 속에 박혔던 대추와 밤은 빼내어 신부의 주발 뚜껑에 담아 두었다가 혼인 전날 신부가 먹는다.

[신부 집에서 사당에 고하는 축문]

維年號 幾年 歲次干支 幾月干支朔 幾日干支
유연호 기년 세차간지 기월간지삭 기일간지

孝玄孫某
효현손모

敢昭告于
감소고우

顯高祖考 某官府君 顯高祖비某封某氏
현고조고 모관부군현고조 모봉모씨

某之第幾女 己許嫁某官某君 性名之子
모지제기녀 기허가모관모군 성명지자

今日納采 不勝感愴 謹以酒果 用伸虔告謹告
금일납채 불승감창 근이주과 용신건고근고

풀이 : OO년 O월 O일 효현손 OO는 삼가 묘위에 아뢰옵니다. OO의 장녀 나이가 점점 차 가고 있어 이미 OO의 아들에게 허혼을 하였사온데 오늘 납채가 도착하게 됨에 감모하여 비창함을 이기지 못해 삼가 주과를 펴오며 경건한 마음으로 아뢰옵니다.

[연길 편지]

伏承華翰하오니 感荷無量이오이다.
복승화한 감하무량

謹未審玆時에 尊體候萬重이 仰慰區區之至라.
근미심자시 존체후만중 앙위구구지지

第女兒親事는 旣承柱單하오니 寒門慶事라.
제여아친사 기승주단 한문경사

涓吉錄呈하오니 章製回示하심이 如何오.
연길녹정 장제회시 여하

餘不備伏惟 尊照 謹拜上狀
여불비복유 존조 근배상장

年 月 日
년 월 일

金海候人 金某 再拜
김해후인 김모 재배

풀이 : 편지를 받자오니 감사한 마음 한량이 없습니다. 근간에 존체 만안하십니까? 저의 여아 혼사는 이미 사주단자를 받았으니 저의 가문에 경사이옵니다. 결혼 일자를 가려서 삼가 보내오니 신랑의 의복 치수를 알려 주심이 어떠하오리까.

b. 함지고 가기

함을 지는 사람은 첫아들을 둔 사람으로 선택한다. 보통 납폐는 전안 전날에 치르나, 날의 길흉과 시세에 따라 며칠 전에 하는 수도 있고, 또 전안 당일에 하는 집도 있다.

[납폐 서식]

時維孟春
시 유 맹 춘

尊體百福 僕之長子某 年旣長成 未有伉儷伏蒙
존 체 백 복 복 지 장 자 모 연 기 장 성 미 유 항 려 복 몽

尊玆 許以 令愛貺室 玆有先人之禮
존자 허이 영애 황 실 자 유 선 인 지 례

謹行納幣之儀 不備伏惟
근 행 납 폐 지 의 불 비 복 유

尊照 謹拜 上狀
존조 근배 상장

某年 某月 某日
모년 모월 모일

全州後人 李某 再拜
전주후인 이모 재배

풀이 : 때는 봄이 한창 무르익은 계절이온데 존체만복하십니까. 저의 장자 OO가 이제 성장하여 배필이 없더니 높이 사랑하심을 입사와 귀한 따님으로 아내를 삼게 해 주시니 이에 조상의 예를 따라 갖추지 못하였으나 삼가 납폐하는 의식을 행하오니 살펴 주십시오.

[납폐문의 회답 서식]

添親 某郡姓某白
점친 모군성모백

伏承嘉命 委禽寒宗 顧惟亮息 敎訓無素 切恐弗堪
복승가명 위금한종 고유양식 교훈무소 절공불감

玆又 蒙順先典 徨以重禮 辭旣不獲
자우 봉순선전 황이중례 사기불획

尊照謹拜 伏惟 尊慈特賜
존조근배 복유 존자특사

鑑念不宣
감념불선

某年 某月 某日
모년 모월 모일

添親某郡姓 某 再拜
첨친모군성 모 재배

풀이 : OO 고을에 사는 OOO가 OO 고을에 사는 OOO님께 삼가 아뢰옵니다. 명을 받은 귀댁 사자가 비문에 와서 납폐례의 기러기를 무사히 전했습니다. 엎드려 생각하건대, 저의 딸자식은 가르침이 미흡하고 재주 또한 모자라서 감당하지 못할까 두렵습니다. 이에 다시금 선인의 예를 따라 두터운 예물과 지나친 말씀을 내리시니 고마움에 몸둘 곳을 모르겠습니다. 너그러이 살펴 주옵소서. 이만 줄입니다.

OO년 O월 O일

OOO 드림

마. 친영(親迎)

친영은 달리 혼행(婚行)이라고도 하는데, 신랑이 신부 집에 가서 혼례식을 올리고 신부를 맞아 오는 예로써 이 절차에는 고례(古禮)와 속례(俗禮) 두 가지가 있다. 고례에서는 신랑이 저녁때 신부 집으로 가서 전안례만 올리고 신부와 함께 집으로 돌아와 교배례와 근배례를 올리고 하루 전에 마련한 신방에서 첫날을 보낸다. 신부는 이튿날 아침에 시부모를 뵙는 현구례, 즉 폐백을 드리고, 또 친척들에게 인사하는 상호례를 끝내고 사흘 동안 시댁에서 머물고 난 다음 일단 친정으로 돌아갔다가 우귀(于歸) 또는 신행이라고 해서 정식으로 시댁으로 돌아온다.

그러나 이 고례는 양가의 거리, 기타 사정으로 도저히 전안례를 치르고 난 뒤 신부를 데리고 올 수 없는 경우가 있다. 이때에는 신부 집에서 모든 의식을 끝내고 신랑은 첫날밤을 신부 집에서 지내며 계속 사흘을 묵은 뒤 신부를 데리고 자기 집으로 돌아온다. 신부는 이때 시부모님께 폐백을 드리고 현구례를 한다.

[동심(同心)맺는 법]

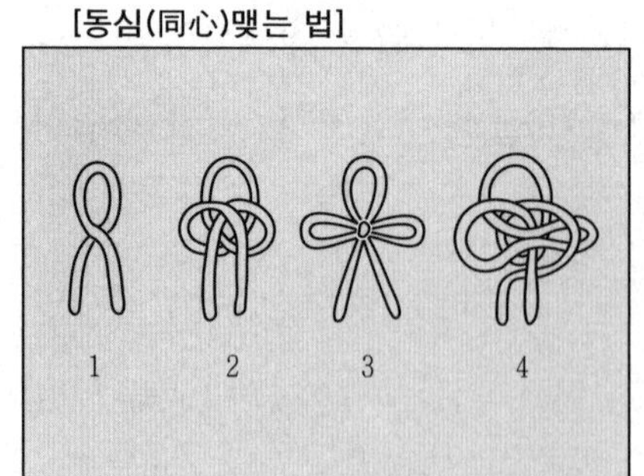

[납폐 물목(物目)쓰는 법]

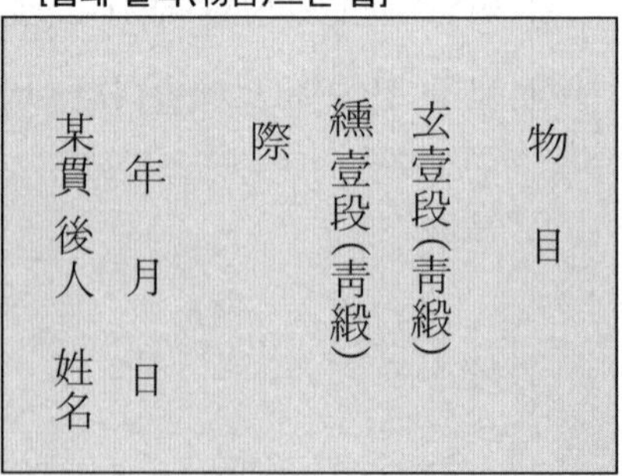
物目
玄壹段(青緞)
纁壹段(青緞)
際
年 月 日
某貫後人 姓名

[신랑 집에서 사당에 올리는 축문]

惟歲次　年　月　朔　日 孝玄孫
유 세 차　년　월　삭　일 효 현 손

敢昭告于
감 소 고 우

顯高祖考學生府君
현 고 조 고 학 생 부 군

顯高祖비孺人　氏之子 將以禽日
현 고 조　유 인　시 지 자 장 이 금 일

虔告謹告
건 고 근 고

年　月　日
년　월　일

풀이 : 효현손 OO는 감히 고조고비에게 고하나이다. OO의 아들 OO가 장차 오는 OO씨에게 친영하러 가겠기에 감창함을 이기지 못하여 삼가 주과를 펴 놓고 정성들여 아뢰옵니다.

(3) 전안례(奠雁禮)와 교배례의 의식 절차

가. 전안례

옛날에는 산 기러기(生雁)를 가지고 예를 올렸으나, 번거로워서 대개 나무로 깍은 목기러기를 채색하거나 아니면 그대로 썼고, 가끔 종이로 만들어 쓴 경우도 있었다. 이때 기러기를 사용하는 것은 기러기는 유신(維新)을 천성으로 지키는 새이므로 이것을 본받기 위함이라고도 하며, 한 번 교미한 한 쌍은 꼭 붙어서 살며 다른 상대와 교미하지 않아 깨끗한 정절(貞節)을 상징하기 때문이라고도 한다. 신부의 부친이 신랑을 문 밖에서 맞아들이면, 신랑은 시자(侍者)에게서 기러기를 받아들고 대청으로 올라간다. 주혼자는 서쪽을 향하고, 신랑은 북쪽을 향해 무릎을 꿇고 앉는다. 그리고 기러기를 쟁반 위에 올려놓으면 시자가 받아간다. 이때 신랑은 머리를 숙이고 엎드렸다가 일어나 두 번 절한다.

a. 의식 절차

- 주인영서우문외(主人迎婿于門外): 주인이 문 밖으로 나가 신랑을 맞이한다.
- 서읍양이입(婿揖讓以入): 신랑이 읍하고 들어온다.
- 시자집안이종(侍者執雁以從): 시자가 나무기러기를 들고 신랑을 자리로 안내한다.
- 서취석(婿就席): 신랑이 자기 자리로 들어선다.
- 포안우좌기수(抱雁右左其手): 신랑이 기러기의 머리를 왼쪽으로 가도록 든다.
- 북향궤(北向跪): 북쪽을 향해 무릎을 꿇고 앉는다.
- 면복흥(俛伏興): 일어난다.
- 소퇴재배小退再拜): 약간 뒤로 물러서서 두 번 절한다.
- 주인시자수지(主人侍者受之): 주인 시자가 기러기를 받아 안으로 들어간다.

나. 교배례와 근배례

신랑 신부가 처음으로 대면하여 백년해로를 서약하는 예식이다. 교배례와 근배례를 합쳐서 초례라고 한다. 식장 준비는 대청이나 뜰에 동서로 자리를 마련하고 병풍은 남북으로, 교배상은 한가운데 놓는다. 상 위에 촛대 한 쌍을 켜 놓고 송죽 화병 한 쌍과 백미 두 그릇, 닭 한 자웅을 남북으로 갈라놓는다. 세숫대야에 물 두 그릇을 준비하고 술상 두 상을 준비해 둔다.

- 서지동석(婿至東席): 신랑이 초례청 동편 자리로 들어선다.
- 모도부출(姆導婦出): 신부의 시자가 신부를 부축하여 나오는데 흰 천을 깔아 놓은 바닥을 밟고 나온다.
- 서동부서(婿東婦西):신랑은 동쪽, 신부는 서쪽에서 초례상 앞에 마주 선다.
- 서부각세수건(婿婦各洗手巾): 신랑 신부는 각자 손을 씻고 수건으로 닦는다.
- 부선재배(婦先再拜): 신부가 먼저 두 번 절한다.
- 서답일배(婿答一拜):신랑이 한 번 답례한다.
- 부우재배(婦又再拜): 신부가 다시 두 번 절하다.
- 서우답일배(婿又答一拜): 신랑이 다시 한 번 절하다.
- 서읍부각궤좌(婿揖婦各跪坐): 신랑이 신부에게 읍하고 저마다 무릎 꿇고 앉는다.
- 시제진찬(侍祭進饌): 시자가 신랑에게 술잔을 권한다.

- 시자각짐주(侍者各斟酒): 시자가 잔에 술을 따른다.
- 서읍부제주거효(婿揖婦擧飮不祭無肴): 신랑은 읍하고 술을 땅바닥에 조금 붓고 안주를 젓가락으로 집어 상 위에 놓는다.
- 우짐주(又斟酒): 시자가 신랑 신부의 술잔에 다시 술을 붓는다.
- 서읍부제주거효(婿揖婦擧飮不祭無肴): 신랑은 읍하고 신부가 술을 마시되 안주는 먹지 않는다.
- 우취근서지전(又取巹婿之前): 표주박을 신랑 신부에게 건넨다.
- 시자각짐주(侍者各斟酒): 시자가 표주박에 술을 따른다.
- 거배상호서상부하(擧盃相互婿上婦下): 신랑 신부는 표주박을 서로 바꾸는데 신랑 잔은 위로 신부 잔은 아래로 하여 바꾼다.
- 각거음부제무효(各擧飮不祭無肴): 서로 바꾼 표주박 잔의 술을 마시는데, 땅바닥에 기울여 쏟지 않으며 안주도 들지 않는다.
- 예필철상(禮畢撤床): 예를 끝내고 상을 치우다.
- 각종기소(各從基所): 신랑 신부 저마다 처소로 돌아간다.

이상으로 초례청에서 초례를 끝냄으로서 혼례식이 끝난다.

다. 상수(床需)와 사돈지(査頓紙)

상수는 신부 집에서 혼례식을 거행할 때 사용했던 음식을 신랑 집에 보내는 것을 말한다.

이때 보내는 물품명을 기록한 물목을 함께 보내는데, 이 물목은 육어주과포(肉魚酒菓脯)의 순으로 적고, '사돈지'라 하여 신부 어머니가 신랑 어머니에게 보내는 편지도 함께 보낸다. 이 상수와 사돈지로 신부 어머니의 음식 솜씨와 신부 집의 범절을 평가받는다.

[상수 송서장]

醮筵奉晤 暖如春風而遺香 尙留塵榻
초연봉오 난여춘풍이유향 상유진탑

不能鰍焉 謹未審漢回 返覇利利稅仁而
불능추언 근미심한회 반패이이세인이

庇鴻休否 區區所祝 不非尋常 查弟 劣狀
비홍휴부 구구소축 불비심상 사제 열장

如此 是可爲幸 弟允郞 淸儀美範
여차 시가위행 제윤항 청의미범

看看益奇 儘覺積德法之餘而法家之所敎
간간익기 진각적덕법지여이법가지소교

實過所望 自不勝喜悅 然 所謂禮需
실과소망 자불승희열 연 소위예수

未免存羊 愧汗 可極 惟待恕罪耳
미면존양 괴한 가극 유대서죄이

餘不備伏惟 鑑察
여불비복유 감찰

年 月 日
년 월 일

查弟Ｏ Ｏ Ｏ拜上
사제 배상

풀이 : 대례청에서 만나 본 신랑의 봄바람과 같은 훈훈한 향기가 아

직도 그 자리에 남아 있는 듯 하오니 어찌 잊으오리까. 삼가 돌이켜 보건대, 큰 기러기가 잠깐 쉬어간 듯 다시 보고 싶사옵니다. 신랑의 청수하고 아름다운 범절이 볼수록 기특하오니, 이는 덕을 쌓는 법가의 가르치심이라, 참으로 바라던 바 이상이오라 기쁨을 다 이기지 못하겠나이다. 그러나 저의 솜씨는 보잘것없어 부끄럽기 한량없사옵니다. 용서를 비올 뿐입니다. 굽이 살펴 주옵소서.

라. 우귀(于歸)와 현구례

우귀는 '신행(新行)'이라고도 하는데, 신부가 정식으로 신랑 집에 입주하는 의식이다. 현구례는 신랑의 부모와 친척에게 첫 인사를 하는 의식으로 우귀일에 한다. 이때 신랑의 직계존속에게는 사배씩 하고 술을 권한다. 이 경우 시조부모가 살아 있어도 시부모를 먼저 뵙고, 그 후에 시조부모를 뵙는다. 그 다음에 촌수나 항렬의 순서에 따라 인사를 드린다.

오늘날은 결혼식 당일에 예식장에서 폐백실을 이용하여 폐백을 올리는 것으로 대신하기도 한다.

(4) 폐백 준비

신부가 시부모에게 처음으로 드리는 예물로 부모가 먼저, 조부모가 나중에 받는다. 왜냐 하면 현구례(시부모를 뵙는 예)의 본뜻을 살리기 위함이다.

신부가 시아버지에게 올리는 폐백은 대추와 밤이다. 대추는 '아침 일찍부터 부지런함'을 의미하고 밤은 '두려움을 가지고'라는 뜻을 가지고 있으므로, "아침 일찍부터 두려운 마음으로 공경해 모시겠다"는 뜻이다. 시어머니에게는 육포(肉脯)였으나 꿩에서 닭으로 바뀌고 있다. 육포는 단수의 뜻으로 '한결같이 정성을 다해 모시겠다'는 의미가 담겨 있다.

가. 대추

대추는 한 말을 사서 잔 것과 벌레 먹은 것은 다 추려내고 깨끗이 씻어 정종 한 컵에 물 반 컵을 섞은 물로 골고루 묻힌 다음 뚜껑이 있는 그릇에 담아 따뜻한 아랫목에 7~8시간 묻어 두면 대추가 윤이 나며 적당히 부푼다. 이때 대추 꼭지를 파고 실백을 박아서 다홍실에 꿴다. 남은 실백은 꼭지를 단 뒤 솔잎에 꿰어 스무 개 정도씩 다홍실로 한데 묶어 장식한다. 폐백 때 대추를 쓰는 것은 대추는 신선의 선물로 장수를 뜻하고, 그것을 던져주는 것은 며느리가 아들 낳기를 바람에서다.

나, 편포

우둔살(소의 엉덩이살)이나 정육 열 근을 사서 기름과 힘줄을 골라낸 뒤 곱게 다져서 소금, 참기름, 후추에 재워서 두 덩어리로 만드는데 쟁반 길이로 맞춰 타원형으로 만든다. 그 위에 잣가루를 뿌려 청띠에 홍띠를 두른 뒤 폐백 판에 받쳐 쟁반에 담아 기름종이를 덮고 금전지를 단 분홍 겹보자기에 싸고 위는 근봉을 한다. 그러나 복중에는 이 편포가 상할 염려가 있으므로 준비하지 않아도 좋다.

다. 포로 할 때

우둔살 열 근을 쟁반 크기에 맞추어 길고 넓게 3Cm 두께로 저며서 소금, 후추에 주무르고 위에 참기름을 발라 채반에 말린다. 이때 겉이 꾸덕꾸덕해지면 뒤집어 놓는데 두서너 번 뒤집어 판판하게 고루 펴서 말린 다음 착착 포개어 보자기에 싸서 무거운 것으로 눌러 놓으면 더욱 판판하게 된다. 이것의 가장자리를 예쁘게 오려내고 다듬어서 8폭씩 두 묶음으로 나누어 청 · 홍사지로 감고 기름종이로 덮어 보자기에 싼다. 복중에도 상할 염려가 없으니 많이 준비해도 좋다.

라. 꿩이나 닭으로 할 때

꿩 폐백은 꿩 두 마리로 하는데 먼저 머리를 잘라내고 찜통에 쪄낸다. 찐 고기를 반듯하게 편 다음 빠득빠득하게 말려 보자기에 싸서 잠깐 누른 뒤 두 마리를 포개어 하나로 만들어 다시 누른다. 포개진 두 마리를 각각 청 · 홍사지로 묶고 목에도 청 · 홍사지를 감는다. 날개에는 색 있는 사지를 꼬챙이에 여러 색으로 각각 말아서 꿴다. 꿩이 없을 때에는 닭을 대신 쓰는데 닭의 머리는 그대로 둔 채 달걀지단을 만들어 실고추 등으로 닭 등에 뿌려 화려하게 꾸며 쓴다.

마. 폐백보(幣帛褓)

겉보자기는 폐백 상보로 사용하는데 가로, 세로가 100Cm 되는 홍색 겉보자기를 만들어 네 귀에 연두빛 금전지를 단다. 속보자기는 폐백마다 각각 따로 싸게 되므로 시부모만 계실 때는 2개, 시조부모가 계실 대는 4개를 준비하는데, 각 지방의 풍습에 따라 빛깔도 여러 가지이나 대개 다홍색으로 안팎을 곱게 박아 귀퉁이에 금전지를 달기도 하고, 크기는 폐백의 분량에 따라 차이가 있으나 가로 · 세로의 길이가 70Cm 정도면 된다.

바. 근봉(謹封)

폐백보는 잡아매지 않고 빳빳한 종이를 아래위 없이 둥글게 말아서 5Cm 정도 되게 자른다. 다음에는 길이로 근봉이라고 써서 보자기의 네 귀퉁이를 잡아 모아 근봉으로 끼운다. 근봉 위로 나온 술이 달린 네 귀를 각각 젖혀서 늘어지게 하면 위가 연꽃 모양으로 되어 아름답다.

사. 입맷상

신부가 폐백을 드리러 와서 준비할 동안 입맷상이라고 하여 국수장국에 수정과나 화채 등의 마실 수 있는 요기상을 준다. 신부는 이때 요기를 할 수 있다. 나중에 큰상을 받았을 때는 눈요기만 하는 것이지 많은 손님들 앞에서는 먹을 수 없기 때문이다.

아. 폐백 드리기

폐백 상만 펴놓고 신부를 신부 집 수모가 시어머니 앞으로 데리고 가서 큰절을 한 번 시키는데 이때 하님은 양쪽에서 어여머리를 붙잡아 준다. 두 번째 절을 하기 위해 일어났다 앉으면 수모는 폐백을 가져와 신부가 차려놓은 것처럼 신부 앞을 거쳐서 시부모 앞의 폐백상에 갖다 놓는다.

대추를 시아버지 앞에 놓고, 절 세 번을 한 다음 앉을 때 다시 반절을 하고 시어머니에게도 사배(四拜)를 드린다. 시어머니에게는 지방에 따라 다소 차이는 있으나 대추 대신에 포를 쓴다. 신부가 시부모에 대한 사배를 마치고 자리에 앉으면 시아버지는 대추를 며느리 치마 앞에 던져주면서 덕담을 한다. 이 대추는 첫날밤에 신부가 먹는다. 또한 시어머니는 신부의 흉허물을 덮어달라는 뜻으로 포를 어루만진다. 만일 시아버지가 없을 때에는 대추를 사용하지 않고, 고기만 놓고 폐백을 받으므로 사당에 고하고 폐백하고 나온 다음에 시어머니는 '이것이 너의 시아버지께서 주시는 것이다' 하며 대추 몇 개를 그릇에 담아서 며느리에게 준다. 또 시아버지만 계실 때는 대추만 드리지만 신부 집에서는 한쪽 부모만 생존했더라도 대추와 포는 모두 준비한다.

시부모에게 폐백을 드리고 나면 이 폐백을 수모가 물리고 빈 상만 놓아두고 다른 친척들에게 폐백을 드리게 한다. 시조부모가 계시다면 폐백을 따로 준비해야 하고 절차는 시부모에게 드릴 때와 똑같다. 시부모와 시조부모 외에는 폐백이 없고, 다음에 백숙부모를 함께 앉으시게 한 뒤 사배(四拜)씩 팔배(八拜)를 한다. 그 다음에는 시삼촌, 시고모에게는 두 분을 앉으시게 하고 사배를 한다.

(5) 현대식 혼례

흔히 신식혼(新式婚)이라 부르며, 전통 혼례에 비하면 간소하고 번거롭지 않아서 많이 활용되고 있다.

결혼식의 절차와 방법은 각 나라마다 나름대로 전통 풍습에 따라 다르지만 선진국일수록 그 절차나 방법이 간단하게 치러짐을 알 수 있다. 특히 유럽이나 미국에서 실시하고 있는 여러 혼례식은 우리나라의 옛날 혼례처럼 형식화된 절차 없이 교회나 지정된 장소에서 목사나 신부의 주례로 간략히 행해지고 있다.

우리나라의 옛 예식에 따른 혼례 절차는 너무나 번거로웠다. 그 근본정신은 좋으나 간결하면서도 정중하게 하는 것이 혼례의 진정한 절차라 하겠다. 따라서 현대 결혼식에 있어서도 옛 전통 혼례 의식의 정신은 잃지 않고 현대에 맞게 절차를 간소화하고 현대화하자는 뜻에서 가정의례준칙이 발표되었다.

가. 중매와 맞선

시대의 흐름에 따라 없어져 가는 관습도 있고 변하는 관습도 있다. 현대의 결혼은 여자들이 규방(閨房)에만 들어앉아 있는 시대가 아니다. 신랑의 성격은 고사하고 얼굴조차 보지 못하고 결혼하던 수동적인 결혼의 관습은 사라지고, 거의 자유로운 연애로 이루어지거나 중매를 할 때도 맞선을 보고 얼마간의 교제 과정을 갖는 것이 상례로 되어 있다.

중매자의 알선으로 쌍방의 양해를 얻어 일정한 장소에서 자연스럽게 인사를 나누고 서로를 소개하는 것이 맞선이다. 이때 양가의 어른이 동반하지만 경우에 따라서는 당사자끼리만 상면하는 수도 있다. 또한 서로 자연스런 대화의 분위기를 갖게 하는 방법을 취할 수도 있다.

여하튼 맞선이란 초대면인 만큼 서로 인사를 하고 대화를 나누어 인상과 용모를 살피고 쌍방이 불쾌한 점이 없다면 좀더 내부적으로 상대방의 가정환경, 성장과정과 인물됨 등을 알아보기 위해 교제를 하게 된다. 만일 교제 중에 마음에 들지 않으면 자연스럽게 절교하면 되는 것이다.

두 사람이 어느 정도 사귀어 서로를 알고 이해의 폭이 넓어져 애정이 생기면 양가 부모님의 허락을 받아 결혼할 것을 약속한다. 이와 같이 현대의 혼인은 당사자가 서로의 인격을 중요시하여 결정하는 것이 옛날의 혼인과 근본적으로 다른 점이다. 요즈음엔 결혼상담소가 생겨서 초혼, 재혼을 막론하고 중매자의 일을 전담하고 있어서 교제성이 없고 기회가 없었던 사람들에게 좋은 창구역을 하고 있다.

a. 맞선을 볼 때의 유의사항

- 너무 수줍어하거나 경솔한 언행은 삼간다.
- 웃음이 지나치게 헤프거나 묻지도 않은 말을 횡설수설하지 않는다.
- 가능하면 공평한 대화가 이루어지도록 유념한다. 일방적으로 자기 자랑만 늘어놓거나 곤란한 질문으로 상대방을 어리

둥절하게 만들어서는 안 된다. 특히 프라이버시에 관계 되는 부분에 대해서는 주의한다.

- 서로가 나누는 대화는 핵심적인 것을 간단명료하게 함으로써 지루하지 않도록 배려하고 품위를 지켜야 한다.
- 남성이 주로 대화를 이끌어가고 여성은 부드러운 표정으로 대화에 적극 동참한다.
- 비용은 공동 부담을 원칙으로 하나 형편에 따라 처리하는 것이 좋다.

b. 약혼(約婚) 및 약혼식

결혼에 앞서 양가의 합의하에 길일(吉日)을 받아 어른들을 모시고 친지들 앞에서 두 사람이 정혼(定婚)하였음을 알리는 것으로, 이 약혼식은 신부 집에서 소연을 베풀며 약식으로 치루어지는 게 보통이다.

약혼식의 절차를 보면 어디까지나 가족적인 분위기 속에서 약혼식에 참석하는 사람도 신랑 신부의 부모형제를 비롯하여 가까운 친족과 친구에 국한하는 것이 보통이고, 식 자체도 약혼을 공개하고 선물을 교환하는 정도에서 그치는 것이며 흔히 사주(四柱)도 이때 보내는 것이 보통이다. 이때 교환하는 선물은 약혼반지, 약혼시계 등이며 양가의 형편에 따라 늘리고 줄이고 할 수 있다.

[약혼서 서식]

약혼서

본적 주소 :
　　성명 : 년 월 일생
본적 주소 :
　　성명 : 년 월 일생

위 두 사람은 혼인할 것을 서약합니다.

첨부　1. 호적등본　1통
　　　2. 건강진단서　1통

동의자
　　(남자측)
　　(여자측)

약혼식순서

① 개식사
② 신랑 신부 약력소개
③ 예물교환
④ 약혼서 교환
⑤ 주례사
⑥ 케익 자르기
⑦ 가족소개
⑧ 폐식사

선물 교환이 끝나면 양인을 양가 친척들에게 일일이 소개시키고 양인에게 양가 친척들을 소개한다. 소개가 끝나면 약혼식은 끝난다.

이어서 간단한 회식(會食)에 들어가는데, 이때 가족들과의 대화가 있을 것이므로 피차 잘 아는 사이라도 언동에 조심해야 하고 정숙한 태도를 가져야 할 것이다.

#. 탄생석과 의미

1월 가넷트(석류석)	아름다운 우애, 정조, 충실
2월 애미디스트(자수정)	성실한 마음, 애정, 평화
3월 아쿼마린(남옥)	정열, 용감, 총명
4월 다이아몬드(금강석)	청순무구, 영원한 행복

5월 에매랄드(녹옥)	행복, 매력
6월 진주 · 문스톤(월장석)	건강, 장수
7월 루비(홍옥)	지성, 순수
8월 사도닉스(가람석)	행복, 화합
9월 사파이어(청옥)	청순, 덕망
10월 오팔(단백석)	우정, 희망, 인내
11월 토파즈(황옥)	사랑, 행복
12월 터키석	성공, 행운

나. 종교식 약혼

a. 기독교식 약혼

목사가 주례자 겸 사회자가 되어 식을 진행한다.

(교파에 따라 순서가 조금씩 다르지만 대개 다음과 같다)

- 개식사: 약혼식을 시작하겠다는 말을 하고, 간단한 성경 구절을 인용함으로써 약속의 중함을 양인에게 인식시킨다. 신랑과 신부를 중앙에 앉히고 식을 진행한다.
- 기도: 결혼할 때까지 하나님의 뜻 가운데서 살 수 있도록 보호해 달라는 의미의 기도를 한다.
- 문답: 성경책 위에 손을 올려놓고 약속을 한다.
- 선물: 주례 목사가 일단 받아서 공개한 뒤 신랑이 신부에게, 신부가 신랑에게 준다.
- 주례사: 하나님의 뜻 가운데서 하나님의 자녀답게 살라는 부

탁과 함께 약속은 신성한 것이니 순결한 교제를 해야 한다는 의미의 말을 한다.

- 찬송: 보통 생략한다.
- 폐식사: 식을 마친 뒤에 양가의 가족과 친척 소개가 있다. 폐회 이후의 여흥 순서는 임의로 하되, 이때의 사회는 대개 신랑 친구가 맡는다.

b. 천주교식 약혼

'한국 카톨릭 지도서'에 보면 천주교식 약혼에 대해 다음과 같이 기술하고 있다.

'약혼은 혼배를 하자는 계약이다. 약혼은 문서로 하고 두 당사자의 서명날인과 본당신부나 감목, 또는 두 증인의 서명날인이 있어야 한다. 당사자들이 글을 모르는 경우에는 두 증인의 그런 사유까지 기입하고 서명 날인해야 한다.'.

이와 같이 천주교식 약혼에 있어서는 문서(文書)가 중요하며, 약혼자는 교리(敎理)에 따라 육체관계나 한 집에서 동거하는 것을 절대 금하고 있다.

c. 불교식 약혼

불교식 약혼에 대해서는 예규(例規)인 석문의범(釋文儀範)에도 언급이 없다. 특별한 절차와 방법은 없으나, 불교식으로 하고 싶다면 스님을 초청하여 약혼 행사의 집전을 일임토록 하여 의식을 거행할 수 있다.

d. 천도교식 약혼

천도교의절(天道敎儀節)에는 약혼에 대해 별로 설명해 놓은 부분이 없다. 단지 '약혼시에는 당해자 및 가족 일동이 청수(淸水)를 봉전(奉奠)하고 종의 기도를 한 뒤, 주혼자(主婚者) 쌍방의 약혼서를 교환한다'라고만 기술되어 있다.

천도교식 약혼서에서도 약혼서를 교환하기로 되어 있다.

다. 결혼

a. 택일 및 청첩장

약혼식에서나 그 후에 사주(四柱)가 보내지면 신부 집에서는 택일하게 되고, 그 날짜를 신랑 집에 통고하면 신랑 집에서는 그대로 결정하거나 새로 날을 잡아 날짜를 결정하게 된다.

전에는 궁합(宮合)이라는 것을 중시하여 택일하였는데, 이것은 신랑 신부의 생년월일시를 오행(五行)에 맞추고 그 상생(相生), 상극(相剋)을 보아서 길흉을 점치던 방술(方術)이다. 혼인 때 궁합을 보는 것은 우리나라에서만 있었던 일인데 이것이 가져왔던 부작용은 컸다. 오늘날의 시대에 궁합에 구애되는 것은 문화인의 수치라 하겠다.

택일은 보통 주말로서 예식장의 형편이라든지 당사자의 사정 및 손님의 참석 등 지장이 안 생길 일시(日時)를 정하는 것이 좋다.

청첩장은 보내지 않으면 정말 섭섭해 할 사람과 진실로 축복해 줄 사람에게만 보내는 것이 좋다. 청첩장은 적어도 결혼 1~2주일 전 까지는 발송될 수 있도록 해야 한다.

축하객 각자의 예정된 스케줄도 또한 분망하므로 그 예정에 여유 있게 참석할 수 있도록 시간을 주는 것이 예의이다.

[청첩장 양식(예1)]

請牒狀

OOO氏 次男 OO君

OOO氏 次女 OO孃

이 두 사람의 婚禮를 OOO博士의 主禮로 O月 O日(O요일(曜日) 上午 O時 OO禮式場에서 擧行하게 되었사오니 光臨의 榮을 베풀어 주시옵기 敬望하나이다.

年 月 日

右人代表 OOO

OO氏 座下

[청첩장 양식(예2)]

삼가 아뢰옵니다.

OOO씨 장남 OO군

OOO씨 장녀 OO양

이 두 사람은 어버이 기리신 바요 본인들이 백년가약의 뜻을 여러 어른들과 벗을 모시고 화촉을 밝히고자 하오니 부디 오셔서 복된 자리를 더욱 빛내 주소서.

곳: OO예식장(서초, 동)

때: 년 월 일 시(음 월 일)

주례 OOO

청첩인 OOO

OOO 귀하

b. 혼수 준비와 함 보내기

● 혼수 준비

경제성장으로 호화 혼수 경향이 많은 요즈음 여유 있는 가정일지라도 되도록 검소한 혼수 장만을 하여 결혼의 본 의미를 손상시키는 일이 없어야 하겠다.

신부 측에서 마련할 혼수는 크게 나누면 신부 자신의 옷과 침구, 가구, 부엌용품, 시댁에 드릴 예단 등인데 대충 예를 들면 의류로 신부의 한복 2벌, 양장 2벌, 내의와 잠옷 등을 준비하고 이불 두 채와 요 두 장, 담요를 사며, 가구로 옷장과 화장대, 부엌용품으로 전기밥솥과 커피세트, 7첩 반상기, 전기다리미 등을 갖추게 된다. 여기에 신랑의 양복, 시계, 시부모님의 한복 각 한 벌, 다른 시가 쪽에 줄 선물 등이 추가된다.

신랑 측에서 신부 측을 위해 마련할 품목은 양단 치마 두 벌, 함(트렁크), 반지, 시계 등이다.

단, 신랑 신부의 가정 사정이 있을 경우 간소하게 한다.

● 함 보내기

함은 결혼식 전날 저녁때 보내는 것이 일반적이다. 함의 내용물은 재례의 관습과 대략 같으나 당사자들의 희망에 따라 늘리고 줄일 수 있으며 엄격한 제약은 없다. 또 함이라고 하지만 일반적으로 트렁크나 가방을 이용하여 멜빵만을 걸어서 신부 집으로 들어갈 때 메고 들어간다.

신부집에서 받는 절차도 이미 말한 재래의 절차와 대략 같으나, 많이 간소화되어 번거로운 점은 생략된 것이 많다. 함을 지고 온 함진아비와 그것을 받을 신부 집 사이에 선의의 실랑이가 벌어져 시간을 끌며 한결 흥겹게 만드는 경우도 많으나, 장난이 지나쳐 서로의 감정을 건드리거나 다툼을 하는 일은 없도록 해야 한다.

c. 결혼식

● 예식장

예식장은 정면을 향하여 왼편, 신랑 측의 오른편을 신부 측으로 하는 일이 많으나 꼭 갈라놓아야 할 이유는 별로 없다. 하객석의 중앙이나 양편에 신랑 신부가 들어오고 나가는데 불편이 없도록 통로를 마련해 두는 것이 편리하다. 될 수 있으면 하객들의 좌석보다 신랑 신부가 설 자리를 조금 높게 마련하면 예식 진행이 편리할 것이다.

이상은 임시로 예식장을 마련할 때 참고가 되는 것으로, 결혼을 전문으로 하는 영업적인 예식장은 손색이 없는 설비가 구비되어 있어 젊은 남녀가 몸만 들어가면 불과 몇십 분 후 부부가 되어 나온다.

● 개식(開式)

예식 시간이 되면 시작하기 직전에 사회자가 큰 목소리로 '여러분, 곧 식을 거행하겠습니다. 자리에 착석하시기 바랍니다'라고 주의를 환기시킨다. 신랑, 신부의 부모 또는 혼주(婚主)는 앞자리에 좌정한다. 정돈된 것을 확인하는 동안 주례(主禮)가 등단한다.

주례 등단이 끝나면 사회자는 '지금부터 신랑 OOO군과 신부 OOO양의 결혼식을 시작하겠습니다'라고 선언한 다음 곧, '신랑 입장이 있겠습니다'라고 선언한다. 신랑이 주례 오른편에서 돌아보면 사회자가, '신부가 입장하겠습니다'라고 말한다. 신부는 집

안 어른의 인도를 받아 음악에 맞춰 들어온다. 이것을 보고 있던 신랑은 신부가 정면 단으로부터 7~8보 거리에 왔을 때 단에서 내려가 신부 편 어른에게 가볍게 예를 하고 신부의 왼편으로 다가선다.

신부 오른편에서 인도하던 어른은 신부를 신랑에게 인계하고 자리로 돌라간다. 신랑은 신부의 왼편에서 신부를 인도해서 등단한다. 물론, 주례 오른편에 신랑, 왼편에 신부가 서게 된다. 사회자는 여기까지 확인한 다음에 다음 식순으로 넘어간다.

● 신랑 신부의 맞절

사회자가 '신랑, 신부의 맞절이 있겠습니다' 하고 말하면, 주례는 나직한 목소리로 신랑, 신부에게 말해 마주 향해서 서게 한다. 이때 신랑, 신부는 150Cm 이상 떨어져서 서는 것이 좋다. 그렇게 하지 않으면 이마가 마주 닿는 경우도 있고, 신랑의 활발한 동작 때문에 이마를 받혀서 신부가 당황하는 경우도 있다.

이때 신랑, 신부는 굽히는 동작을 서로 맞추도록 주의할 필요가 있다. 신랑이 코가 땅에 닿도록 굽히고, 신부는 약간 굽히다가 그만 두면 그것이 보는 이로 하여금 웃음을 자아내게 한다. 맞절이 끝나면 다시 먼저대로 주례를 향해 서는데, 신랑, 신부의 거리는 신랑의 오른팔과 신부의 왼팔이 약간 떨어질 정도가 좋다.

● 신랑, 신부 서약(誓約)

사회자는 '지금 여기 계신 여러분을 증인으로 모신 가운데, 주례님의 침례로 신랑, 신부의서약이 있겠습니다'라고 말한다. 주례가 신랑, 신부에게 서약의 내용을 물으면 신랑, 신부는 '예'나 또는 '네'라는 대답을 가지고 서약하는 형식으로 되어 있다.

구미(歐美) 각국에서는 대부분의 나라가 신랑, 신부의 신자(信者) 여부를 막론하고 혼인 예식을 통해서 교회식으로 서약을 하고 있다. 그러고 보면 전 세계가 고금을 막론하고 결혼식을 통해 서약을 한다는 사실을 알 수 있다.

서약이 끝난 뒤 예물(禮物)이 준비되어 있으면 증정하도록 한다. '예물 증정이 있겠습니다'라고 사회자는 소개한다. 예물은 주고받지 않아도 좋고, 신랑이 신부에게만 주어도 좋다. 이때 주례는 예물 내용을 내빈들에게 공개하는 것이 일반적이지만 신랑, 신부가 원치 않을 경우에는 공개하지 않아도 무방하다.

● 성혼 선언(成婚宣言)

사회자는 '이제 주례님께서 혼인이 원만히 이루어졌다는 성혼 선언을 해 주시겠습니다'라고 말한다. 예식장에 모인 집안 어른, 하객들이 모두 이 결혼의 증인이 되는 셈이다. 그리고 주례는 다음과 같은 양식에 의해서 성혼을 선언한다.

[혼인 서약]

신랑 OOO 군과 신부 OOO 양은 어떠한 경우라도 항시 사랑하고 존중하며 진실한 남편과 아내로서의 도리를 다할 것을 맹세합니까?

[성혼 선언]

이제 신랑 OOO 군과 신부 OOO 양은 그의 일가 친척과 친지들을 모신 자리에서 일생 동안 고락을 함께 할 부부가 되기를 굳게 맹세하였습니다. 이에 주례는 이 혼인이 원만하게 이루어진 것을 여러분 앞에 엄숙하게 선언합니다.

년 월 일

주례 OOO

● 주례사(主禮辭)

사회자가 간단히 주례의 신상을 소개하면 주례는 주례사를 한다.

주례는 간단하고도 교훈이 되며, 격려가 되는 내용의 축하를 한다. 여기서 주의할 점은 자기선전이나 정치 연설 같은 내용이어서는 안 된다는 것이다. 젊은 내외의 지침이 되고, 감명이 깊은 내용으로 5분~10분 정도의 시간 동안 이야기하는 것이 좋다.

주례사가 끝나면 전에는 내빈의 축사(祝辭)가 있었는데 요즈음은 볼 수 없고, 축전이 있으면 이때 사회자가 소개토록 한다. 또

축가를 부르는 경우가 많은데 곡의 선택에 유의해야 한다.

● 신랑, 신부 인사

사회자가 '신랑, 신부가 내빈 여러분께 성혼 인사를 드리겠습니다'라고 말한다.

주례는 신랑과 신부를 선 자리에서 그대로 뒤로 돌아서게 한 뒤에 두 사람에게 계단 아래로 내려가서 서도록 다시 명한다. 그리고 '신랑, 신부 내빈께 인사!'하고 구령을 한다. 내빈 일동은 박수로 축하해 준다. 이것이 끝나면 앞에 앉아 있던 양가의 부모는 일어나서 손님들이 퇴장할 곳으로 가서 선다. 나중에 식이 끝나면, 돌아가는 손님들에게 고맙다는 인사를 하기 위해서이다.

● 신랑, 신부 퇴장

사회자가 '이제 신랑, 신부가 희망찬 내일을 향해 출발하는 절차가 있겠습니다. 내빈들께서는 신랑, 신부의 새 출발 절차가 끝날 때까지 자리에 앉아 계시며 축하해 주시기 바랍니다'라고 말하고 신랑, 신부를 향해 '신랑, 신부 행진'하고 구령을 부른다. 신랑, 신부는 장소의 형편을 보아 적당히 행진한다. 이때 신랑은 왼팔을 굽혀 손이 배꼽 위에 놓이도록 하고, 신부는 오른손으로 신랑의 팔짱을 끼고 행진한다. 신랑, 신부는 행진이 끝나면 오래 지체하지 말고 앞쪽으로 돌아와 사진 촬영 준비를 한다.

d. 결혼 축하

- 혼례(婚禮)꽃: 결혼식에서 꽃을 다는 사람은 신랑, 신부 양가의 부모와 주례자이고, 가정의례준칙에 의해 꽃다발이나 화분, 또는 이와 비슷한 장식물의 진열이나 사용은 금지되어 있다.
- 축전(祝電): 결혼식에 참석할 수 없는 경우에는 축전을 보내 축하의 뜻을 전하는 것이 예의이다. 축전을 보낼 때는 도착하는 시간을 생각해서 미리 보내도록 한다.
- 부조(扶助): 부조는 선물이나 돈을 보내 축하의 뜻을 나타내는 것이다. 축하금을 보낼 때는 깨끗한 종이에 싸고 단자(單子)에 써서 함께 넣어 보내는 것이 관습이다.

돈을 넣는 봉투는 깨끗한 겹봉투를 사용하고, 선물일 때는 단자만을 봉투에 넣고 물건은 따로 포장해서 보낸다.

단자란 부조하는 금품이나 품목을 적은 종이이고, 단자를 접을 때는 축하 문구와 상대방의 성명이 쓰인 곳에 줄이 생기지 않도록 조심한다. 단자를 사용하지 않고 봉투만 사용할 경우에는 봉투 양쪽에 축하 문구를 쓰고 약간 아래쪽에 품목의 내용을 표시한다.

라. 종교식 결혼

a. 천주교식 결혼

천주교식 결혼은 성당에서 신부가 주례가 되어 의식을 거행하며, 신랑, 신부가 모두 카톨릭 신자여야 한다. 결혼식은 엄격한 성교예규(聖敎禮規)에 따라 거행되며 이혼이 성립되지 않는다.

[단자 쓰는 법]

○○○ 貴下	○○○ 謹呈　年 月 日	一金 원整	祝 華 婚

○○○ 謹呈	年 月 日	○○○ (物目)	令胤(또는 令愛) 婚姻時	○○○ 先生宅

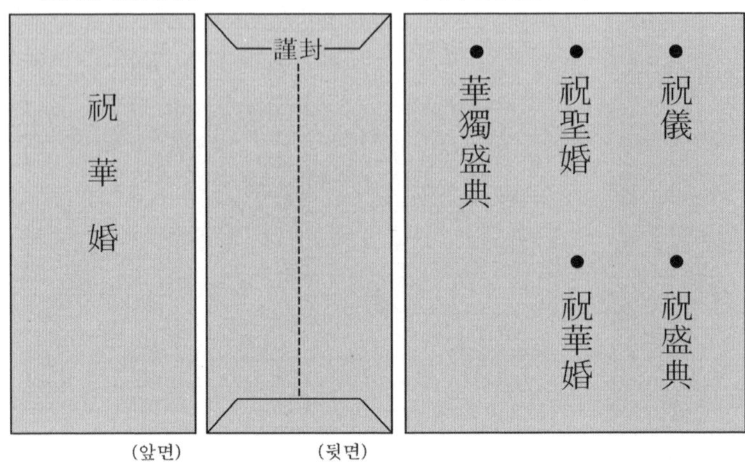

남녀 간에 혼인 의사가 성립되었을 때 결혼할 두 사람과 부모는 신앙에 바탕을 둔 혼인이 되게 하기 위하여 본당 신부(神父)를 찾아가 신자로서의 준비와 예식에 대한 지도를 받아야 한다.

혼인 수속을 진행시키기 위해서는 당사자들의 성명 · 본명 · 생년월일 · 본적 · 현주소 등을 기입한 혼인신청서를 제출해야 한다. 본당 신부는 한 사람씩 직접 만나 혼인 전 진술서를 작성하며, 혼인이 가능하다는 것을 증명할 증인(친구나 친척)을 만나 본다.

혼배 미사는 신부가 혼인하는 부부에게 강복을 비는 기도문으로 된 특별한 미사이다. 천주교의 결혼식을 천주교에서는 혼배(婚配) 미사라고 하며, 천주교의 결혼식 식순은 각 성당이나 주례에 따라 조금씩 다르지만 보통 다음과 같다.

축의금 쓰기(예)

○○○(物日)

두분의 百年街約을 祝福드리며
간결하나 祝賀의 뜻을 표합니다。

年 月 日
○○○(謹呈)

新郎 ○○○氏 貴下

결혼을 축하합니다.

금 ○○○ 원

년 월 일

○○○ 드림

○○○ 군
○○○ 양 두 분께

● 식순

– 신랑, 신부 입장: 입당송(시편 19 · 3 · 5)과 본기도를 한다.

– 말씀의 전례: 제1독서(창세기), 재2독서(고린도전서), 복음(마태복음).

– 강론.

– 혼례식: 신랑, 신부의 동의에 이어 반지 축성과 예물 교환.

– 신자들의 기도.

– 성찬의 전례: 봉헌 기도, 감사송, 영성체송, 영성체 후 기도, 미사 끝 강복.

– 신랑, 신부 퇴장.

b. 기독교식 결혼

혼례 장소는 대개 교회이며, 격식은 각 교회마다 조금씩 차이가 있으나 사회와 주례를 목사가 전담한다. 예식비는 헌금으로 대신한다. 일요일은 예배 관계로 식을 올릴 수 없으므로 평일이나 토요일을 이용한다.

● 식순

– 주례 등단: 사회자의 개회 선언으로 주례인 목사가 등단한다.

– 신랑, 신부 입장: 신랑이 먼저 입장하고, 신부는 아버지와 함께 결혼행진곡에 맞추어 입장한다.

- 예배 의식: 목사의 주도에 의해 결혼에 관련된 찬송가, 기도, 성경 낭독, 성가대 찬양 등의 예배 의식이 진행된다.
- 설교 또는 주례사: 목사가 결혼의 의의와 중요성을 설교하고 축하를 해준다.
- 서약: 신랑, 신부가 서약을 한다.
- 예물 교환: 일반 결혼식과 같이 시계와 반지를 교환한다.
- 혼인 신고서에 서명 날인: 준비된 혼인 신고서에 신랑, 신부가 각각 서명 날인하며, 증인난에 주례자가 서명 날인한다.
- 축복 기도: 결혼이 원만하게 이루어진 것을 감사드리는 기도를 올린다.
- 성혼 선언: 주례가 내빈을 향해 두 사람이 부부가 된 것을 선언한다.
- 축가: 결혼을 축하하는 성가를 부른다.
- 가족 대표 인사: 주례자나 가족 대표가 내빈에게 감사의 인사를 하고, 알릴 사항을 말한다.
- 찬송가: 일동 하나님의 은혜에 감사하는 찬송가를 부른다.
- 축복 기도: 모두 자리에서 일어나 축복 기도를 드린다.
- 신랑, 신부 인사: 신랑, 신부가 내빈께 인사한다.
- 신랑, 신부 퇴장.

c. 불교식 결혼

불교식 용어로 '화혼식(華婚式)'이라고 한다. 사찰에서 하는 결혼식은 불교 신자가 아니라도 가능하고 비용도 저렴하다. 사찰의 본당인 대웅전에서 올리는데, 정면으로 불단과 그 앞에 사혼자(司婚者)인 스님의 좌석이 있고, 불전을 향하여 오른쪽에 신랑, 왼쪽에 신부가 자리한다. 이 좌석에 다라 양가의 친족석이 마련된다. 사회와 주례는 사혼자인 스님이 맡는다. 불교 용어로 신랑을 '우바새', 신부를 '우바이'라고 한다.

● 식순

- 개식: 종을 다섯 번 친다.
- 내빈 참석: 안내자가 신랑 신부 양가를 선두로 내빈을 인도하는데 음악이 있어도 상관없다.
- 주례법사 등단: 화동, 화녀의 안내로 주례인 사혼자가 들어온다.
- 신랑, 신부 입장: 주악이 울리는 가운데 화동, 화녀의 안내로 신랑, 신부가 들어온다.
- 삼귀의례(三歸依禮): 사혼자가 불전에 향을 사르고 불보(佛寶), 법보(法寶), 승보(僧寶)에 귀의한다는 독경을 하면, 모두 일어서서 경배한다. 사혼자가 경을 읽을 때는 모두 머리 숙이고 경청한다.
- 신랑, 신부 불전에 경례: 불전에 삼배(三拜)를 한다.

– 경백문(敬白文) 낭독: 고천문(告天文)과 같은 것으로 석가모니와 조상에게 화혼식을 보고한다.

– 상견례: 신랑, 신부가 마주 서서 반절을 한다.

– 헌화: 신랑은 다섯 가지 꽃을 불전 탁자 동쪽에 놓고, 신부는 두 가지 꽃을 불전 탁자 서쪽에 놓는다. 이때 꽃이 준비되지 않았으면, 소향(燒香)이라 하여, 신랑, 신부가 향을 피우는 것으로 대신한다.

– 염주수여(念珠授與): 불전에 바쳤던 염주를 수종드는 스님이 사혼자인 스님에게 건네준다. 사혼자인 스님은 이를 받아 흰 술이 달린 염주는 신랑에게 주고, 붉은 술이 달린 염주는 신부에게 건네준다. 이 의식은 기독교에서의 반지 교환의 뜻과 동등한 의미가 있다.

– 유고(諭告) 및 선서: 유고란 사혼자의 훈서를 말하는데, 신랑, 신부는 사혼자가 묻는 말에 반절로 답한다. 유고가 끝나면 곧 선서를 한다. 이는 곧 일반 예식에서의 신랑, 신부 서약, 성혼선언과 같은 것이다.

이상으로 혼례의 절차가 모두 끝나면 일동은 일어서서 합장하고 불전을 향해 절한 다음 퇴장한다. 퇴장은 신랑, 신부를 선두로 하여 신부는 신랑의 왼쪽에서 걸어 나간다. 친척들은 신랑, 신부가 퇴장하면 웃사람부터 일단 정면 불단 앞을 돌아 식장 밖으로 나간다.

위의 불교식 결혼 가운데 고유문 낭독은 전세의 인연으로 두 사람이 화혼하게 됨을 본존(本尊)과 조상에게 올리는 경문을 말한다.

전세(前世)이 인연(因緣)이란 수천만의 남녀들 중에서 남편이 되고 아내가 되는 것은 매우 깊은 인연으로, 이 전세의 인연은 불교철학의 중요 근간을 이루는 관념이다.

(6) 신혼여행

요즘은 신랑, 신부가 옛날처럼 2~3일간의 긴 피로연을 하지 않기 때문에 결혼식이 끝나면 곧 신혼여행을 떠난다. 신혼여행은 신랑, 신부 단둘이서만의 인생의 첫출발이자 영원한 추억으로 남을 밀월여행이지만 출발 시간을 좀 여유 있게 하는 것이 좋다. 멀리서 오신 친척들과 하객들에게 인사드리고 가는 것이 예의이다.

여행지 선택은 둘이 의논해서 정하는데 교통편, 숙박시설, 근래의 사정 등을 알아보고 정한다. 신혼여행은 대부분 결혼식 당일에 떠나므로 미리 짐을 챙겨 두어야 하는데 될 수 있는 한 간단하게 한다. 신랑은 항상 신부를 보호하려는 마음으로 아껴주며, 세심하게 마음을 써서 보살펴 주어야 한다.

가. 호텔 이용법

a. 체크 인(Check In)

호텔 출입구에 있는 프런트에서 숙박 카드를 쓴다. 숙박 카드에는 주소 · 성명 · 나이 · 직업 · 숙박 일수 등을 기록한다. 기록이 끝나면 벨 보이를 따라 지정된 방까지 가는데 짐은 벨 보이가 방까지 들어다 준다.

b. 입실

열쇠로 열고 방에 들어온 뒤 모르는 것은 벨 보이에게 묻는다. 호텔 실무자들 얘기에 의하면 사용법을 몰라 난방이나 냉방 장치를 켜지 않고 잠을 자는 경우도 있다고 한다.

우리의 생활은 호텔 생활이 별로 필요하지 않게 되어 있다. 그러므로 객실 이용법을 잘 모르는 것은 전혀 창피한 일이 될 수 없으니 확실하게 묻고 이해해서 보다 편하게 지낼 수 있도록 한다.

c. 식사

규모에 따라 차이는 있지만 호텔 안에는 대개 여러 개의 식당이 운영되고 있다. 방에 준비되어 있는 가이드 북(안내서)을 보고 기호에 맞는 식당을 골라 찾아가도록 한다. 식당에 가지 않고 방에서 식사를 하고 싶으면 룸서비스를 요청한다. 식사는 충분한 시간을 가지고 여유 있게 한다. 술은 반주 정도로 분위기를 조성하는 것이 좋으며 과음은 피한다.

d. 외출

방에서 나올 때는 반드시 열쇠를 가지고 나와야 한다. 만일 열쇠를 방 안에 두고 문을 잠갔다면 프런트에 있는 마스터키로 열어야 한다. 호텔 밖으로 나갈 때는 열쇠를 프런트에 맡겼다가 들어갈 때 받아가도록 한다. 호텔에서는 열쇠의 유무로 손님의 출타 여부를 알 수 있기 때문이다.

e. 세탁

호텔에서는 작은 것이라도 욕실 내에서의 빨래는 금지되어 있다. 양복장 안에 있는 비닐로 된 세탁물 주머니에 넣고, 전표에 방 번호와 품명을 적어 당번에게 건네준다.

f. 모닝콜(Morning Call)

아침에 시간 약속이 있거나, 일출 광경을 볼 계획으로 정해진 시간에 일어나고 싶으면 미리 호텔 교환대에 방 번호와 시각을 일러둔다. 그러면 다음 날 아침 교환대에서 전화벨을 울려 깨워준다.

g. 팁(Tip)

우리나라에서는 외국에서처럼 반드시 주어야 하는 것은 아니지만, 신혼부부에게는 많은 신경을 써주므로 약간의 팁을 주어도 좋다.

h. 침대

침대는 낮에는 커버를 씌워두고, 저녁이 되면 룸 메이드(당번)가 와서 잠자리를 보아준다. 저녁때가 아니라도 당번에게 부탁하면 잠자리를 보아준다. 단, 침대 위에서 담배를 피우지 못하게 되어 있으므로 반드시 의자에서 피우도록 해야 한다.

i. 일용품

방 안에 비치되어 있는 물품들 중에는 가지고 갈 수 있는 것과 없는 것이 있다. 호텔 전용의 편지지, 전보지, 안내 책자, 성냥 등은 가지고 갈 수 있으나 가이드북, 전화번호부, 메뉴판, 수건, 옷걸이 등은 가져갈 수 없으므로 반드시 지킨다.

j. 체크아웃(Check Out)

투숙을 끝내고 나가는 것을 말한다. 숙박 요금을 지불할 때 원래 요금의 10%인 서비스료와 10%의 세금이 가산되므로 미리 염두에 둔다. 12시 이전에 나가야 하며, 계속 있으면 시간에 비례한 할증료를 내야 한다.

(7) 혼인의 성립

혼인 신고는 부부가 되었다는 것을 법률적으로 인정받는 수속이다. 민법 제812조 1항에 따르면 "혼인은 호적법에 정한 바에 의하여 신고함으로써 그 효력이 발생한다"라고 혼인 성립에 관해 규정하고 있다.

아무리 결혼식을 올렸다 해도 법률로 정한 혼인 신고를 하지 않으면 법률상 혼인한 것으로 인정되지 않는다.

또 제812조 2항에는 "전(前)항의 신고 당사자 쌍방과 성년자인 2인의 증인이 연서한 서면으로 하여야 한다"고 규정하고 있다. 혼인 신고를 게을리 했다가 부부 생활 도중에 부당한 대우를 받거나 이혼을 당하고도 떳떳하게 법률상 구제의 길을 찾지 못해 억울함을 당하는 사람이 많았다.

혼인 신고를 게을리 하여 법률상 부부로서의 불이익을 받지 않도록 신경을 써야 한다. 행복하게 시작했던 결혼이 비극으로 끝나지 않도록 명심해야 할 것이다.

가. 신부의 생활 예절

a. 시가(媤家)와 친정(親庭) 사이

여자는 출가외인이라는 말이 있듯이 친정과 시가 사이에 필요 이상의 물질 거래는 하지 말아야 하며 정신적(精神的)으로 가까이 지내도록 노력해야 한다.

새댁이 친정에 와서 시가 흉을 본다거나 시집살이가 힘들다고

어머니에게 하소연하는 것도 금물이다. 딸을 시집보낸 후 가뜩이나 섭섭한 중에 이런 가슴 아픈 소리까지 듣게 되면 딸을 가진 어머니는 늘 걱정과 염려를 하기 때문이다. 되도록 시가의 좋은 가풍이나 재미있고 즐거웠던 이야기를 들려주는 것이 친정 부모에 대한 시집간 딸의 효도라고 생각한다.

시가에서는 좋은 딸을 보내주셔서 고맙다고 항상 생각하도록, 친정에서는 아무것도 모르는 자식을 잘 돌봐 준다고 고맙게 여기도록 중간에서 주의하는 것이 바람직한 새댁의 자세일 것이다.

[혼인신고서]

장 귀하 　　　　　　　　　　　　　　　　　　　　　　　　년 월 일

<table>
<tr><td colspan="2">구 분</td><td colspan="4">부(夫)</td><td colspan="4">처(婦)</td></tr>
<tr><td rowspan="6">당사자</td><td>본 적</td><td colspan="4"></td><td colspan="4"></td></tr>
<tr><td></td><td>호 주
성 명</td><td></td><td>호주와
의 관계</td><td></td><td>호 주
성 명</td><td></td><td>호주와
의 관계</td><td></td></tr>
<tr><td></td><td>세대주
성 명</td><td></td><td>세대주와
의 관계</td><td></td><td>세대주
성 명</td><td></td><td>세대주
와 관계</td><td></td></tr>
<tr><td>주 소</td><td colspan="4"></td><td colspan="4"></td></tr>
<tr><td>성 명</td><td colspan="4"></td><td colspan="4"></td></tr>
<tr><td>출 생
년월일</td><td colspan="4">서기 년 월 일</td><td colspan="4">서기 년 월 일</td></tr>
<tr><td rowspan="4">부 모
성 명
및
본 적</td><td rowspan="2">부</td><td colspan="4">본적</td><td colspan="4">본적</td></tr>
<tr><td colspan="4">성명</td><td colspan="4">성명</td></tr>
<tr><td rowspan="2">모</td><td colspan="4">본적</td><td colspan="4">본적</td></tr>
<tr><td colspan="4">성명</td><td colspan="4">성명</td></tr>
<tr><td rowspan="4">양친성명
및
본 적</td><td rowspan="2">양
부</td><td colspan="4">본적</td><td colspan="4">본적</td></tr>
<tr><td colspan="4">성명</td><td colspan="4">성명</td></tr>
<tr><td rowspan="2">양
모</td><td colspan="4">본적</td><td colspan="4">본적</td></tr>
<tr><td colspan="4">성명</td><td colspan="4">성명</td></tr>
<tr><td colspan="2">혼인해소년월일</td><td colspan="4"></td><td colspan="4"></td></tr>
<tr><td colspan="2">신 본 적</td><td colspan="4"></td><td colspan="4"></td></tr>
<tr><td colspan="2" rowspan="3">수반입적자</td><td colspan="2">성 명</td><td colspan="2">분가자와
의 관계</td><td colspan="2">성 명</td><td colspan="2">분가자와
관 계</td></tr>
<tr><td colspan="2"></td><td colspan="2"></td><td colspan="2"></td><td colspan="2"></td></tr>
<tr><td colspan="2"></td><td colspan="2"></td><td colspan="2"></td><td colspan="2"></td></tr>
<tr><td colspan="10">기타사항</td></tr>
</table>

b. 남편(南便)이 외아들인 경우

예부터 '며느리 발뒤꿈치는 달걀 같다'라는 말이 있듯이 외며느

리의 시집살이는 어려운 것이다. 며느리도 여럿을 거느려 보면 모두 개성이 달라 생각들도 각각인 것을 쉽게 알고 이해할 수 있지만 며느리가 하나가 되고 보면 비교가 되지 않고, 결국 단점만 눈에 띄고 장점은 보지 못하게 되기 때문이다. 그 까닭은 모든 사랑을 외아들 하나에 쏟아오다가 며느리가 들어와 아들의 사랑을 독차지하는 것처럼 보이기 때문에 시어머니는 자연히 며느리가 미워지는 것이다.

외며느리는 시어머니의 이런 심정을 잘 이해하여 시어머니가 섭섭하지 않도록 해 드려야 할 것이다. 그러므로 외며느리는 여느 며느리보다 마음을 갑절 더 쓰며 노력해야겠지만, 여러 며느리가 받는 귀여움을 혼자 독차지할 수 있는 좋은 점도 있다.

c. 시누이와 사이좋게 지내려면

옛말에 '시누이는 올케의 눈엣가시이고, 올케는 시누이의 눈엣가시'라고 하였다.

시누이와 올케는 서로 세대(世代)가 같아 가까운 벗이 될 가능성이 많다.

올케와 시누이는 누구보다도 가정의 분위기를 다정하고 원만하게 이끌어 가는데 서로 힘이 되어 주어야 할 것이며 나이 차이가 많은 아버지 · 어머니와 올케 사이에 다리를 놓아 주어야 할 것이다.

사랑은 주면 반드시 돌아오는 것이다. 친정에 남겨 놓고 온 친동생보다 앞으로 조금이라도 더 같이 살게 되는 시누이가 더 가까워야 되고 또 그렇게 되기까지는 많은 노력과 인내가 필요하다.

d. 가정의 비밀은 서로 지킨다.

남에게 집안 식구를 나쁘게 이야기한다든가 집안일을 입 밖에 이야기함으로써 여러 가지 좋지 않은 일이 발생하는 경우가 많다.

어느 가정에나 남에게 알리고 싶지 않고, 남이 알아서는 안 될 비밀이 있다.

이런 비밀은 누구에게든지 말하지 않아야 하는 반면, 집 안에서는 서로 숨김없이 지내는 것이 좋다.

e. 집안에 환자(患者)가 있을 때

아무리 건강한 가족이라도 때로는 병석(病席)에 눕는 일이 있다. 환자를 간호하는 데 있어서 주부가 맡아야 할 역할은 매우 크다. 환자의 음식이나 약, 또는 병실 등을 깨끗이 함은 물론 나약해진 환자의 마음을 위로하여 홀가분하고 명랑하게 지낼 수 있도록 세심한 주의를 해야 할 것이다.

특히 결핵 질환(結核疾患) 등 장기의 안정과 치료를 요하는 환자에게는 늘 명랑하고 조용한 기분을 갖도록 힘써야 한다.

f. 집안 어른의 의사를 존중한다.

한 가족 안에서도 구세대와 새로운 세대의 대립은 나라나 사회가 그런 것처럼 여러 가지 모양으로 반복되고 있다. 더욱이 생활 양식이 급속히 변해 가고 있는 요즈음에는 신 · 구세대간의 의견 대립이 나날이 심각해지고 있다.

의견 대립이 생기는 경우 젊은이들은 경험이 많고 모든 일에 보다 현실적이고 실제적인 노인의 의견을 공손히 듣는 겸양이 있어야 한다는 것을 알아두어야 할 것이다. 아무리 젊은이의 생각이 옳다고 해도 어른들의 눈으로 보면 반드시 결함이 있는 법이며, 이론보다는 실제로 겪은 경험이 더 정확하고 귀중한 것일 수 있기 때문이다.

g. 시어머니를 더욱 공경하라

옛날부터 시어머니는 며느리에게 좋게 대해 주지 않는다고 하는 강박관념(强迫觀念)이 머리에 못박혀있다. 그러나 이런 선입관은 버려야 한다. 이러한 선입관 때문에 오히려 더욱 서먹하고 지나친 긴장을 하게 되어 고부간의 거리는 더욱 멀어지기 쉽다.

만일 시부모의 사소한 성화를 받을 때마다 일일이 반발하면 시부모와는 물론, 잘못하면 부부의 불화로까지 발전할 수 있다.

가정생활의 파탄은 이러한 며느리의 참을성 없고 사려(思慮) 없는 태도에서 많이 발생한다. 내 부모가 있기에 내가 있듯이, 시부모가 있기에 내가 사랑하는 남편이 있다는 것을 생각해서 시부모를 더욱 공경하며 알뜰하게 섬겨야 한다. 그렇지 않고 시어머니가 하는 소리를 잔소리라고만 여기며 귀찮게 생각한다면 늘 싸움이 떠나지 않고 짜증스러운 생활이 계속될 것이다.

h. 밥상을 드릴 때의 몸가짐

밥상을 드릴 때는 허리를 굽히고 상을 놓는 것이 아니라 먼저 반쯤 앉은 다음에 상을 놓아야 한다. 그렇지 않은 경우 상반신이 밥상 위를 덮게 되고 옷고름이 흘러내리는 수가 있기 때문이다. 그리고 상 위에 잇는 음식은 국물이 흐르지 않도록 조심해서 놓아야 한다.

상을 물려 내어갈 때에도 드릴 때와 마찬가지로 반 정도 앉아서 상을 들고 조용히 뒷걸음질로 나오다가 돌아서야 한다.

윗사람 앞에서 바로 돌아서는 것은 경박스러운 태도이다. 과일이나 물그릇을 들여갈 때도 마찬가지이다.

이런 일은 지극히 평범하고 아무렇지 않은 일인 것 같지만 갑작스럽게 되는 일이 아니므로 평상시부터 주의하여 자연스럽게 되도록 노력해야 한다.

우아한 몸가짐으로 그 사람의 교양을 알아볼 수 있기 때문이다.

I. 새댁이 길을 걸을 때의 몸가짐

길을 걸을 때는 자세를 똑바로 하여 앞을 바라보면서 가슴을 펴고 두 팔은 자연스럽게 내리고 발을 약간 앞으로 내미는 기분으로 사뿐히 걷는다.

길을 가면서 공연히 옆을 보거나 점포 안을 기웃거리거나 길 가는 사람을 쳐다보는 일 등은 모두 교양 없는 행동이다.

j. 새댁이 남의 앞을 지나갈 때

남의 앞을 지나간다는 것은 어려운 일이므로 상대방에게 실례가 되지 않도록 하고, 알든 모르든 남의 앞을 지나갈 때는 상반신을 약간 굽히고 조용하게 지나가야 한다.

만일 어른 앞을 지나게 될 경우는 두 손을 내밀어 양해를 구하고 허리를 굽혀 발끝으로 재빨리 지나가야 한다. 남의 앞을 지나가면서 그 사람을 쳐다보거나 그 앞에서 망설이거나 하면 대단한 실례가 된다.

또 자는 사람의 머리 위로 지나가는 것도 실례가 되므로 될 수 있는 대로 발 아래로 돌아서 지나갈 것이며 어쩔 수 없는 경우는 발끝으로 옷이 머리에 스치지 않게 주의하며 걸어야한다.

옷자락이 누워 있는 사람의 머리나 얼굴을 스치게 되면 불쾌하기 마련이다. 비록 어린 아이라 해도 늘 명심하고 일상생활에서 틀림이 없도록 해야 한다.

k. 새댁이 앉을 때의 자세

한복을 입었을 때는 왼쪽 무릎을 세워 왼발 위에 왼손을 놓고, 오른손은 오른쪽 무릎 위에 놓아 자세를 똑바로 하고 눈높이보다 약간 낮은 곳을 보아야 좋은 자세다.

양장(洋裝)일 경우에는 두 다리를 왼쪽 옆으로 돌려놓고 양손은 다리 위에 가볍게 놓으며 허리를 펴고 단정히 앉아야 한다. 허리를 굽히고 앉거나 옆으로 비스듬히 기대어 앉는 것은 올바른 자세가 아니다.

특히 웃어른 앞에서나 또는 남의 집을 방문했을 때 치마를 걷어 올리고 앉는다든가 다리를 남자처럼 앞으로 포개고 앉는 것은 대단히 실례가 되는 일이다. 또 몸을 옆으로 기대어 손으로 방바닥을 짚고 앉거나 벽에 기대어 앉는 것도 좋지 않다. 앉는 자세를 보고 그 사람의 행동이나 교양 정도를 짐작할 수 있으므로 특히 젊은 여성들은 주의해야 한다.

l. 문을 열고 닫을 때는 조용히

문을 열고 닫을 때는 소리를 내지 말고 조용히 닫아야 한다. 거리낌 없이 '탁- 타악-'하고 소리를 내며 문을 여닫는 것은 스스로 천박하다고 말하는 것이다.

특히 다른 사람이 방 안에 있을 때는 그 사람을 존경하는 뜻에서 주의하여 소리를 내지 말 것이다. 그리고 남의 방에 들어갈 때는 반드시 방문을 두드린 다음에 들어간다.

이런 예의는 비단 아랫사람이 윗사람의 방에 들어갈 때만 필요한 것이 아니라 윗사람이 아랫사람의 방에 들어갈 때도 필요하다.

m. 새댁은 큰 소리를 내지 않는다

식구가 적든 많든 간에 어린아이들이 여럿 있게 되면 자연히 큰 소리를 내는 것이 예사이다.

만일 어른이 없는 부부 중심의 가정이라면 그런 대로 괜찮을지 모르지만, 어른들과 함께 살고 있는 경우 큰 소리를 친다는 것은 예의에 어긋나는 일이다. 아이들 때문에 큰 소리를 쳤다고 해도 부모님은 그렇게 생각하지 않고 무슨 불만이라도 있나 보다 하고 오해를 하기 쉽다.

n. 집 안에서의 차림도 분위기에 맞춘다

누구나 외출할 때는 옷차림을 단정하고 엄숙하게 하지만 집 안에서는 아무도 없다고 해서 함부로 하기 쉽다.

항상 좋은 옷, 예쁜 옷만 입으라는 이야기가 아니라 무슨 옷이든 깨끗하고 산뜻하게 차리라는 말이다. 한복을 입든 양장을 입든 경우에 맞추어 입으면 일의 능률도 올릴 수 있고 보기에도 좋다.

식구들의 식사를 돌보는 주부의 옷차림은 언제나 깨끗해야 한다. 그러므로 주부는 집 안의 분위기를 명랑하게 하기 위하여 항상 밝고 조촐한 차림과 조용한 거동을 가져야 한다.

o. 일가친척과도 사이좋게

옛날부터 팔은 안으로 굽고 피는 물보다 진하다. 또는 먹을 때는 이웃이고 큰 일에는 친척이라는 말이 있듯이 시가나 친정 어느 쪽의 친척이든 친척은 남보다 가까운 것이다.

주는 것이 있어야 받는 것이 있고 나가는 것이 있어야 들어오는 것이 있는 법이다. 조그마한 것이라도 정성을 다해 성의를 베풀면 내게 큰 일이 닥치게 되었을 때 친척들이 모여들어 진심으로 협력하고 도움을 아끼지 않을 것이다.

p. 새댁은 이웃과도 화목하게

사람이 산중에서 외따로 산다면 매우 쓸쓸할 것이다. 사람은 가족과 어울려 살게 마련인 동시에 이웃과도 서로 화목하게 살아가기 마련이다.

이웃사촌이라는 말도 있듯이 서로 도우며 이해하고 살아나가는 것이 이웃이 보면 재미도 있고 서로 의논도 하게 되는 것이다. 자기 집 것은 아끼고 남의 집 것은 함부로 다룬다면 남에게 인심을 잃고 따돌림을 받게 될 것이다.

이웃은 바로 내 집과 같은 곳이니 미풍양속과 공공질서를 깨뜨리는 행동은 하지 않도록 주의한다.

q. 나들이할 때는 반드시 어른에게 말씀드립니다

먼 곳에 가든 가까운 곳에 가든 외출할 때는 반드시 어른에게 말씀드리고 가는 것이 일반적인 예의이다. 아무도 모르게 외출하면 좋지 않은 인상을 주게 된다.

평소에 자기가 할 일을 충실히 해놓고 외출하겠다고 말씀드리는데 안 된다고 말하시는 어른은 안 계실 것이다. 떳떳하게 인사를 하고 외출하면 안심도 되고 급히 연락을 할 일이 생겨도 당황하지 않고 쉽게 할 수 있다.

r. 집안에 대사가 있을 때

한 가정을 이루고 살려면 한 달에도 몇 번, 1년에는 더 많은 큰 일들을 치르게 된다. 어른들의 생일잔치 또는 회갑 · 결혼 · 돌 · 손님 초청 · 제사 등 여러 가지 행사가 많다. 사람이 살아가는 데 있어서 이런 행사는 으레 따르기 마련이다.

예를 들어 부모님의 회갑 잔치가 닥쳤을 때 당황하지 않고 미리 미리 계획을 세워 그 범위 내에서 정성껏 선물도 하고 옷도 장만해 드리고 하면 부모님들과 친척들 모두 만족해하실 것이다.

s. 며느리를 친딸처럼 따뜻한 마음으로

사랑하는 아들 못지않게 며느리도 역시 귀중하고 아끼는 사람이다. 크나큰 결함이나 이상이 없는 이상 친부모와 친형제를 떠나 쓸쓸한 느낌을 갖고 있을지 모를 며느리를 친어머니와 친아버지 같은 넓은 애정으로 감싸주어야 한다.

집안일에 대해서도 아들하고만 상의할 것이 아니라 아들의 반려자인 며느리와도 의견을 교환하여 가정일에 참여하는 기회를 되도록 많이 만들어 주어야 한다.

시어머니의 작은 친절이라도 며느리로서는 고맙게 여길 것이다.

그러나 고부간의 일이 분담되어 있을 때에는 며느리의 일에 간

섭하지 말고 지켜보고 있다가 며느리의 일손이 모자란 듯하거나 바쁠 때 도와주면 며느리는 당황하겠지만 시어머니의 따뜻한 애정을 느껴 존경하는 마음이 일게 될 것이다.

며느리의 잘못이 있어 나무랄 일이 있을 때는 남이 보는 데서는 삼가는 것이 좋고, 혼자 있을 때 조용히 지적해 준다면 시어머니의 너그러운 인정을 생각해서라도 명심하여 두 번 다시 실수하지 않을 것이다.

t. 결혼기념일은 가족끼리

결혼기념일은 한 쌍의 남녀가 결혼을 한 후 특별히 정해진 주년(周年)에 부부가 둘 다 건재(健在)하고 있음을 축하하는 날이다. 원래 기독교의 풍습으로 구미 각국에서는 19세기까지만 해도 성대하게 지켜오던 풍습이다.

매년 부부가 결혼식 당시의 신선한 기분에 싸여 여행을 하거나 조촐하게 차린 오붓한 잔치를 여는 것도 서로를 위해 좋다.

이것은 서양의 습관이 전래된 것이어서 우리나라에서는 아직까지 보편화되지 않고 있지만 여러 가지로 취할 점이 많다고 생각한다.

당사자인 부부는 그 날의 엄숙한 기분을 되살려 앞으로의 생활설계(生活設計)를 다시 세우고 또 결혼을 했을 때 애써 주시던 분들에게 반례(返禮)를 하지 못했다면 그들의 노력으로 이루어진 새로운 가정이 보람 있게 건재함을 보여 주는 것도 답례가 될 것이다.

결혼기념일 명칭은 다음과 같다.

1년은 지혼식(紙婚式)

2년은 고혼식(藁婚式)

3년은 과혼식(菓婚式)

5년은 목혼식(木婚式

6년은 화혼식(花婚式)

10년은 석혼식(錫婚式)

15년은 수정혼식(水晶婚式) · 동혼식(銅婚式)

20년은 도자기혼식(陶磁器婚式)

25년은 은혼식(銀婚式)

30년은 진주혼식(眞珠婚式)

35년은 산호혼식(珊瑚婚式)

40년은 에머랄드혼식(녹옥혼식:綠玉婚式)

45년은 루비혼식(홍옥혼식:紅玉婚式)

50년은 금혼식(金婚式)

75년은 다이아몬드혼식(금강석혼식:金剛石婚式)

나. 혼인에 관한 용어 해설

a. 큰 상

잔치 때 차리는 상.

생일, 오순절, 회갑, 진갑, 관혼 등 경사 날에 음식을 많이 차려 주인공에게 대접하는 상이다. 큰 상을 차리는 음식의 가짓수와 괴어 담는 높이의 칫수는 기수로 하며 음식은 계절에 따라 다소 다르다. 대체로 그 기본이 되는 음식은 유밀과(油密果), 다식(茶食), 강정, 당속(唐屬), 전과(煎果), 편육, 전, 초(炒), 적(炙), 편, 생실과, 건과 등이다.

b. 연길(涓吉)

결혼식을 거행할 경사(慶事)의 날을 잡는 일.

일반적으로 혼인에 있어 택일하는 것을 말한다. 혼담이 진행되어 합의가 되면 신부 집에서 좋은 날을 택해 신랑 집에 알리는데 이것을 '연길서'라 한다.

c. 서옥(婿屋)

고구려 때의 결혼 풍습의 하나.

남녀간의 혼담이 성립되면 여자의 집에서는 자기 집 뒤에 소옥(小屋)을 세우는데 이것을 서옥이라고 한다. 해질 무렵 신랑될 사람이 집 밖에 와서 신부될 사람과 동숙할 것을 간청하면 신부 집 부모가 서옥으로 안내하여 신부와 동숙하고 함께 살게 되는데 동시에 사위는 돈과 패물을 내놓는다고 한다. 그 후 이들 사이에 아들이 생기면 남편은 비로소 처자를 데리고 본집으로 간다.

d. 신방 엿보기

우리나라의 특유한 혼인 풍속의 하나.

혼인 첫날밤에 신랑과 신부가 취침하기 전후해서 여자의 집 친지들이 신방의 문장지를 뚫고 방 안을 엿보던 일을 말한다. 특히 평안북도 의주 지방에서 심했으며 현재는 신혼여행의 유행으로 도회지에서는 볼 수 없으나 농촌에는 일부 유풍이 남아 있는 곳도 있다. 이 풍습은 옛날 조혼으로 인해 여자의 집에서 신부를 보호하려는 뜻으로 시작되었다고 한다.

e. 보쌈

조선 왕조 때, 일부 상류촌에 있었던 약탈혼(掠奪婚)의 성질을 띤 악습(惡習)의 하나이다. 과부의 재가 금지와, 과부의 재가에 대한 죄를 그 자손에게까지 미치도록 국법으로 정한 데서 생긴 악습이다. 즉 장차 과부가 될 사주(四柱)를 가진 처녀의 집에서 밤에 지나가는 미혼 남자를 자루 속에 넣어서 집으로 납치하여 처녀와 동침을 시킨 후 죽이거나 소문이 나지 않도록 단단히 타일러 보내던 일을 말한다. 이와 같이 하면 그 처녀는 일단 과부가 된 것과 같은 결과가 되므로 과부의 액운을 면했다고 믿어 그 후에는 안심하고 다른 적당한 곳에 시집보낼 수 있었다는 것이다.

f. 방친영(房親迎)

나이 어린 신랑, 신부가 혼인하여 3일을 치를 때 신부가 신방(新房)에 들어가서 잠시 동안 가만히 앉아 있다가 도로 나오는 일. 지금은 혼인 연령이 높아져서 이 풍습이 없어졌다.

g. 민며느리

장차 며느리로 삼기 위해 어린 소녀(10세 안팎)를 데려다 양육시켜 성장한 다음 아들과 혼인시켜 며느리를 삼는 것. 보통 빈민계층 사이에서 경제적 사정으로 양육이 곤란해 행해진 제도로서, 대개 남자가 여자보다 어린 경우가 많다. 또 여자가 결혼할 때까지 남자의 집에서 노동의 협조를 하겠지만 일반적으로 여자 집보다 남자 집이 경제적으로 우위에 선다.

h. 동상례(東床禮)

혼례가 끝난 뒤 신랑이 신부 집에서 친구에게 음식을 대접하는 일. 이 기원은 여러 가지 설이 있는데 중국의 왕희지(王羲之)가 사위를 구하려고 각 서당을 돌아다니다가 동상(東床)에서 헐벗은 서생을 사위로 삼았기 때문에 이 이름이 생겼다고 한다. 또 조선 왕조 때 권율이 동상에서 공부하는 이항복을 사위로 삼아 동료에게 한턱을 낸 것이 예가 되었다고도 한다. 지금도 옛 습관이 남아 있어 농촌에서는 이를 위해 신랑을 달아매고 발바닥을 두드리는 풍습이 있다

i 데릴사위

딸만 있고 아들이 없는 경우 딸을 시가(媤家)로 보내지 않고 사위를 맞이하여 여자의 집에서 가사를 돌보다가 성장하면 처가에서 살게 한다. 이 풍습은 예부터 행해 내려와 서유부가(婿留婦家:

결혼한 후 일정기간까지 처가에서 살다가 남자의 집으로 들어가 결혼 생활을 계속하는 것)와는 다르다. 예서(연소한 남자를 여가에서 맞이하여 그 남자가 성장한 후 결혼시키는 것)의 제도는 고구려, 고려에서 널리 시행되었다.

j. 대반(大盤)

구식혼인에서 신랑, 신부 또는 후행을 대접하는 사람, 신랑의 대반은 나이가 신랑과 비슷한 집안의 젊은 사람이 맡고, 신부의 대반은 시누이나 집안의 처녀와 갓 시집온 새댁들이 맡으며, 후행 대반은 나이가 지긋하고 글도 잘 하며 점잖아 이쪽 가도(家道)에 손색없는 언행과 범절을 갖춘 사람을 시킨다.

k. 누이바꿈혼

두 사람의 남자가 각기 상대방의 누이(妹)와 결혼하는 것. 이 결혼 풍습은 극히 희소하나 이미 신라 시대에 신덕왕(神德王)의 누이가 효공왕(孝恭王)의 비가 되고, 효공왕의 누이가 신덕왕의 비가 된 예가 있다. 이와 같은 혼인은 두 남자의 우정의 유대를 강화하는데 그 형성요인이 있는 듯하다. 즉 결혼을 성립케 함으로써 두 남자는 친구 관계 이외의 인척 관계를 형성해 더욱 친밀한 이중의 관계를 맺게 되기 때문이다.

l. 반보기(中櫓相逢:중로 상봉)

오랫동안 만나 보지 못한 일가친척 관계의 부인네들이 서로 만나고 싶어 할 때 미리 날짜와 장소를 정하고 제각기 음식과 토산물을 가지고 양가의 중간쯤 되는 시냇가나 산고개의 적당한 곳에 함께 모여 하루를 즐긴다. 보통 사돈 간의 부인들끼리 하는데 이는 사정에 의해 근친을 가지 못한 경우에 '안사돈 중로(中路) 보기'라 하여 이와 같은 방법으로 친정 식구들을 만났다.

m. 교전비(轎前婢)

옛날 혼례 때, 새색시를 따라가던 여자 종. 신부가 출가하여 시가(媤家)에 가면 처음에는 제반 행사에 서투르고 예의범절에 익숙하지 못하므로 이런 점에 익숙한 계집종을 딸려 보내서 신부를 돌봐주게 했다. 사회제도로 보아 교전비는 일반 서민들에게는 별로 없었고 귀족이나 부유층에 성행하였다.

n. 관례벗김

초례(草隷)를 치른 뒤 신랑이 신부 집에서 마련한 옷을 갈아입는 일. 정혼이 되어 신부 집에 의양단자(衣樣單子)를 보낼 때, 신랑의 옷의 품과 칫수를 적어 보내면 신부 집에서는 옷 한 벌을 미리 마련해 두었다가 혼인날 신부 집에서 초례 뒤 신랑에게 갈아입힌다.

o. 관대(冠帶)

구식 결혼 때 신랑이 입는 옷. 원래는 관리의 제복으로 특히 단령복(團領服)을 말한다. 단령은 중국에서 유행되다가 고려 때 명나라를 통해 들어와 공복(公服) 중에서 가장 중요한 것이 되었으며 조선 왕조 때에는 보편화된 관복이었다.

다. 친족(親族)의 관계

a. 호칭

나를 기준으로 한 종족의 호칭

- 부(父): 아버지. 사망하면 고(考)
- 모(母): 어머니. 사망하면 비(妣)
- 조부(祖父): 할아버지. 아버지의 아버지
- 조모(祖母): 할머니, 아버지의 어머니
- 증조부(曾祖父): 증조할아버지. 아버지의 할아버지
- 증조모(曾祖母): 증조할아버지. 아버지의 할머니
- 고조부(高祖父): 아버지의 증조할아버지
- 고조모(高祖母): 아버지의 증조할머니
- 자(子): 아들. 자기의 소생.
- 자부(子婦) 며느리. 아들의 아내
- 여(女): 딸 자기의 소생
- 손자(孫子): 아들의 아들
- 손부(孫婦): 손자의 아내

- 증손(曾孫): 손자의 아들. 아들의 손자
- 증손부(曾孫婦): 증손자의 아내
- 현손(玄孫): 증손자의 아들
- 현손부(玄孫婦): 현손의 아들
- 현손부(玄孫婦): 현손의 아내
- 백부(伯父): 세부(世父). 조부의 장자
- 백모(伯母): 세모(世母). 백부의 아내
- 중부(仲父): 아버지의 중형
- 중모(仲母): 중부의 아내
- 숙부(叔父): 계부(季父). 아버지의 동생
- 숙모(叔母): 숙부의 아내
- 고모(姑母): 아버지의 여자 동생
- 형(兄): 아버지가 먼저 낳은 아들
- 형수(兄嫂): 형의 아내
- 제(弟): 동생
- 제수(弟嫂): 동생의 아내
- 자(姉): 누님. 손위 누이
- 매(妹): 여동생. 손아래 누이
- 질(姪): 조카. 형제의 아들
- 질부(姪婦): 조카의 아내
- 종손(從孫): 형제의 손자
- 종손부(從孫婦); 종손의 아내

- 종형제(從兄弟): 백숙부의 아들
- 종자매(從姉妹): 백숙부의 딸
- 당질(堂姪): 종형제의 아들
- 당질부(堂姪婦): 당질의 아내
- 재종손(再從孫): 종형제의 손자
- 종조부(宗祖婦): 조부의 형제
- 종조모(從祖母): 종조부의 아내
- 당숙(堂叔): 아버지의 종형제
- 당숙모(堂叔母): 당숙의 아내
- 재종형제(從從兄弟): 당숙의 아들
- 재종자매(再從姉妹): 당숙의 딸
- 재당질(再堂姪): 재종형제의 아들
- 재종조부모(再從祖父母): 아버지의 당숙과 당숙모
- 재당숙(再堂叔): 아버지의 재종형제
- 재당숙모(再堂叔母): 재당숙의 아내
- 삼종형제(三從兄弟): 재당숙의 아들
- 삼종자매(三從姉妹): 재당숙의 딸
- 종증조부(從曾祖父): 증조의 형제
- 종증조모(從曾): 아버지의 고모
- 종고모(祖母): 종증조부의 아내
- 왕고모(王姑母): 아버지의 고모
- 종고모(從姑母): 아버지의 종자매

• 재종고모(再從姑母): 아버지의 재종자매

• 종증조고모(從曾祖姑母): 증조의 자매

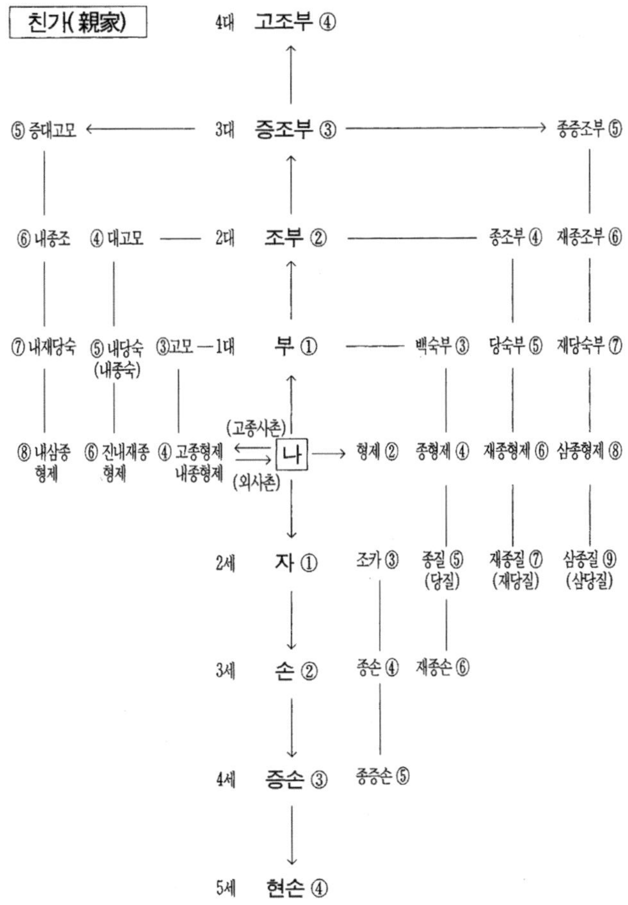

*○ 안의 숫자는 촌수임.

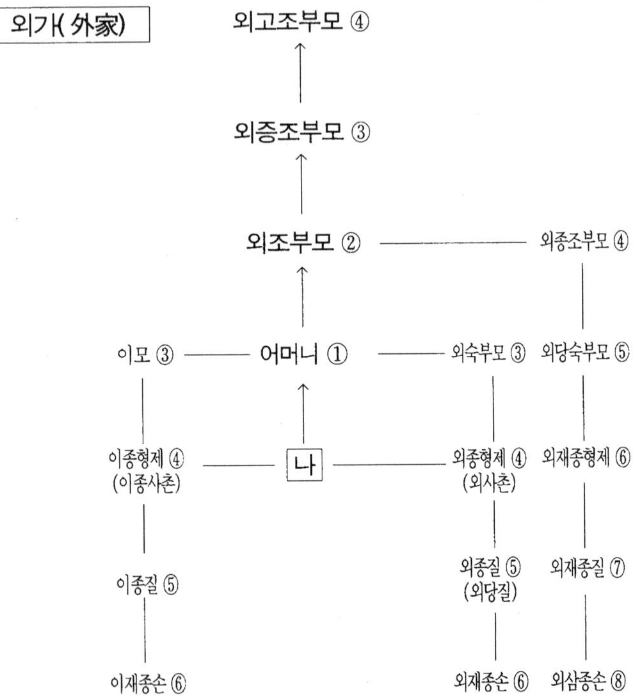

· 근친(近親) : 8촌 이내(당내간, 유복지친;상을 당했을 때 상복을 입게 되는 친족이라는 뜻)

· 혈족(血族) :. 혈통이 연속된 친족, 또는 양자(養子)의 경우와 같이 법률에 의해 그와 동일시(同一視)되는 사람

· 배우자(配偶者) : 부부의 어느 한 쪽을 다른 쪽에서 보고 하는 분

*** 처가(妻家)**

처가의 촌수는 아내와의 촌수로 따져서 부르면 된다. 예를 들어 아내의 작은아버지의 경우 처숙부님이라고 부른다.

4. 상례(喪禮)

(1) 상례의 의의(意義)와 유래(由來)

가. 의의

상례란 사람이 죽어서 장사지내는 의식 절차로서 임종(臨終)에서 염습(殮襲) · 발인(發靷) · 치장(治葬) · 우제(虞祭) · 소상(小祥) · 대상(大祥) · 복제(服制)까지의 행사를 가리킨다.

사람이 죽는다는 것은 그가 일생 동안 함께 살아오던 가족 · 친척 · 친지들과 영원히 작별하는 것이므로 참으로 슬프고 엄숙하다.

상례는 이러한 슬픈 감정을 질서 있게 표현하면서 마지막 이별의 예를 다해 치러야 하는데, 예는 너무 지나쳐도 소홀해서도 안 되고 그 때의 형편과 사정에 따라 진심에서 우러나와야 한다.

여기에 소개하는 고례(古禮)들은 꼭 그대로 지키라는 것이 아니라 전래되어 온 우리 조상들의 풍속을 이해시키고자 하는 데 있다.

나. 유래

우리나라는 신라 이후로 불교가 성행하였으므로 불교의식의 흔적이 상례에 남아 있는 것을 볼 수 있다. 조선 시대에 들어와 유학이 성함에 따라 주자(朱子)의 학설을 따랐고, 의식에 있어서 〈주자가례〉를 주로 하여 상례가 실행되었다. 그러나 조선 시대의 상례는 일반 서민층을 기준으로 한 예법이라기보다 특별한 신분에게 지키게 함으로써 백성들도 그들을 본받아 신분과 처지가 허용되는 범위 안에서 지키도록 하였다.

우리나라의 이 상례는 유교적인 영향을 가장 많이 받은 영역으로서 그 절차와 형식에 있어 오늘날에도 큰 변화를 가져오지 않았다.

(2) 전통식 상례

가. 초종(初終)

초종은 사람 노릇의 끝남이 시작된다는 의미로 초상이 난 뒤부터 졸곡(卒哭)까지를 말하며 상장례(喪葬禮)의 준비와 시작 단계에 해당된다.

초종을 통해 죽음을 확인하고 상례 전반에 걸쳐 준비를 한다. 임종(臨終), 수시(收屍), 사잣밥 차리기, 초혼(招魂), 발상(發喪), 호상(護喪) 등으로 이루어진다.

a. 유언

병자의 병세가 위급한 상태에 이르면 가족들은 침착한 태도로 주위를 조용히 하고 운명을 기다린다. 이때 병자에게 물어볼 말이 있으면, 병자가 대답하기 쉽도록 내용을 간단하게 묻고 내용의 요지(要旨)를 적거나 녹음한다.

병자 자신이 자손에게 남기고 싶은 말이 있을 때, 그 말은 교훈이거나 재산 분배에 대한 유언일 것이다. 유언은 자필로 쓰는 것이 원칙이지만 시간적인 여유나 기력이 없을 때는 여러 사람이 지켜보는 가운데 제3자가 대신 써도 된다.

b. 임종

마지막 숨이 넘어가는 상태를 말하며 운명이라고도 한다. 사람의 병이 위독하여 죽음을 예견하고 도저히 회복될 가능성이 없으면 병이 중할 때 정침(正寢)으로 옮겨 눕히는 것은 가주(家主)에만 한하는데, 정침이란 시신을 모실 조용한 방을 말한다.

가주 이외의 사람은 저마다 자기가 사용하던 방으로 옮기는데, 이때 집 안을 깨끗이 하고 병자의 머리를 동쪽으로 하여(환자의 머리를 동(東)쪽으로 향하도록 하는 것은 동쪽을 기준으로 웃어른을 모시기 때문이라는 설과 동쪽은 해가 뜨는 곳이라서 밝음의 상징이고 태어남의 시작이며 또한 환자의 소생을 바라는 뜻에서 머리를 동쪽으로 둔다는 설이 있음) 북쪽 문 옆에 눕힌다.

그 다음에 병자를 새 옷으로 갈아입힌 뒤 네 사람이 병자의 팔과 다리를 주무르고 조용히 운명을 기다린다. 병자가 남자라면 여자가 지키고 있는 데서, 여자라면 남자가 지키고 있는 데서 운명하지 않도록 한다.

c. 속광(屬纊)

환자의 절명은 숨이 끊어졌는가 확인하는 것이다. 환자의 입이나 코에서 찬바람이 나는 것으로 판단하기 때문에 입과 코에 솜을 올려놓아 확인하는데 이를 속광(屬纊)이라 한다. 이때 솜을 이용하는 이유는 솜은 아주 가느다란 숨결에도 쉽게 움직이기 때문에 숨결을 살피기 쉬워 솜을 이용하는 것이다.

d. 수시(收屍)

숨이 끊어지면 눈을 감기고 준비한 햇솜으로 입과 코 · 귀를 막고, 머리는 높고 반듯하게 괴고, 남녀가 곡하고 수시를 하는데, 즉 시체가 굳기 전에 손발을 고루 주물러 펴고, 백지로 시신의 얼굴을 덮으며 백지나 베로 양쪽 어깨를 단단히 동여맨다. 그 다음에 양손을 곧게 펴서 배 위에 올려놓는데, 남자는 왼손을 위로, 여자는 오른손을 위로 놓으며, 양쪽 다리도 곧게 펴놓고 양발을 똑바로 모아 백지나 베로 동여매어 어그러지지 않게 하여 덮어 놓고 다시 곡을 한다.

이 수시 절차를 소홀히 하면 손발과 몸이 뒤틀리고 오그라드는 경우가 생기므로 정성을 들여야 한다.

e. 고복

운명한 망인의 몸에서 떠난 혼(魂)을 다시 불러 돌아오게 한다는 뜻으로 복(復: 돌아올 복)이라고도 한다.

임종이 확인되고 곡소리가 나면 시신을 대면하지 않은 망자의 직계 자손(子孫)이나 재하자(在下者: 손아랫사람)가 아닌 한 사람이, 죽은 이가 평소에 입던 상의를 들고 지붕에 올라가 북쪽[북쪽을 향하는 이유는 영혼의 세계가 북쪽에 있다는 구전에 의함]을 향해 옷을 흔들며 죽은 이의 평소 칭호(稱號)나 성명(姓名)을 세 번 외치고 내려와 그 웃옷을 죽은 이의 가슴에 덮는데 이것을 초혼이라고도 한다.

그리고 복(復)을 부를 때는 효자로 하여금 잠시 울음(곡)을 멈추고, 혼이 돌아오기를 바라면서 정성을 다하는 것이 이 예의 사랑을 다하는 도(道)이므로 복을 부를 때 효자들은 마땅히 울음을 그쳐야 한다.

복을 할 때 남자의 상(喪)일 때는 남자가, 여자의 상일 때는 여자가 한다.

직계자손이 아닌 다른 사람이 대신하는 것은 직계자손은 혼이 돌아오기를 바라는 마음으로 망자(亡者) 옆에서 정성을 다하기 위한 것이며, 복을 세 번 부르는 이유는 하늘(天), 땅(地), 공간(空間)이 셋의 어우러짐을 중시하는 삼성(三成)의 원리에 의한 것이다.

처음에는 하늘에 대고 하는데 이는 하늘에 오른 혼(魂: 얼)이 내려오기를 바라서이며, 다음에는 고개를 숙이고 몸을 굽혀 땅에 대고 부르는데 이것은 백(魄: 넋)이 도로 나오라고 하는 것이다.

옛 사람들은 '혼천백지(魂天魄地)'라 해서 사람이 죽으면 혼은 승천하고 백은 땅으로 스며든다고 생각했으며, 그래서 형체와 같이 있는 백이라 하여 시신을 체백(體魄)이라 불렀다. 세 번째는 북쪽 중간을 향해 소리를 길게 하여 부르는데 이는 사람이 죽어서 가는 어둡고 그윽한 북망(北邙)이나 또는 사방의 어느 곳에서든지 혼백이 되돌아와 줄 것을 기대해서이다.

복을 세 번 다 부른 뒤에 시자가 지붕 앞으로 망자의 웃옷을 내려주면 밑에 있는 사람이 상자로 옷을 받아다가 시신 위에 덮는다. 이는 고복을 한 옷 속으로 혼이 들어왔다고 생각하여 옷을 가지고 내려와 망인의 가슴에 덮어 두는 것이다.

복을 부른 사람은 지붕의 서쪽으로 내려온다.

f. 사잣밥(使者飯)

초혼이 끝나면 사잣밥이라고 하여 밥 세 그릇과 짚신 세 켤레를 채반 위에 받쳐 마당 가운데에 대문 쪽을 향하게 놓는데 이 돈은 사자들의 노자로 쓰라는 뜻을 가지고 있다. 나중에 사잣밥은 먹지 않고 버리며 신은 태우고 돈은 상비에 쓴다.

g. 발상(發喪)과 상주(常主)

고복이 끝나면 상주들은 모두 머리를 풀고 곡을 하며 옷을 갈아입는데, 남자는 심의(深衣)를 입고 섶을 여미지 않으며 여자는 흰옷으로 갈아입는다. 또한 모두 맨발이 되어 신발을 신지 않는다.

이와 같이 자손들이 상제(喪制)의 모습을 갖추고 초상난 것을 밖에 알리는 것을 발상이라고 하는데, 초상이 나면 예제(禮制)에 따라 상주와 주부(主婦), 호상(護喪)과 사서(司書) · 사화(司貨)가 정해진다.

상주는 상사(喪事)의 중심이 되는 상인(喪人)을 가리키는데, 죽은 사람의 맏아들이 되는 것이 원칙이나 맏아들이 없고 맏손자가 있을 때에는 차자(次子)가 있어도 맏손자가 장손(長孫)이라고 하여 상주가 되고, 상주가 된 장손을 승중(承重) 또는 승중손(承重孫)이라고 한다.

또한 책 두 권을 만들어 놓고 한 권에는 돈이나 물건의 출납을 기록하고 한 권에는 친척이나 조문객의 부의를 기록하는데, 조문객의 출입을 적은 책은 부상(父喪)일 때는 조객록(弔客錄)이라고 쓰고, 모상일 때는 조위록(弔慰錄)이라 쓰며, 부의금을 기록하는 책은 부의록이라고 기재한다.

h. 전(奠)

전이란 익은 술과 음식을 받들어 올린다는 말이었으나 지금은 제사 음식을 올리는 것으로 의미가 바뀌었다.

여기서의 전은 제사지내는 의식으로 음식을 올리는 것이 아니라 생시와 같은 예로 행하는 것인데 이는 죽음을 인정하지 않겠다는 뜻이다.

예전에 올리던 전은 망인(亡人)이 생시에 즐겨 먹던 찬장에 남겨 둔 밥과 음식물 따위를 한 그릇에 담아 시신의 동쪽 어깨 곁에 갖다 놓는 것이었으나 근래에 와서는 술, 과실, 포 등을 올리게 되었다.

전은 집사자가 대신 올리며 한 번만 올리는데 철상하지 않고 오래 두므로 온종일 그대로 올려져 있음을 볼 수 있다.

전을 올릴 때는 상주(常主)가 절을 하지 않는다.

이것은 아직 망인을 죽은 것으로 믿어 제사를 드리는 것이 아니기 때문이다.

i. 치관(治棺)

호상이 목공(木工)이나 관장(棺匠)을 시켜 나무를 골라 관을 만들도록 하는데, 매장할 때 관까지 묻을 것이면 두껍게 만들고, 관을 제거할 것이면 묘지로 갈 때까지만 지장이 없으면 된다. 나무 가운데서는 유삼(油杉)이 제일이고 잣나무, 은행나무, 오동나무 순이다.

가급적이면 관을 시신과 함께 매장하지 않는 것은 육탈된 뼈가 움직이지 않게 하기 위해서다. 칠성판은 염습할 때 시신 밑에 까는 널빤지로 두께가 다섯 푼이며 북두칠성 모양의 구멍을 뚫어 놓았기 때문에 칠성판이라 부른다. 옛날에는 부모의 회갑이 지나면 이미 관재(棺材)를 준비하여 옻칠을 해서 소중히 두었다가 사용하는 경우가 많았다.

j. 부고

부고는 호상이 상주와 의논하여 친족과 친지에게 신속히 발송한다. 부고장은 백지에 붓글씨로 쓰지만 장수가 많을 때는 인쇄를 하고 봉투만 붓글씨로 쓰는데, 부고를 보내는 방법에는 전인(傳人) 부고, 우편(郵便) 부고, 신문(新聞) 부고가 있다.

나. 습(襲)과 염(殮)

습과 염은 같은 날에 병행(倂行)하는 것이 대부분이지만 고례(古禮)에는 습과 염을 분리해서 행하였고, 염은 다시 소렴과 대렴으로 구분되었다.

a. 습

습은 시신을 씻겨 시신에 옷을 입히는 것을 말하며, 염(殮)은 시신을 준비한 수의(壽衣)로 갈아입히고 묶는 절차인 소렴과 시신을 관에 넣는 대렴으로 구분한다.

습을 할 때는 향나무를 잘게 쪼개 끓인 물이나, 쑥을 삶은 물을 풀솜에 묻혀 홑이불 속에 넣은 다음 시신을 닦아낸다.

습의 순서는 먼저 머리를 먼저 감긴 다음 얼굴부터 발끝까지 씻긴다. 습은 망인의 가족이 아닌 친척 어른 가운데 경험 있는 이가 하며, 망인(亡人)이 남자이면 남자 근친이, 여자이면 여자 근친이 하는 것이 일반적이다.

습하는 과정에서 머리를 빗어 나온 머리카락과 각은 손발톱은 좌우를 구분하여 조발낭(爪髮囊)이라 불리는 주머니에 담았다가 염할 때 시신과 함께 본래의 위치와 가까운 곳의 관 속에 넣으며 습이 끝나면 반함의례를 한다.

[우편 부고 쓰는 법]

金某氏 大人 學生慶州金公 以宿患 (老患)
김모씨 대인 학생경주김공 이숙환 노환

陰某月某日 午前某時 於自宅別世 玆以訃告
음모월모일 오전모시 어자택별세 자이부고

發靷 月 日 午前 某時
葬地 郡 面 里 某山

年 月 日
子
次子
孫
弟
親族代表

友人代表
護喪

[전인부고 쓰는 법]

某親 某人 以某月 某日 得病 不幸於 某月
모친모인 이모월 모일 득병불행어 모월
某日別世 (殞命) 專人 訃告
모일별세 운명 천인 부고

年 月 日
년 월 일
護喪 上
호상 상
某位 座前
모위 좌전

[부고 봉투 앞면]

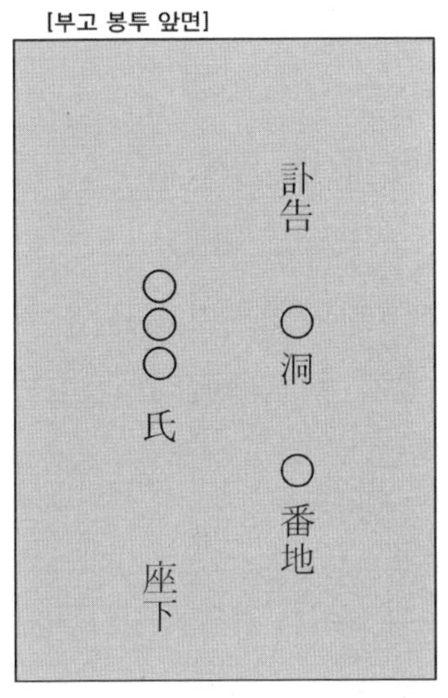

[부고 봉투 뒷면]

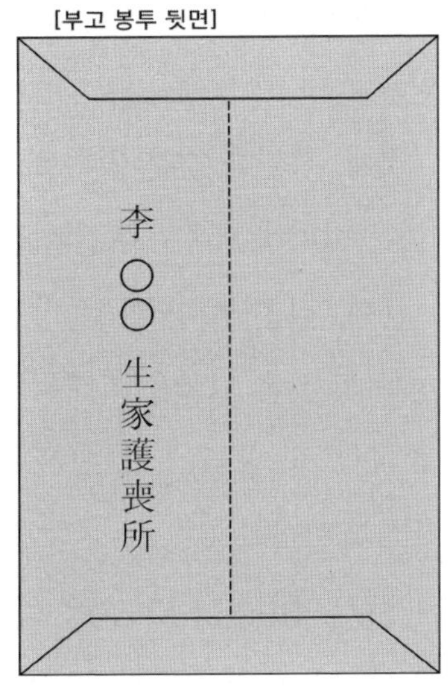

b. 염

습이 끝나면 시자는 손을 씻고 침상을 장막 밖에 따로 마련해 놓고 수의(壽衣)를 펴놓는다. 여자의 수의는 저고리 · 적삼(홍 · 황 · 녹의삼작) · 단속곳 · 속곳 · 바지 · 저고리 · 큰 허리띠를 함께 겹으로 펴놓는다.

남자에게 수의를 입힐 때는 먼저 속바지와 적삼을 입히고 망건을 씌우고 버선을 신긴 뒤 겹바지를 입히고 대님과 행전(行纏), 요대(허리띠)를 맨 다음 네 사람이 시신 상하를 들어 침상으로 옮긴다. 겹쳐서 펴놓은 겉옷은 아래에서부터 위로 올려가지고 양쪽 손을 옷소매로 매고 옷을 오른쪽으로 여미는데, 매지 않고 이불로 덮어 둔다.

이때 복건 · 심의 · 신은 신기지 않으며 준비할 수의는 아래와 같다.

첫째, 복건을 검은 명주로 만들어 머리를 싸서 덮으며 두건(頭巾)은 머리에 씌우는 수건과 같다.

둘째, 검은색 비단으로 망건(網巾)을 만들어 머리카락을 싼다. 명목(瞑目)은 얼굴을 싸매는 것으로서 명주로 만들고, 크기는 가로 세로 한 자 두 치이고, 사각에 끈을 달며 겉은 검정, 속은 붉은색으로 한다.

셋째, 악수(握手)는 손을 싸매는데 쓰이는 것으로 길이는 한 자 두 치, 너비는 다섯 폭으로 하고 충이(充耳)는 햇솜으로 대추씨 만하게 만들어 귀를 막는 것이고 속옷(裡衣)으로는 속적삼과 속바지를 마련한다.

넷째, 겉옷은 바지 · 저고리 · 버선 · 대님 · 요대 · 행전 · 두루마기 · 조대(條帶) · 대대 · 토수신(명주에 종이를 붙여서 만듦) · 심의(深衣) · 도포 · 한삼 등이며, 천금(天衾)은 시신을 덮는 홑이불이고 지금(地衾)은 시신 밑에 가는 겹이불을 말한다.

다섯째, 속포(束布)는 시체를 묶는데 쓰이며 반함(飯含)은 버드나무 숟가락 하나, 쌀 한 홉, 구멍 없는 구슬 3개를 준비하는데, 구멍 없는 구슬이 없으면 백 원짜리 동전을 준비한다.

c. 습전(襲奠)

처음으로 지내는 제사를 습전이라 한다. 이때 시신의 머리는 동쪽으로 하고 상주 이하가 자리를 마련하고 앉는데, 먼저 상주는 시상(屍床) 동쪽에 앉아 북쪽을 향해 제사지내고 남자들 중에 3년복을 입은 자들은 그 아래에 짚자리를 깔고 앉는다. 같은 성으로서 기년복(朞年服)이나 대공복(大功服), 소공복(小功服)은 각각 복의 차례대로 뒤에 앉는데 이들은 모두 서쪽을 향하고 아래에는 보통 자리를 깐다. 주부와 여러 부녀들은 역시 복 차례대로 뒤에 앉으며 보통 자리를 깔고 동쪽을 향한다. 성이 다른 남자들은 포장 밖 동쪽에 앉고, 여자들은 포장 밖 서쪽에 앉으며 보통 자리를 깐다.

만일 부상(父喪)일 때는 같은 성의 남자들은 포장 밖 동쪽에 앉고, 성이 다른 남자들은 포장 밖 서쪽에 앉으며 밤에는 시신 곁에 짚자리를 깔고 잔다.

전(奠)은 주과포혜(酒果脯醯)로써 왼쪽에 포, 오른쪽에 혜로 차린 상을 시신 동쪽에 둔다. 집사가 손을 씻고 잔에 술을 부어 시신의 동쪽(오른쪽) 어깨 부분에 놓고 애곡(哀哭)에 이어 상주가 반함한다.

d. 반함(飯含)

습에 이어서 죽은 이의 입에 반함을 한다. 반함은 죽은 이의 입에 쌀과 동전을 물리는 것을 말하는데 입에 물리는 것은 저승 가는데 소요되는 식량과 재물이라고도 하고 또는 시체의 빈(空) 곳을 채우는 것이라고도 한다.

반함을 할 때는 복인들이 들어와 남자는 시신의 왼쪽에, 여자는 우측에 꿇어앉은 후 준비한 반함물을 남자는 오른쪽부터 여자는 왼쪽부터 넣고 마지막에 가운데에 넣는다.

토속(土俗)에서는 쌀을 넣을 때, 백 석이요, 천석이요, 만석이요, 하면서 세 번 넣고, 돈을 넣을 때는, 백 냥이요, 천 냥이요, 만 냥이요, 라고 말하면서 넣는다.

다음에 복건을 씌우고 충이(充耳)와 명목(瞑目)을 하고 신을 신기고 심의를 입힌 다음에 대대(大帶)를 두르고 악수를 한 뒤 이불을 덮는다.

e. 혼백(魂帛)

혼백은 신주(神主)를 만들기 전에 마포(麻布)나 백지로 접어서 만드는 임시 신위이다. 신주를 만들지 않을 때도 이 혼백을 빈소에 만 2년 동안 모셨다가 대상이 지난 뒤 묘소에 묻는 것이 상례로, 접은 혼백에 오색실로 만든 동심결을 끼워 혼백함에 넣어서 모신다.

혼백을 접는 데는 비단 한 폭과 길이 한 자 세 치(1尺 3寸)를 쓰는데, 길이를 한 치 오 푼씩 여덟 겹으로 접으면 한 치가 남는다.

[명정 서식]

學生 密陽朴公 之柩 #. 외관상의 경우이니 공(公)자 밑에 이름을 쓰기도 한다.
학생 밀양박공 지구

孺人 韓山李氏 之柩 #. 내관상의 경우
유인 한산이끼 지구

예: 書記官OO 郡守OOO公 之柩

事務官OO 郡守OOO公 之柩

#. OO處士 密陽朴氏 公OO 之柩

다. 소렴(疏簾)과 대렴(大殮)

습을 마친 시신은 준비된 수의(壽衣)를 입히며 수의는 삼베로 만든 적삼, 바지, 저고리, 두루마기 도포를 입힌다.

수의는 입히기가 어렵기 때문에 분리해서 입히지 않고 꿰매서 한 번에 입히며 옷섶은 왼쪽으로 여미게 하는데 이는 죽으면 산 사람의 반대가 되기 때문이다.

이어서 버선과 신을 신기고 악수(幄手)로 손을 싸며 멱목(幎目)으로 얼굴을 덮는다. 악수로 손을 싸는 것은 가시밭길의 저승길에서 손을 찔리지 말라는 뜻이다.

소렴이란 작은 이불로 시신을 싸서 염포라는 긴 삼베로 묶는 것을 말한다. 세로로 묶는 것을 장메라 하고 가로로 묶는 것은 메장이라 하며 모든 매듭은 다시 풀 일이 없기에 고를 내지 않는다[옷고름이나 노

끈 등을 잡아맬 때 풀리지 않게 한 가닥을 조금 빼어 고리처럼 맨 것]. 매듭은 위에서 아래로 일직선이 되게 묶으면 된다.

대렴(大斂)이란 칠성판에 시신을 올려놓고 큰 이불로 주검을 싸고 맬끈으로 묶는 것을 말한다. 시신의 상중하에 삼베로 들끈을 3가닥 만들어 놓는데 이는 입관이나 묘지에서 시신을 하관할 때 편리하도록 한 것이다.

소렴과 대렴을 하는 동안 상주(喪主)들의 곡(哭)을 멈추게 하는 것은 염(殮)을 하는 사람들에게 지장을 주지 않기 위한 것이며 곡(哭)의 시작은 멱모(幎冒)로 얼굴을 가려 볼 수 없게 되었을 때 한다.

곡(哭)은 소리내어 우는 것을 말하는데 곡자를 풀어 쓰면 입 구(口)자가 둘인 것은 큰 소리를 뜻하고 개 견(犬)자는 개처럼 이성을 잃고 울부짖는다는 뜻이다.

칠성판(七星板)은 관(棺) 속에 까는 얇은 널조각으로 북두칠성을 본따서 일곱 구멍을 뚫는다. 이는 사람의 몸에는 일곱 개의 구멍(눈구멍 2개, 콧구멍 2개, 귓구멍 2개, 입구멍 1개)이 있어 사망하면 시신에서 나오는 체액도 일곱 개의 구멍으로 빠져나가게 하기 위하여 일곱 개의 구멍을 만든 것으로 상징적인 의미이다.

대렴이 끝나면 관을 정침에 모시고 그 앞에 휘장을 치고 교의(의자)에 사진이나 혼백을 모시고 앞에 제상(祭床)을 놓는다.

이것으로 염습은 끝난 셈이다. 염습을 한 뒤의 모든 기물은 태울 것은 태우고 땅에 묻을 것은 묻어 버린다.

a. 입관(入官)

대렴까지 한 시신을 관에 넣는 일로 입관은 관 바닥에 지금(地衾)이라는 요와 그 위에 천금(天衾)이라는 이불을 덮는다.

관의 빈 곳에는 고인이 입던 옷이나 짚 또는 종이를 보침(메우다)하며, 산 자와 죽은 자가 처음으로 격리되는 순간이므로 복을 입은 사람들이 들어와 슬픔을 나타낸 다음 관 뚜껑을 덮는다.

입관이 끝나면 관 위에 머리와 발쪽을 표시하여 두고 명정으로 덮어 둔다.

입관이 끝나면 상주들은 한쪽 팔을 내놓았던 상복들을 마저 입으며 성복례(成服禮)를 행한다.

상주 이하 복인(服人)들은 빈소 앞의 마당에 멍석을 깔고 남녀가 갈라 선 다음 각자의 위치에서 마주보고 엎드려 곡(哭)을 하며 재배를 하는데 이를 상향곡(上向哭)이라고 한다.

상향곡은 복인들이 서로 조문하는 것이며 부모를 잃은 죄인이 되어 위문한다는 뜻이다.

염을 하고 성복례가 끝나면 문상을 받는다.

입관이 끝나면 죽은 사람과 산 사람이 완전히 분리되며, 입관 후에는 혼백을 모시고 곡(哭)은 무시곡에서 조석곡으로 바뀐다.

b. 명정(銘旌)

죽은 이를 관(棺)에 넣고 누구의 관인가를 나타내는 표지깃발이며, 입관(入官) 후에는 관의 동쪽에 세우고 상여가 움직일 때는 그 앞에 가며 매장할 때는 관이나 시신 위에 덮는다.

명정 제조는 빨간색 천에 흰 분가루를 접착제에 개어 붓으로 서서 장대에 매단다.

명정의 크기는 2미터 정도로 하며 장대의 크기는 명정의 크기에 1미터를 더한 크기의 장대를 사용한다.

c. 혼백(魂帛)과 영좌(靈座)

시신에 대한 염과 입관 절차가 끝나면 영혼을 별도로 모신다. 이때부터 영혼을 상징하는 혼백과 영좌를 설치한다.

혼백이란 영혼이 시신에서 떠나 혼령(魂靈)이 깃들었음을 상징하는 물체로 신주가 만들어지기 전의 전신이다.

한지를 전후좌우로 접어서 만들거나 삼색 실을 우물 정(井)자 모양으로 엮어서 만든다.

한지를 접어서 만들 때는 복 · 초혼을 한 죽은 이의 옷을 싸서 만들고 백색의 두꺼운 종이로 상자를 만들어 혼백을 넣어 모시는데 이를 혼백상자라 한다.

근자에 와서는 혼백상자 대신 대부분 사진을 모시는 경우가 많다.

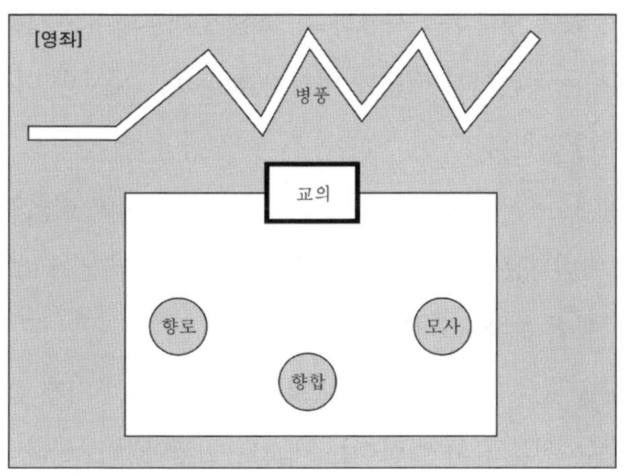

영좌는 교의(交椅) 앞에 차려둔 제상을 말하며, 연좌에는 조석으로 촛불과 향을 피우고 음식과 빗, 세수물 등 세수용구를 평소와 같이 올린다.

이것은 아직도 소생할지 모르니, 생시와 같이 세수를 하고 머리를 빗으라는 뜻이다.

촛대는 제상 양쪽에 하나씩 세우고, 서쪽에는 향로, 동쪽에는 향합을 놓는다.

d. 상장(喪杖)

상장은 상주들이 드는 지팡이로 이것 또한 상징성을 지니고 있다.

부상(父喪)인 경우에는 대나무로, 모상(母喪)인 경우에는 버드나무나 미루나무로 만든다.

부상에 대나무를 사용하는 것은 남자는 촌수를 따지기 때문에 마디가 있는 대나무를 사용하고, 모상에 미루나무를 사용하는 것은 여자는 무촌이기 때문에 마디가 없는 버드나무나 미루나무를 사용한다고 한다.

일설에는 아버지는 자식을 기르느라 속이 비어 버렸기에 대나무를, 어머니는 자식들이 애를 태워 속이 찼기 때문에 버드나무나 미루나무를 쓴다고도 한다.

상장을 짚을 때는 대나무는 뿌리 부분이 밑으로 가게 짚으며, 버드나무는 위를 둥글게 아래는 네모나게 깎아서 상원하방(上圓下方)의 모양을 이루도록 한다.

이것은 대나무 뿌리는 땅을, 대나무 위는 하늘을 상징하고 버드나무 역시 상원은 하늘을, 하방은 땅을 상징한다.

이렇게 하늘과 땅을 상징하는 지팡이를 짚는 것은 이렇게 해야 망자의 영혼이 이승인 땅의 세계에서 저승인 하늘의 세계로 온전하게 갈 수 있다고 믿기 때문이다.

라. 조문(弔問)

a. 조상 · 문상(弔喪 · 問喪)

부고(訃告) 등을 통해 부음을 접하고 찾아온 손님들이 죽음에 대하여 문상하고 슬픔을 함께 하는 것으로 망자가 여자인가 남자인가에 따라 조상과 문상으로 구별한다.

• 조상(弔喪): 죽음을 슬퍼한다는 뜻으로 죽은 사람 본인에게

직접 조의를 표하는 것으로 통상 남자(男子)가 죽은 상에 인사하는 것을 말한다.

• 문상(問喪): 죽음에 대한 슬픔을 묻는다는 뜻으로 상주에 대한 위문이니 여자(女子)가 죽은 상에 인사하는 것을 말한다.

예전에는 성복 전에는 상주가 문상을 받지 않았는데 이는 상주가 시신도 수습하지 않은 상태에서 창망하여 손님을 받을 수 없다는 의미이며 만일 여러 사람이 함께 조상할 경우에는 그 중 웃어른이 대표로 조문(弔問)을 하게 한다.

b. 조문 방법

최근에는 부음을 접하면 바로 조상도 하고 문상도 하기 때문에 조상과 문상을 합해 슬픔을 나타내고 위문도 한다는 뜻에서 조문(弔問)이라 한다. 조문객이 상가에 도착하면 호상소에서 분향소로 안내한다.

c. 조객(弔客)의 예의(禮儀)

조상을 갈 때에는 먼저 복장에 유의해야 한다. 한복이나 검은 양복으로 정장은 다 못한다 해도 무늬나 색깔이 요란한 옷은 피해야 하고, 여자는 화장을 진하게 하지 않는 것이 예의이다. 스웨터 차림이나 집 안에서 입는 옷차림은 삼가야 한다. 그리고 오버나 코트는 대문 밖에서 벗고 들어가야 한다.

빈소(殯所)에 가면 먼저 상제(喪制)에게 목례를 한 다음, 영정 앞에 무릎을 꿇고 앉아 분향을 한다.

향나무를 깎은 나무향이면 왼손을 오른쪽 손목에 받치고, 오른손 엄지와 검지로 향을 집어 향로불 위에 가만히 놓는다. 만수향과 같이 만들어진 향이면 하나나 둘을 집어 성냥불이나 촛불에 붙인 다음 불꽃을 입으로 불거나 손을 흔들어 끄지 말고 왼손 손가락으로 가만히 잡아서 끈 다음 두 손으로 향로에 꽂는다. 그리고 일어나 영정에 재배하고 한 걸음 물러서서 상제에게 절을 하며 인사말을 한다.

이때 상주의 지위가 높은 사람이고 손님이 낮은 사람일 때는 상주가 하는 행동보다 느리게 하고, 상주와 함께 엎드리고 일어나는 동작을 똑같이 해서는 안 된다.

●상제의 부모인 경우

"대고(大故)를 당하시니 얼마나 애통하십니까."

"친환을 당하셔서 그토록 초민하시더니, 이렇게 상을 당하셔서 얼마나 망극하십니까"

"환중이라는 소식을 듣고도 찾아뵙지 못해 죄송하기 짝이 없습니다."

"그토록 효성을 다하셨는데 춘추가 높으셔서인지 회춘을 못하시고 일을 당하셔서 더욱 애통하시겠습니다."

●상제의 아내인 경우

"인사 여쭐 말씀이 없습니다."

"고분지통(叩盆之痛)이 오죽하오리까."

●상제의 남편인 경우

"상사에 어떻게 말씀 여쭐지 모르겠습니다."

"하늘이 무너진다는 말이 있는데 얼마나 애통하십니까."

●상제의 형제인 경우

"백씨 상을 당하셔서 얼마나 비감하십니까."

"할반지통(割半之通)이 오죽하시겠습니까."

●아들이 죽었을 때 그의 어머니에게

"얼마나 상심하십니까."

"참척(慘慽)을 보셔서 얼마나 마음이 아프십니까."

d. 곡(哭)하는 법

상주는 '애고 애고'하며 슬피 통곡하고 조객은 '어희 어희'하고 서러워하는데 보통 '어이 어이'로 발음하여 소리 내고 있다.

e. 부의(賻儀)

졸지에 상(喪)을 당한 상가(喪家)를 돕기 위해 상장절차에 소용

되는 물품이나 돈을 자기 형편에 맞게 보조하는 것. 부조하는 내용의 봉투는 대략 '향촉대(香燭代)'라든가 '부의(賻儀)'라는 두 가지 문구로 요약해서 쓴다.

[조장 쓰는 법 예 1]

謹弔

延安後人 李吉童喪事

年 月 日

○○○(弔尉者 姓名) 再拜

[부의 봉투 쓰는 법]

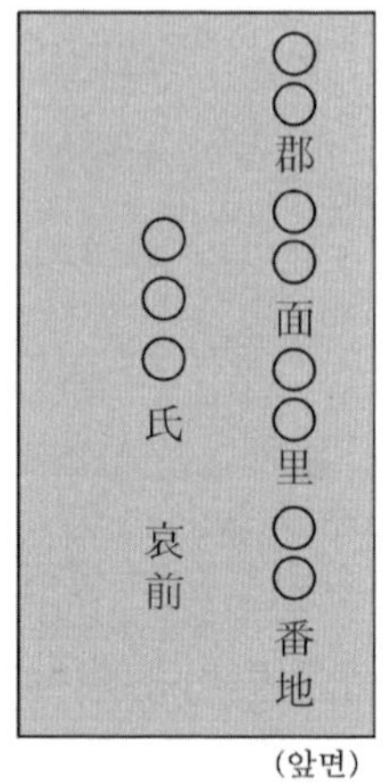

(앞면)

[조장 쓰는 법 예 2]

엄친께서(또는 자당) 별세하셨다니 참으로 슬픈 일이오며 부득이한 사정으로 곧 가서 조상하지 못하고 서장으로 삼가 조의를 표합니다.

년 월 일

○○○ 근조

○○○ 귀하

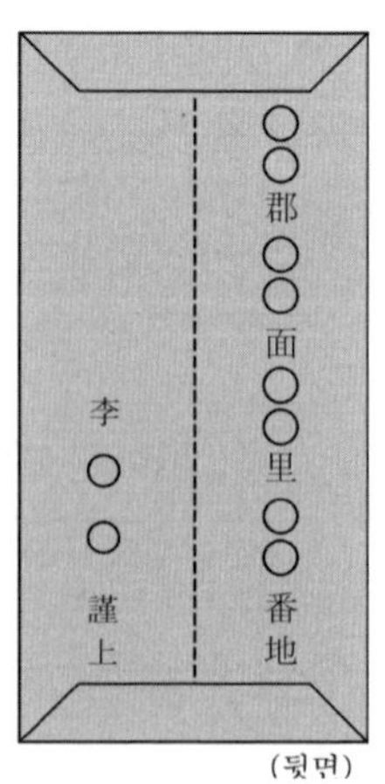

(뒷면)

[단자 쓰는 법 예 1]

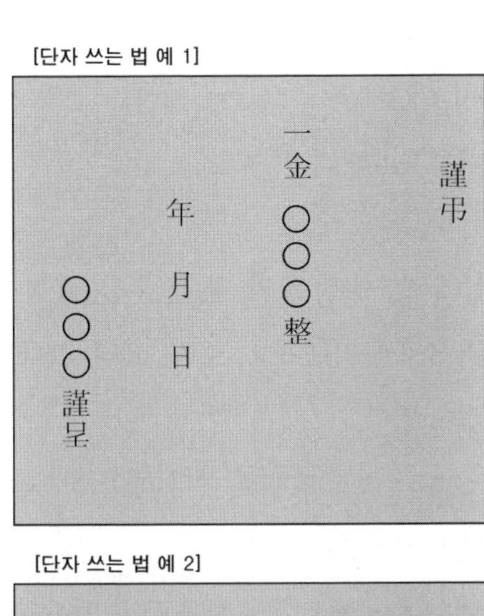

[부의 봉투 쓰는 법]

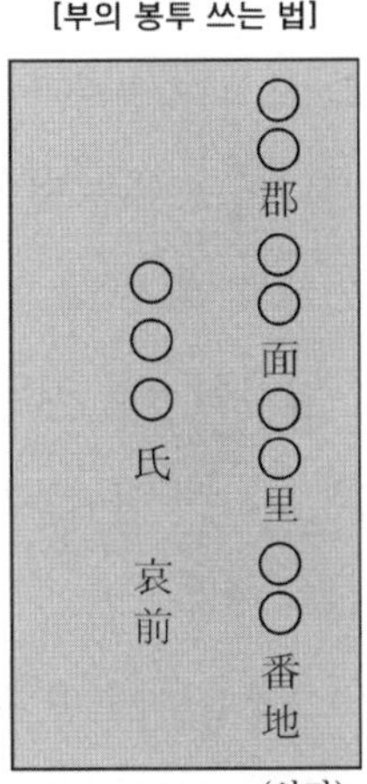

(앞면)

[단자 쓰는 법 예 2]

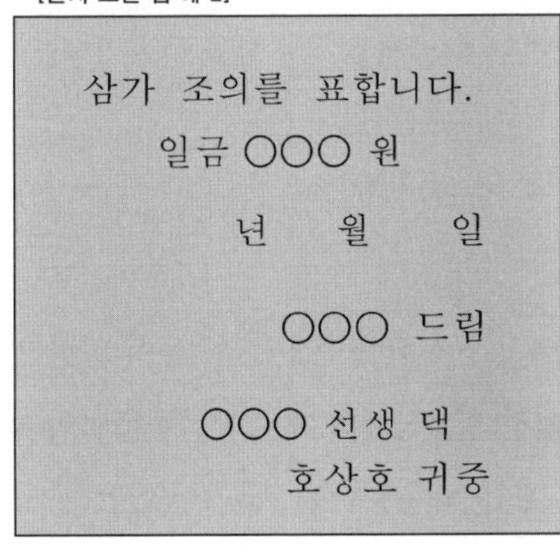

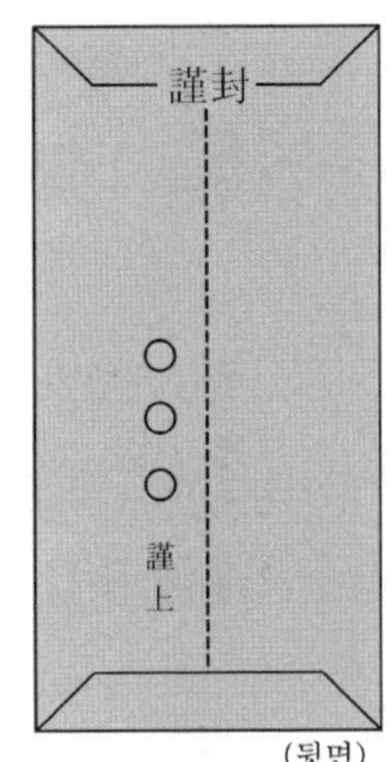

(뒷면)

마. 성복(成服)과 상복(喪服)의 제도

a. 성복

성복은 대렴을 한 이튿날 상제들이 복제(服制)에 따라 상복을 입는 절차이다.

앞에서 호상소가 차려지고 나면 이때부터 상주들은 주검과 영혼을 모시는 절차가 한편에서 끝나게 되고 또 한편에서는 상복이 완성되어 소복을 벗고 상복으로 갈아입으며 복인(服人)들도 각각 자기에게 해당하는 복을 입는다.

남자의 성복은 관(굴건), 효건, 제복, 중의, 행전, 수질, 요질, 교대, 지팡이이며, 여자는 관(소족두리), 제복, 수질, 요질, 교대 등이고 미혼이면 관건과 수질이 없다.

상복을 마치면 올리는 절을 성복전(成服奠)이라 하며 성복전이 끝나면 정식으로 문상을 받기 시작한다.

근래에 와서는 성복의 여부에 관계없이 문상을 하고 있어 고유 상례가 흐트러지고 있다.

b. 상복(喪服)의 제도

상복은 죽은 이를 애도하고 근신하는 근친(近親)들이 일정 기간 동안 입는 옷을 말하며, 예전에는 상복의 재질과 봉제방법의 차이에 의해 5복(五服: 참최, 재최, 대공, 소공, 시마)이 있었다. 모든 상복은 삼베로 만들며 복의 경중에 다라 베의 새수(베의 올이 굵고 가는 것)가 다르다. 참최가 제일 거칠며 수질(首絰)과 요질(腰絰)은 삼끈을 모아서 만든다.

상복을 입는 기간에 따라 9복으로 나뉘기도 했으나 최근에는 이러한 복제가 대부분 사라졌다.

예전에 사용된 복제도(服制度)는 다음과 같다.

●참최복

3년 동안 입는다. 오복 중에서 제일 중한 복으로 가장 거친 삼베로 남루하게 지어 입으며, 굴건제복을 하고 삼끈을 달아 묶으며 깃이 없고 소매가 넓은 웃옷을 입고 삼으로 만든 허리띠를 두르고 짚신을 신고 지팡이를 짚는다.

참최복을 입을 때에는 바느질을 거칠게 하고, 삼베 조각들을 앞뒤에 달아 걸인들의 옷차림처럼 의도적으로 남루하게 한다. 이는 부모를 죽게 만든 죄인은 좋은 옷을 입을 수 없다는 죄의식을 상복을 통해 상징적으로 나타내는 것이다.

참최는 아들이 부친상에 입는 옷을 말하며 만 2년을 입었으며, 아버지가 죽어서 조부나 증조 · 고조를 위한 승중(承重)을 하는 적손(嫡孫)이나 아버지가 적자를 위해 입는 옷을 포함시켰다. 참최의 참(斬)은 애통해한다는 뜻이고 최는 효자의 애통한 마음을 나타낸다는 뜻으로 부친상에 상복을 통해 애통함을 표현하는 의미가 내포되어 있다.

●재최복

2년을 입는다. 재최는 아들이 어머니를 위해 입는 복을 말한다.

아버지가 살아 계시거나 출가한 딸의 경우는 이를 입지 못했다. 예전에 부모상에 상복기간을 3년(만 2년) 동안 입은 것은 아이가 출생하여 어머니의 품을 떠나는데 걸리는 시간이 3년이라서 그런 것이다. 본래는 자최인데 재최라고도 한다.

●장기(杖朞)

장기란 상장(喪杖)을 짚고 1년 동안 복을 입는 것을 말한다. 아버지는 살아 계신데 어머니가 작고하시거나, 장손으로 아버지가 돌아가신 상태에서 할아버지가 생존해 계신데 할머니가 돌아가시면 장기복을 입었으며, 계모를 위해 복을 입을 때, 개가(開架)한 어머니를 위해서도 장기복을 입었다.

●부장기(不杖朞)

상장(喪杖)을 짚지 않고 1년 동안 입는 복을 말한다. 아내가 죽으면 남편은 부장기 1년복을 입었다.

조부모를 위해서 입고, 백숙부모를 위해서 입었으며, 고모로서 시집을 가지 않았는데 죽으면 입는다.

●재최복 5개월

입는 기간은 5개월로, 주로 죽은 이의 증손자가 입었으며, 상복은 재최복과 같고 지팡이를 짚지 않는다.

●재최복 3개월

입는 기간은 3개월로, 주로 죽은 이의 현(玄)손자가 입으며 상복은 재최복과 같고 지팡이를 짚지 않는다.

● 대공복(大功服)

대공의 공(功)은 삼베를 짠다는 뜻이 있는데 대(大)는 그 올이 굵다는 것이다. 기간은 9개월을 입었으며 배도 참최나 재최에 비해 가늘고 고운 것을 사용했다. 대상은 사촌 형제를 위해 입었으며 출가하지 않은 사촌자매를 위해서도 입었다.

● 소공복(小功服)

소공복은 종조부(從祖父), 종조모(從祖母), 형제의 손자, 6촌 형제의 아들, 외조부모, 외숙. 생질을 위해 입는 복을 말하며 5개월을 입는다.

● 시마(緦麻)

제일 가벼운 복인 시마복은 종증부모, 종증조모, 종조부의 자매, 형제의 증손, 종형제의 자매, 외손. 내종형제, 외종형제를 위해 입는 복을 말한다.

● 심상(心喪) 3년

심상이란 법도로는 상복을 입고 복상할 수가 없지만 마음속으로는 복상을 하는 것과 똑같이 애도하며 근신하는 것을 말한다. 예를 들어 아버지가 생존해 있는데 어머니가 작고하면 기년(紀年)으로 탈상을 하지만 나머지 1년을 심상(心喪)으로 하는 것이 그 예이다. 공자의 제자인 자공(子貢)이 공자를 위해 심상을 3년 입었다.

●심상기(心喪(期)

심상으로 기년(만 1년 1개월)을 복상하는 것이다. 개가한 할머니를 위해서 한다.

●가마(加麻) 3개월

상복이란 8촌까지만 입을 수 있다. 그러나 8촌을 넘는 친척이지만 애도 또는 존경심으로 입는 상복 아닌 상복이 가마이다. 가마는 상복처럼 입는 기간이 정해져 있지 않으나 3개월을 넘기지 않는다.

●가마(加麻)

상복이란 8촌까지만 입을 수 있다. 그러나 8촌을 넘는 친척이지만 애도 또는 존경심으로 입는 상복 아닌 상복이 가마이다. 가마는 상복처럼 기간이 정해져 있지 않으나 3개월을 넘기지 않는다.

바. 댓도리

발인 전날 밤에 빈 상여놀이로 주검을 신지 않고 상채만으로 행상 연습을 하며 출상 당일 행상해야 할 상여꾼들이 발을 미리 맞추어 보는 예행연습이다. 대부분은 고인이 고령자로 자연사한 호상(好喪)일 경우에 한하며 지역에 따라 다른데 상두꾼들이나 마을 사람들의 처지에서 보면 실제로운 흥겨운 놀이판이다.

a. 택지(擇地)

장지(葬地)를 정하는 것을 말하며 운명(殞命)한 뒤 장지를 정하느라 당황하지 않기 위하여 미리 정하기도 하는데 이를 구산(求山)이라고 한다.

이 구산에는 5가지의 조건이 있는데 길날 데가 아닌 곳, 성곽이 설 자리가 아닌 곳, 개간(開墾)될 데가 아닌 곳, 물이 날 염려가 없는 곳, 권세가와 말썽이 나지 않을 곳 등 택지의 다섯 가지 금기 사항이 있었다.

묘지가 결정되면 장삿날을 정하고 이 날짜를 친척 · 친구들에게 미리 알린다.

또한 날짜를 정하면 조전(朝奠) 때, 영연(靈筵)에 고한다. 날짜를 정하면 영역(塋域)에 공사를 시작하고 사토제를 지낸다. 이날 상주가 조곡을 하고 나면 집사를 데리고 가서 묘지로 정한 자리에 네 모퉁이를 파고 각각 표목(標木)을 세운다. 계속하여 먼 친척이나 손님들 중에서 한 사람을 선정하여 후토(后土), 즉 토지신에게 고하고, 이때 집사가 표목 중간에 신위(神位)를 남향으로 설치하면 축관은 술잔에 술을 따르고 과일과 포와 식혜를 진설하는데, 이때 상주는 참례하지 않는다.

광중(壙中)을 파는데 만일 부부를 합장할 때는 서쪽을 위로 삼아 남자의 자리를 서쪽으로 한다. 광중을 팔 때 금정기(金井機)를 땅에 놓고 시작하는데, 먼저 나무 네 개를 가지고 정(井)자 모양으로 만들어 관의 척수를 헤아려 반듯하게 놓고 그 모양대로 판다.

금정기 네 귀퉁이에는 말뚝을 박아 흔들리지 않도록 하고, 광중을 다 파고 나면 석회에 모래를 섞어 관이 들어갈 만큼 발라 곽(槨)과 같이 만든다.

지석(誌石)은 돌 두 쪽으로 장사지내는 날 광중 앞 가까운 곳에 묻는다. 오지그릇을 불에 구워서 지석으로 쓰기도 하는데 이것은 정결하여 매우 좋다.

[영연에 고하는 고사]

今已得地於 某郡某面某坐之原 將以
금이득지어 모군모면모좌지원 장이

某月 某日 襄奉 敢告
모월 모일 양봉 감고

풀이 : 이미 땅을 OO고을 OO 마을 OO좌향판에 얻어서 장차 장사지내겠으므로 아뢰옵니다.

[토지신에게 고하는 축문]

維歲次干支 幾月干支朔 幾日干支 某官姓名
유세차간지 기월간지삭 기일간지 모관성명

敢昭告于
감소고우

土地之神 今爲某官姓名 營建宅兆 神其保佑
토지지신 금위모관성명 영건택조 신기보우

俾無後艱 謹以 淸酌脯醯 祗薦于神 尙饗
비무후간 근이 청작포혜 지천우신 상향

풀이 : OO해 OO달 OO날 OO 벼슬한 OO가 감히 밝게 고하나이다. 토지의 신이여, OO 벼슬한 OO의 광중(壙中)을 세웁니다. 토지신께서 후환이 없도록 지켜 주소서. 삼가 맑은 술과 포혜를 올리오니 흠향하소서.

[동강선영축문(東岡先塋祝文)]

선조의 묘 부근에 분묘를 쓸 때 선조에게 올리는 축문

維歲次干支 幾月干支 幾日干支 孤子某(奉祀者名)
유세차간지 기월간지 기일간지 고자모 봉사자명

敢昭告于
감소고우

顯考某官府君之墓 今爲 某官府君 營建宅兆于
현고모관부군지묘 금위 모관부군 영건택조우

某所 謹以 酒果用信 虔告謹告
모소 근이 주과용신 건고근고

풀이 : OO해 OO달 OO날 OO 일가의 OO는 감히 OO 일가 OO 벼슬한 이의 무덤을 세우기로 하여 주과를 펴놓고 아룁니다.

[합장할 때 고하는 고사]

維歲次干支 幾月干支朔 幾日干支 孤哀子某 敢昭告于
유세차간지 기월간지삭 기일간지 고애자모 감소고우

顯考某官府君 (母先葬云 顯玭慕封某氏) 之墓
현고모관부군 모선장운 현비모봉모씨 지묘

某罪逆凶痕 先玭某封某氏 (母先葬云 顯考某官府君) 見背 日月不居
모죄역흉혼 선비모봉모씨 모선장운 현고모관부군 견배 일월불거

葬期已屆將已某月某日合附葬云 合封) 于墓左(或右)
장기이계장이모월모일합부장운 합봉 우묘좌 혹우

昊天罔極 卽事之始 謹以酒果 用伸虔告謹告
호천망극 즉사지시 근이주과 용신건고근고

풀이 : OO해 OO달 OO날 고애자 OO는 감히 밝게 현고 OO 벼슬한 어른의 묘에 고합니다. 세월이 흘러 장사 날이 이미 되었으므로 장차 OO달 OO날에 묘 왼편에 모시겠습니다. 삼가 주과를 펴놓고 아뢰옵니다.

b. 조우조(朝于祖)

죽은 이가 묘지로 향하기에 앞서 마지막으로 조상을 뵙는 절차로 주상 이하 복인(服人)들은 관(棺)앞에 차례대로 서고 집례가 '금이길신천구감고(今以吉辰遷柩敢告: 이제 장례를 모시는 날이 되었기에 관을 옮기고자 합니다)라고 아뢴 후 사당 앞으로 명정, 혼백, 관, 주상, 주부, 복인의 순으로 옮긴다.

집례가 영좌 앞에 꿇어앉아 '청조조(請朝祖: 청하나이다. 조상

신의 앞에 떠나는 예를 드리소서)'라 고(告)하고 주상 이하 복인들은 극진한 슬픔을 나타내고 본래의 자리로 옮긴다.

c. 설 조전(設 祖奠)

죽은 이가 살던 집에서 마지막으로 대접받는 절차로 영좌 앞에 상을 차리고 집례가 술을 올리며 축문을 읽는다

그 축문은 '영천지례(永遷之禮) 영신불유(靈辰不留) 금봉구거(今奉柩車) 식준조도(式遵祖道: 영원히 떠나시는 예를 행하겠나이다. 혼령께서 오래 머무실 수 없으시기에 이제 영구차를 받들어 모시고자 합니다' 라고 하고 주상(主喪) 이하 극진한 슬픔을 나타내고 절을 한다.

d. 출관

발인 날 새벽부터 서둘러 준비한다. 먼저 방에 있는 관을 들어내는 일을 하며 상주들은 관을 들고 방의 네 구석을 향해 관을 세 번씩 올렸다 내렸다 하며 인사를 하게 한다.

다음은 문지방을 넘으며 문 밖의 댓돌 앞에 바가지를 엎어두면 관의 앞부분으로 이것을 눌러서 깨뜨린다.

바가지를 깨는 것은 죽은 이가 다시는 문지방을 넘어 집 안으로 되돌아오지 않게 하며 상사(喪事)로 인한 집안의 재액을 없애버리기 위한 것이다.

사. 천구(遷柩)와 발인(發靷)

영구를 상여로 옮기는 것이다. 고례에는 대여(大轝)를 사용했지만 이것은 가난한 사람으로서는 행하기가 불가능하므로 풍속에 따라 상여를 쓴다.

천구고사(遷柩告辭)는 '금천 구 취여감고(今遷 柩 就與敢告: 이제 옮겨서 관을 영구차에 모시겠기에 감히 아뢰나이다)'라고 한다.

a. 발인(發靷)

상여가 장지로 떠나는 것을 출상 또는 발인이라고 한다.

관을 상여에 실으면 상여 앞에 병풍을 치고 자리를 갈며 제물을 진설할 상을 놓고 집에서의 마지막 제를 옮긴다.

상주들은 단잔을 올리고 한 번만 절을 한다. 이때 읽는 축을 발인축(發靷祝)이라 하고 축을 읽는 동안은 곡(哭)을 그친다.

발인제(發靷祭)가 끝나면 상여(喪輿)가 집을 나서면서 상여 앞쪽을 집으로 향하게 한 뒤 세 차례 올렸다 내렸다 하며 망인(亡人)과 가족(家族)과의 하직인사를 한다.

관을 상여에 옮겨 실을 때는 관의 다리 쪽을 앞으로 하고 머리 쪽이 뒤로 가게 실어야 하는데 이유는 머리가 앞으로 실려지면 머리가 땅을 밟는 것이 되고, 다리가 앞으로 실려지면 바로 서서 가는 것처럼 되기 때문이다.

b. 구행(柩行)

상여 행렬을 말하며 행렬은 방상, 명정, 공포, 만장, 요여, 영구, 상인(喪人), 복인(服人), 조객 순으로 출발하고 여자 상주들은 동구까지만 따라 나왔다가 집으로 돌아가고 남자 상주들은 묘지까지 동행한다. 현재는 남녀 구분 없이 묘지까지 동행하는 사람들이 많다.

c. 노제(路祭)

장지로 가는 길에서 개울이나 갈림길을 만나면 상여를 멈추고 노제를 지낸다.

훗날 제사 때 찾아오는 영혼이 길을 잃어버리지 말라는 뜻과 고인과 친한 조객이나 친척 가운데 뜻있는 사람이 스스로 조전자(祖奠者)가 되어 제물을 준비했다가 지낸다. 운구 도중 적당한 장소에 장막 또는 병풍 등으로 제청을 꾸며 영여(靈轝)를 모시고 그 앞에 제물을 차리면 상주 이하 여러 복인들이 늘어선다.

조전자가 분향하며 술을 올리고 꿇어앉아서 제문을 읽으면 모두 재배한다. 노제 축문은 조전자가 망인과의 정의와 그분의 업적을 칭찬하는 작사(作詞)를 하여 조의를 나타낸다.

[노제축(路祭祝)]

운구 도중에 고인의 제자나 벗들이 고인의 유덕을 추모하여 올리는 제의 축

維歲次干支 某月干支朔 某日干支 幼學暮(弔問者性名) 敢昭告于
유세차간지 모월간지삭 모일간지 유학모 조문자성명 감소고우

某官某公(某封某氏)
모관모공 모봉모씨

풀이 : OOO(조문자)는 감히 OOO 공의 관에 고하나이다. 흠향하소서.

d. 구지(柩至)

장례 행렬이 묘지에 도착하여 치르는 일로 묘지의 남쪽에 관의 상(上)이 북쪽을 향하게 모시고, 관의 서쪽에 영좌를 설치하고 명정으로 관을 덮는다.

남자 복인(服人)들은 묘지의 서쪽에 서고 여자 복인들은 서쪽에 서서 슬픔을 나타내며 영좌 앞에서 손님을 맞는다.

e. 하관(下官)

관(棺)을 묘혈 중에 넣는 의식으로 하관시 관과 함께 묻는 경우도 있고 관에서 시신만을 들어내 안치하는 경우가 있다.

하관할 때 상주들은 곡을 그치고 하관하는 모습을 주시하는데 다른 물건이 떨어지거나 관이 비뚤어지지 않도록 지켜본다.

대부분 시신의 움직임이 없도록 관을 제거한다. 시체는 머리를 북쪽으로 두고 발을 남쪽으로 가게 하여 광중 내광(內壙) 앞에 반듯하게 모시며 명정을 덮고 횡대로 내광을 덮은 후 주상(主喪)은 묘지에서 파낸 흙을 담아 시토(始土)라고 세 번 외치면서 흙을 광중에 세 번 쏟아 뿌리면 산역꾼들이 나머지 흙을 덮는다.

내광이 흙으로 메워지고 평지가 되면 축문을 읽고 평토제를 지내고 봉분을 만든다.

평토제는 산에서 올리는 마지막 제사라 하여 성대하게 지내며 대부분 맏사위가 맡아 지낸다. 평토제가 끝나면 상주는 혼백상자를 모시고 집으로 돌아온다.

f. 성분(成墳)

봉분을 만들고 석물을 세우는 것을 말하며 석물로는 혼유석, 상석, 향로석, 망주석 등을 세운다. 혼유석은 상석 뒤 무덤 앞에 놓는 장방형의 돌이고, 상석은 무덤 앞에 제물을 차려 놓는 돌로 만든 상이며, 향로석은 무덤 앞에 향로를 올려놓는 돌을 말하고, 망주석은 묘 양쪽에 세우는 돌기둥을 칭한다.

석물(石物)들의 의미는 망주석(望柱石)은 무덤이 있다는 표시용이며, 장대석(長臺石)은 계절을 짓고, 혼유석(魂遊石)은 혼이 나와서 노니는 곳이다. 문무석(文武石)은 벼슬을 한 사람들에 한하여 설치하였으며, 호분석(護墳石)은 봉분 밑부분에 둘러 흙이 흘러내리지 않게 하는 것이며, 곡장(曲墻)은 무덤 뒤쪽의 흙이나 물의 흘러내림을 막기 위해 둘러쌓는 것을 말한다.

석물도 개사초와 마찬가지로 여름이나 겨울에 하지 않고 봄, 가을에 주로 하는데 주로 봄의 한식 무렵에 많이 한다.

g. 사후토(祀后土)

묘지를 조성하고 산신에게 알리는 절차이다.

아. 반곡(反哭)과 반혼(反魂)

반곡이란 영거(靈車)를 모시고 집으로 돌아가면서 상주 등 상인들이 곡(哭)하는 것을 말하며, 반곡을 할 때는 부모가 옆에 있듯이 천천히 걸으며 슬픔에 이르면 곡을 하고, 집의 문이 보이면 곡을 한다.

반혼은 혼을 집으로 모셔가는 것을 말하며 반곡하는 길에 조상(弔喪)하는 사람이 있더라도 길에서 조례하지 말고 집에 돌아와서 조상을 받아야 한다.

반혼 후에도 상향곡을 하고 상주가 여묘살이를 하면 반혼하지 않는다. 반혼을 할 때에는 반드시 왔던 길로 되돌아가야 한다.

이는 다른 길로 가면 혼이 길을 잃게 되어 온전하게 반혼하기 어렵다기보다는 잡귀가 범접하지 못하도록 하기 위한 것이고, 반혼할 때 앞만 보고 가며 뒤돌아보지 않는 것은 주검에 미련을 두면 올바른 반혼이 어렵다고 믿기 때문이다.

집에 돌아오면 영좌를 궤연에 모시고 극진한 슬픔을 나타낸다.

a. 궤연(几筵)

궤연은 주상(主喪)이 상복을 입는 기간 동안 영좌를 모시는 장소이다.

조용한 방에 병풍을 치고, 교의를 놓은 다음 교의 위에 혼백과 신주를 모시고, 그 앞에 제상과 향안을 배설한다.

b. 상식(上食) · 삭망(朔望)상식(上食)은 궤연을 모시는 동안 조석으로 상을 차려 올리는 것이며, 삭망(朔望)은 매월 초하루에 보름의 상식보다 낫게 상을 차려 올리는 일이다.

자. 우제(虞祭)

우제부터 제사라 한다.

우제 이전은 전(奠)이다. 제(祭)는 온갖 제물을 신설하고 술을 석 잔 올리는 삼헌(三獻)의 예이나 전은 술을 한 잔만 올리며 차례를 지낼 때도 술을 한 잔만 올리는데 이는 제사가 아니기 때문이다.

[초헌 축문 쓰는 법]

維歲次干支 某月干支朔 某日干支 孤子 某 敢昭告于
유세차간지 모월간지삭 모일간지 고자 모 감소고우

顯考某官府君 日月不居 奄及初虞 夙興夜處
현고모관부군 일월불거 엄급초우 숙흥야처

哀慕不寧 謹以 淸酌庶羞 哀薦祫事 尙饗
애모불녕 근이 청작서수 애천겹사 상향

풀이 : OO해 OO날 고자 OO는 감히 밝게 돌아가신 아버지 OO 벼슬한 어른께 고하나이다. 세월이 흘러 어언 초우가 되었습니다. 밤낮으로 돌아가신 아버지를 슬피 사모하고 편안하지 못해 삼가 맑은 술과 음식으로 제사를 올리오니 흠향하소서.

우제는 갓 돌아가신 영혼을 위로하는 제사이다. 사람이 죽으면 형체는 땅 밑으로 돌아가고 없기 때문에 연혼이 안정을 찾지 못하고 불안한 상태에서 방황하고 있는 것을 신주나 혼백에 의지하여 안심하도록 하기 위해 세 번의 제사를 지낸다.

장례지낸 당일부터 지내는데 처음 지내는 우제를 초우제(初虞祭), 2일만에 지내는 우제는 재우제(再虞祭), 3일 만에 지내는 우제는 삼우제(三虞祭)이다.

우제는 기제와 달리 참신이 없고 우제축(虞祭祝)에 아버지인 경우에는 상주는 자기를 고자(孤子)라 하며 어머니는 애자(哀子)라 하고, 부모가 다 돌아가셨을 때는 고애자(孤哀子)라고 칭했다.

a. 초우제(初虞祭)

장례를 지낸 당일에 지내는 제사이다. 사정에 따라 늦게 지낼 때는 석상식(夕上食)을 겸해 올린다.

만일 묘소가 멀어 당일로 집에 돌아갈 수 없을 때는 중간에서 자는 집에서라도 지내야 한다.

제사를 지낼 때는 참신(參神)을 하는데 참신은 귀신에게 처음 하는 인사로 재배하며 여자는 사배한다. 그러나 우제에는 참신이 없고 그 대신 신주를 모셔 오면 서서 곡하는 것으로 대신한다.

b. 재우제(再虞祭)

초우를 지낸 다음 날 지내는 제사로서 초우와 달리 식전에 동이 틀 무렵인 궐명에 나물과 과일을 진설하고 날이 밝아지는 질명에 행사를 하며 예법은 초우와 같다.

c. 삼우제(三虞祭)

장례를 지낸지 3일째 되는 날 지내는 제사로, 최근에는 장례 3일 만에 성묘하고 삼우제만을 올리는 경우가 많다.

d. 사십구제(四十九祭)

장례일로부터 49일째 되는 날 사십구제를 올린다. 원래는 불교 의식이었으나 유림(儒林)에서도 49제를 올린다.

e. 졸곡(卒哭)

수시로 하던 곡(哭)을 그친다는 뜻으로 삼우제가 끝난 뒤 첫 강일에 지내는 제사로서 아헌(亞獻) 이하 사신(辭神)까지 우제와 같다. 졸곡 이후부터는 조석 사이에 슬픈 마음이 들더라도 곡하지 않고 조석곡만을 하며 편지로 조문(弔問)한 사람이 있으면 회답을 보낸다.

졸곡제는 우제와 같이 여명에 지내고 참신도 없으며 정화수를 사용한다.

[졸곡 때 읽는 축문]

維歲次干支 幾月干支朔 幾日干支 孤子 某 敢昭告于
유세차간지 모월간지삭 기일간지 고자 모 감소고우

顯孤某官府君 日月不居 奄及卒哭 夙興夜處
현고모관부군 일월불거 엄급졸곡 숙흥야처

哀慕不寧 謹以淸酌 庶羞哀薦 成事 尙饗
애모불녕 근이청작 서수애천 겁사 상향

풀이 : 아버님 돌아가시고 어언 졸곡에 이르렀습니다. 밤낮으로 슬피 사모하여 편할 수가 없어서 삼가 맑은 술과 여러 음식을 올리며 명일이 부제일임을 알리오니 흠향하소서.

차. 소상(小祥)

상(祥)은 길(吉)의 뜻으로 소상은 글자 그대로 '작게 길하다'라는 뜻이다. 초상을 치르고 만 1년이 되는 날이 소상이다.

소상을 치르면 삭망 때와 상식 때를 제외하고는 아침저녁의 곡을 하지 않으며 이른 아침에 제례를 올린다. 소상 때의 축문은 별도로 있다.

소상이나 대상에 친척이나 손님이 왔을 때는 상주는 먼저 곡을 하고 기다려야 하며, 상식(上食)에 진설했던 제수(祭需)는 자정 전에 집사가 거두고 다시 새로운 제수로 제사를 드린다.

카. 대상(大祥)

초상을 치르고 만 2년째 되는 날, 곧 소상의 제사를 지낸지 만 1년이 되는 날이 대상이다. 윤달은 계산하지 않고 재 기일에 치르며 이른 아침에 제례를 올린다. 대상 때의 축문은 소상의 것과 같고 소상을 대상으로만 고치고 상사(常事)를 상사(祥事)라고 쓴다.

타. 담제(潭祭)

담제는 편안하게 하는 제사라는 뜻으로 대상 후 석 달 만에 담제를 지내고 담제 후에는 완전히 탈상하고 상(喪)을 당하기 전의 생활로 되돌아간다.

파. 탈상(脫喪)

최근에는 탈상을 예전처럼 지키지 않고 앞당기는 경우가 많은데 중요한 것은 상주들의 마음가짐이다.

탈상을 하면 상복을 벗고 빛깔이 있는 옷을 입을 수 있으며 음식도 금하는 것 없이 먹을 수 있다.

탈상을 통해 죽은 이의 영혼에 대한 의례는 끝나고 후손들은 상주의 제약에서 벗어난다. 곧 상을 당하기 이전의 생활로 돌아가는 것이다.

(3) 현대식 약식 상례(喪禮)

가. 현대적 장례(葬禮)란

장례는 고인의 명복을 비는 의식 절차이다. 그러나 종래의 우리나라 상례 의식은 까다롭고 형식적이어서 실행이 어려웠을 뿐만 아니라 이로 인한 경비도 막대하여 그 폐단이 매우 컸다.

급변하는 오늘날에 있어서 장례 절차도 이제는 우리의 생활 감정과 일치되도록 치러져야 할 것이다. 그러므로 예법에 어긋나지 않으며 고인의 영혼을 편안하게 해 주는 분위기 속에서 장례를 치르기 위해서는 정확한 현대 약식 상례의 절차를 알고 대비해야 할 것이다.

나. 장례 절차

a. 임종(臨終)

임종은 부모 형제, 또는 가까운 친척이 운명(殞命)하는 것을 옆에서 지켜보는 것을 말한다.

임종은 예측할 수 없는 일이므로 집안에 병세가 위독한 노인이 계실 때에는 항상 주위 사람들에게 급히 연락할 수 있도록 한다. 또한 환자가 있는 방은 물론, 숨을 거둔 후 모셔 둘 방에는 잔 세간을 치우고 정결하게 청소하고 임종 시에 갈아입힐 옷 한 벌을 준비하는데 평소에 입던 것으로 흰색이나 엷은 색 옷이 적당하다.

의사가 임종이 가까워졌음을 알리면 미리 준비해 놓은 깨끗한 옷으로 갈아입히고 단정한 모습으로 운명할 수 있도록 한다. 임종이 임박했을 때 슬픈 마음이 지나쳐 이성을 잃고 당황하는 수가 있으니 침착하게 임종 순간을 지켜보도록 한다.

임종을 맞을 준비를 하고 유언(遺言)을 조심스럽게 듣는다. 이루지 못한 일이나 서운한 일이 있을 때에는 이루어 드리겠다고 충심으로 말씀드려 안심하고 편한 마음으로 운명하실 수 있게 해 드려야 한다. 운명은 참으로 엄숙한 순간임을 생각할 때 자손으로서의 마지막 효성으로 가다듬어져야 한다.

b. 정제 수시(整齊收屍)

운명을 하면 가족들은 당연히 돌아가신 이의 시신을 붙들고 울게 되는데 미리 친척이나 친지 중에서 초종(初終) 범절에 밝은 분을 청하여 수시(收屍)를 부탁한다.

먼저 조용히 명복을 빈 다음 침착한 태도로 돌아가신 분의 몸과 팔다리를 반듯하게 정제수시하고 머리를 북쪽으로 눕힌 뒤 백포로 얼굴을 씌운 다음 홑이불을 머리까지 덮어둔다.

정제 수시를 끝내고 마지막으로 뵐 측근이 뵙고 나면 휘장이나 병풍으로 앞을 가리며, 이때 병풍은 글씨만으로 된 것이 좋고 대개 뒷면의 흰색이 앞으로 보이도록 펴서 가린다.

시체를 모신 방에는 불을 넣지 말고 차게 한다. 시체를 모시고 이상과 같이 임종 직후의 예를 갖춘 후 애도하는 마음으로 초종(初終)에 임한다.

c. 발상(發喪)

발상이라 함은 사람이 죽어서 초상을 알리고 상례를 시작하는 의식 절차를 말한다. 집안에서는 먼저 상제(喪制)들 중에서 주상(主喪)을 정하고 역복(易服)을 한다. 역복이란 보통 때의 옷차림으로서 검소하게 갈아입는 것을 말한다.

고례(古禮)에서는 주상인 남자는 심의(深衣)를 입고 여자는 백장의(白長衣)를 입었다. 이때 남자는 두루마기 한 팔을 꿰지 않는데 습속에 따라 아버지의 상(喪)에는 왼팔을, 어머니 상에는 오른팔을 꿰지 않는다. 이러한 관습은 상을 당해 옷을 제대로 못 입을 정도로 슬프고 애통하다는 뜻이다.

- 곡(哭): 이렇게 역복을 하고 곡을 해야 비로소 발상이 된 것이었으나 이제 형식적인 곡은 하지 말고 오히려 운명하신 분 앞에 모여 앉아 명복을 비는 것이 좋다.
- 초혼(招魂): 사람이 죽으면 혼백이 몸에서 떠난다 하여 그 혼백을 다시 불러 몸에 붙게 한다는 뜻의 절차로서 고례에서는 복(復)이라고 한다. 그러나 이 절차는 오늘날 생략되고 있다.

d. 전(奠)

초종중 성복제 이전까지는 돌아가신 분이라도 살았을 때처럼 모신다는 뜻으로 포혜를 올리는 일이다. 전을 올릴 때는 따로 절을 하지 않고 제상과 시신을 가린 병풍 앞에 놓고 백지를 깐 다음 그 위에다 올린다. 반드시 포혜가 아니더라도, 평소에 즐기던 음식을 올려도 상관이 없으며 하루에 한 번씩 다른 것으로 바뀌어도 좋다.

전으로 올리는 음식은 되도록 마른 음식이나 과일 등이 깨끗해서 좋다. 과일은 껍질을 벗기지 말고 아래위만 도려내어 쓰는데, 여러 시간 놓아두는 것이므로 쉽게 변색하는 것, 냄새가 좋지 않은 것 등은 피하도록 한다.

e. 영정(影幀)과 향탁(香卓)

영정은 고인의 사진을 말하고 향탁은 분향할 상을 가리킨다.

- 영정: 미리 준비한 고인의 사진을 검정색 틀에 기워 검은 리본을 달아 시신을 가린 병풍 앞에 모시는데, 전(奠)을 올릴 제상 위에 모시거나 집 안에 교의(交椅)가 있을 때는 그 위에 모신다.
- 향탁: 제상 앞에 향탁을 놓고 백지를 깔고 그 위에 향로와 향합 · 촛대를 준비하여 향을 피우고 촛불을 밝힌다.

f. 상제(喪制)

고인의 배우자(配偶者)와 직계비속(直系卑屬)을 상제(喪制)라 한다. 주상(主喪)은 고인의 장자가 되며, 장자가 없을 때는 장손이 주상이 된다.

고인에게 자손이 없을 경우에는 가장 가까운 사람이 상례를 주관한다.

g. 호상(護喪)

친지들 중에서 상례에 대한 범절이 밝은 분으로 호상을 정해 상중과 장례 일체를 맡긴다. 부고에 내는 호상은 때로 형식적인데 치우쳐 있는데 이럴 때는 실제로 상제들과 상의할 만한 사람을 정해 모든 절차가 순조롭게 진행되도록 해야 한다.

호상은 장례 절차의 진행과 지휘뿐만 아니라 초종 중의 금전 관리와 조문객 접대 · 범절까지 맡아서 하며 초종록 등을 상세하게 남길 수 있도록 준비하고 비용 지출에 낭비가 없도록 잘 관리해야 한다.

h. 상기(喪期)

부모와 조부모, 그리고 배우자의 상기는 사망한 날로부터 1백일까지로 하고, 그 이외는 장례일까지를 상기로 한다.

상기 중에는 신위를 모시는 궤연을 설치하지 않고, 탈상 제사는 일반 기제사와 같이 모신다.

i. 상복(喪服)

한복(韓服)을 입을 때에는 흰색이나 검은색 옷을 입고, 양복을 입을 때는 검은색 옷을 입으나 부득이한 경우에는 평상복(平常服)

을 입는다.

별도의 상복은 마련하지 않으며 왼쪽 가슴에 상장(喪章)이나 흰색의 꽃을 단다.

흰색이나 검은색 옷을 입는 기간은 장례일까지로 하고 왼쪽 가슴에 상장을 다는 것은 탈상 때까지다.

j. 영좌

입관이 끝나면 병풍으로 가린 다음 빈소나 대청 또는 마루에 영좌를 설치한다. 교의에 영정을 모시고 제상을 놓고 그 앞에 향안을 놓는다. 명정(銘旌)은 영좌 오른편의 병풍에 걸거나 벽에 건다.

상제는 영좌 앞 오른쪽, 손님 위치에서는 영좌 왼쪽에 자리를 한다.

명정은 진분홍의 비단 한 폭의 길이 일곱 자로 아교에 흰 분을 섞어 쓰거나 먹으로 쓴다. 망인에게 관직이 있으면 '학생' '유인' 대신에 관직명을 쓰고 관직이 아니더라도 박사, 교수, 문인, 변호사 등은 그대로 쓴다.

이때 망인의 유명한 호가 있으면 '학생' 대신 호를 쓰기도 한다. 명전은 관 위에도 쓴다. 이를 관상명정 또는 관명정이라고 한다.

k. 운구

영구차나 영구 수레로 관을 옮기고, 부득이한 경우에 한하여 상여를 쓸 수 있으나 상여에는 불필요하게 화려한 장식을 하지 않는 것이 좋다.

관을 옮길 때 행렬의 순서는 사진, 명정(銘旌), 영구(靈柩), 상제(喪制) 그리고 조객(弔客)의 순으로 한다.

l. 성복제(成服祭)

입관이 끝나면 상제들은 상복 차림을 한다.

이는 특별한 차림을 하라는 뜻이 아니라 입관 때까지는 복장을 단정하게 하지 못 했다 하더라도 입관이 끝나면 복장을 단정히 하라는 말이다.

굴건은 없지만 두건(頭巾)은 삼베나 광목으로 만들어 장례 때까지와 탈상 제사 때에 쓴다.

두루마기와 두건을 지어 쓸 수 없을 때는 상장(喪章)을 왼쪽 가슴에 단다. 상장은 마포나 광목으로 가로 7Cm, 세로 3Cm 되게 접어 나비 모양으로 만든다.

상복 차림이 끝나면 제수를 갖추어 성복제를 모신다.

제상에 진설이 끝나면 향을 피우고 곡을 하며 재배(再拜)하고 술잔을 올리고 나서 메에 수저를 꽂고, 젓가락을 고기나 생선 위에 올려놓는다.

m. 부고(訃告)

신문의 광고란을 통해 부고를 내는 경우라도 그 신문을 보지 못하는 경우를 참작하여 꼭 기별을 해야 할 곳에는 서신(書信)으로

나 사람을 시켜 초상이 났음을 알려야 한다.

특별히 친근하지 않은 곳에 부고를 내는 것은 삼가야 하나, 친척이나 장례에 참석하지 못해 섭섭히 생각할 만한 곳에는 알리는 것이 상제의 도리이다.

n. 발인과 영결식

발인은 영구가 집을 떠나는 절차로서 발인에 앞서 제주 · 과일 · 포 · 혜 · 적. 편으로 발인제를 올려 마지막으로 집 안에서의 제사를 지낸다. 이 발인제를 견전(遣奠)이라고 한다.

영결식은 사회자가 있어, 대개 다음과 같은 순서로 진행한다.

- 개식사(開式辭)
- 망인의 약력 보고
- 조사(弔辭)
- 조가(弔歌)
- 유가족과 조객의 분향
- 폐식사(閉式辭)

o. 하관(下棺)과 성분(成墳)

하관은 관을 광중에 넣는 것을 말하며 성분은 관을 묻은 다음에 흙으로 둥그렇게 쌓는 것을 말하는데 달리 봉분(封墳)이라고도 한다.

영결식을 마치고 장지로 떠나 묘소에 이른 상주와 유가족 · 가까운 친지들은 장의차를 정지시키고 하관 준비를 한다. 하관 절차는 각 집안의 법도에 따른다.

장례가 끝나면 정신이 수습 되는대로 호상소에서 일을 도와 준 분, 망인의 병을 치료해 준 분을 찾아가 인사를 하는 것이 좋고, 조객들에게는 고맙다는 인사 말씀을 우편을 이용해 보내 드리는 것이 필요한 일이다.

조객록이나 조위록, 그리고 부의록을 정리해 둔다. 세월이 흐른 뒤에 좋은 추억의 자료가 될 수 있기 때문이다.

다. 그 외의 장례

a. 화장법(火葬法)

화장법은 여러 가지 장법 중에서 가장 널리 행해지는 풍속의 하나로서 서양에서는 고대 그리스 시대부터 행해져 왔다고 하며, 동양에서는 특히 불교에서 수도승(修道僧)이 사망했을 때는 반드시 화장에 의한 장례를 치른다.

우리나라의 화장법은 불교에서 유래되어 오다가 유교가 성한 조선 시대에 와서 많은 비난을 받게 되자 점점 쇠퇴해졌다. 그러나 오늘날의 상황을 감안해 볼 때 화장법이 조상 숭배사상에 어긋난다 하여 멀리할 수만도 없을 것이다.

화장을 하려면 의사의 사망확인서를 가지고 주민등록이 되어 있는 동회에서 화장 신고증을 발급받는다.

b. 천주교식 장례(天主敎式葬禮)

천주교에서 생전에 영세를 받은 분은 천주교 예절에 따라 장례를 치른다. 천주교나 기독교 어느 것이든 우리나라의 풍습이나 장례위원회의 의견을 존중하고 있으며 신자로서의 정신에 벗어나지 않으면 병행할 수도 있다.

● 임종에 임해 급히 세례를 받고자 할 때

신부나 교우회장 또는 수녀에게서 대신 세례를 받을 수 있다. 가능하면 병환 시에 미리 영세를 받을 의사를 타진함이 옳으며 이러한 일은 어느 종교이든 마찬가지이다.

● 연도

숨을 거둔 다음 수시하고 제단을 만들 때 천주교 신자에게는 십자가와 성수를 준비하고 유족과 교우들이 모여 연도를 드린다. 연도를 올릴 때는 기도문 · 성가 · 송창 · 성서 독서로 이루어지며 초종에 여러 번 드릴 수 있다.

● 밤샘 기도

초종 중에 밤샘을 하면서 기도를 한다. 밤샘 기도를 올릴 때는 신부나 평신도의 지도로 상가에서 거행할 수 있으며 순서는 다음과 같다.

먼저 개회를 위한 권고를 한 다음 해당하는 시편(詩篇)과 기도문을 외우고 독서를 읽는다. 독서 후에 신부는 모인 사람들에게 강목할 수 있으며 이때 성가를 겸한다.

● 입관 기도

밤샘 기도와 같은 순서로 거행되며 신부의 지도 아래 이루어진다.

● 장례식

장례식은 상가에서 성당으로, 마지막에는 묘지에서 거행된다.

● 성당에서 행할 때

영구를 모셔 미사를 올리기 위해 성당으로 갈 때 행렬의 순서는, 맨 앞에 십자가를 든 복사(服事), 영구 바로 앞에 신부가 서고 시편을 외우면서 기도한다.

● 성당에 들어와서

성가를 부르며 성당으로 들어가 미사를 올린다. 먼저 개회식을 하고 독서 · 성가 · 기도 · 말씀의 전례 등으로 신부의 지도 아래 영결미사가 거행되고, 고인의 유족은 영성체(領聖體)로서 고인을 위한 봉헌미사에 완전하게 참여한다. 영성체 후에 기도하고 고별식을 한 다음 성수를 뿌린다.

● 장지에서

묘지 축성 기도를 하고 묘와 영구에 성수와 향을 뿌리고 하관 기도를 한다. 성당에 가는 행렬에 고인의 영정을 들고 영구 앞에 세울 수 있다. 이때 영구는 촛불도 따르며 관은 발이 앞에 가도록 든다.

c. 기독교(基督敎)식 장례

기독교식 장례는 운명한 시신의 정제 수시로부터 하관에 이르기까지 목사의 집례 아래 이루어진다.

운명과 더불어 찬송과 기도로 망자(亡者)의 영혼을 하나님께 맡기는 뜻의 예배를 본다.

초종 중에는 매일 한 번의 기도회를 갖는다. 그러나 우리나라에서는 조석으로 또는 시간이 있는 대로 유족이 모여 기도회를 하는 경우가 많으며 또한 찬송이 그치지 않게 하여 영혼을 하나님 앞에 가까이 가게 한다.

다만 찬송이 계속될 때 다른 조객이나 이웃에 폐가 되지 않도록 고려해야 할 것이다.

장례식 전날 저녁에 염습을 하고 입관식을 한다. 이때는 반드시 목사의 집례 아래 예배를 본다. 염습 일체도 반드시 신자 중에서 잘 아는 분이 하고 서로 도와준다.

장례식도 목사의 집례 아래 예배를 본다. 여기에서는 사자가 하나님에게 돌아갔음을 찬미하는 뜻에서 예배가 이루어진다.

기독교에서는 헌화를 하며 분향은 하지 않는다. 상주 · 유족 · 친지 · 조객의 순서로 꽃을 한 송이씩 헌화한다. 기독교 집안에서도 초종 중에 일반 조객을 위하여 분향 준비를 한다.

장지에 도착하면 매장에 앞서 하관 의식을 행하는데 이때도 목사 집례로 하관 예배를 보고 매장한 다음 상제들이 사자 위에 흙을 뿌리고 봉분을 한다.

d. 불교(佛敎)식 장례

우리나라에서는 대개 유교 〈가례〉 범절에 따라 장례를 치르면서 한편으로는 고인의 영혼을 극락으로 천도(遷度)하려는 뜻에서 스님을 모셔와 불경을 송독하는 경우가 많은 것 같다. 특히 불교신자일 때는 생전에 다라니를 준비하여 입관할 때 덮는 경우가 많다.

다라니라는 것은 선법(善法)을 갖추어 악법(惡法)을 막는다는 뜻의 범어(梵語)이며 범문으로 된 긴 구(句)를 풀이하지 않고 그대로 주서(朱書)로 찍어 옮긴 것이다. 이것을 독송하면 스스로 넓고 변함없는 진리를 갖추고 여러 가지 장애와 액을 막을 수 있다고 믿는 뜻과 천도를 위한 마음에서 불신자들이 소중하게 생각한다.

운명에서 하관에 이르는 동안 천도법요식(薦度法要式)과 장례법요식(葬禮法要式)에 준하여 운명 · 염습 · 입관 · 영결 · 하관에 불경 독송을 한다.

불경 독송은 스님을 모셔다 하고 상가에서는 목탁과 독경이 계속되며, 유족이나 조객 중에 불경 송독을 아는 분은 함께 송독하도록 하여 영혼의 천도를 기원한다.

(4) 장례 후의 뒤처리

장례 때 쓴 사진인 영정은 일정한 장소에 모시고 고례(古禮)와 같이 조석상식을 올리지는 못 해도 출근하거나 먼 길을 떠날 때 배례(拜禮)로 고하는 태도가 필요하며 자녀들에게도 좋은 본보기가 될 것이다.

장례가 끝나면 호상인으로부터 장례 중의 사무일체를 인계받고 금전 관리 등의 뒤처리를 하고 호상 · 조객 등에게 인사드리는 것은 장례 뒤 며칠 안으로 한다. 호상소에서 여러 가지로 일을 도와 준 분과 밤샘을 함께 해 준 가까운 친지들에게도 감사의 뜻을 표하는 자리를 마련하고, 고인의 병환을 치료해 준 의사 · 간호사 · 직장의 상사에게도 찾아가 인사한다.

조객록을 보고 조문 오신 데 대한 인사를 치러야 하며 일일이 찾아가 뵙거나 전화로 인사할 형편이 아닐 때에는 인사장을 우송하거나 신문에 낸다. 도한 초종 중의 모든 기록을 정리해 보관해 둔다.

(5) 장례 후의 제의(祭儀)

가. 삼우(三虞)

매장일로부터 3일째 되는 날에 성묘하고 봉분에 떼를 입히고 준비가 되었으면 비석을 세우는데 가풍에 따라 묘지에서 삼우제를 지낸다.

삼우제는 혼백을 만들어 집에 돌아온 뒤 혼백을 편안하게 한다는 뜻에서 바로 초우제를 지내고, 그 다음에 재우를 지내고, 그 다음에 삼우제를 지낸다.

나. 졸곡(卒哭)

졸곡은 삼우제 뒤에 다시 택일하여 지냈으나 근래에 졸곡은 삼우와 함께 치르는 경향이며 곡을 그친다는 뜻으로 졸곡이 지나면 조석상식 때나 조상객이 왔을 때 곡하지 않는다.

다. 사십구제

장례날부터 49일째 되는 날 사십구제를 올리는데 원래 불교 의식으로 유교에서도 사십구제를 올린다. 이 제(祭)는 영혼을 극락으로 인도한다는 뜻에서 올리며 고인이 생전에 다니던 절에서 거행한다.

라. 백일

장례 후 백 일째 되는 날에 영혼의 천도를 위해 제를 올리는데 사십구제를 올린 절에서 거행하는 것이 상례다.

마. 소상(小祥)

고인이 돌아가신 지 만 1년이 되는 날이 소상인데 소상은 이른 아침에 제례(祭禮)를 올린다.

[소상 때 읽는 축문]

維歲次干支 某月干支朔 某日干支孝子 某
유세차간지 모월간지삭 모일간지 효자 모

敢昭告于
감소고우

顯考某官府君 日月不居 奄及小祥 夙興夜處
현고모관부군 일월불거 엄급소상 숙흥야처

哀慕不寧 謹以淸酌庶羞 哀薦 常事 尙饗
애모불녕 근이청작서수 애천상사 상향

풀이 : 효자 OO는 감히 고하옵니다. 어언간 세월이 흘러 OO 벼슬하신 아버님 돌아가신 소상이 돌아오니 밤낮으로 슬프게 애모하는 마음 이기지 못하여 삼가 맑은 술과 여러 가지 음식을 갖추어 올리오니 흠향하소서.

바. 대상(大祥)

고인이 돌아가신 지 만 2년째 되는 날이 대상이다. 대상 제례도 이른 아침에 지낸다.

[대상 때 읽는 축문]

維歲次干支 某月干支朔 某日干支 孝子 某 敢昭告于
유세차간지 모월간지삭 모일간지 효자 모 감소고우

顯考某官府君 日月不居 奄及大祥 夙興夜處
현고모관부군 일월불거 엄급대상 숙흥야처

哀某不寧 謹以淸酌庶羞 哀薦 祥事 尙饗
애모불녕 근이청작서수 애천상사 상향

풀이 : 효자 OO는 감히 고하옵니다. 세월이 흘러 어언간 아버님 돌아가신 대상이 돌아와 밤낮으로 애모하는 마음을 이기지 못하여 삼가 맑은 술과 여러 가지 음식을 갖추어 올리오니 흠향하소서.

[사당에 고하는 축문]

請于入 祠堂
청우입 사당

풀이 : 사당으로 들이기를 청하옵니다.

사. 담제(禫祭)

대상 후 석 달 만에 담제를 지내고 담제 후에는 완전히 탈상하는 것이며 상을 당하기 이전 생활로 돌아간다

아. 탈상(脫喪)

오늘날에는 장기간 동안 흰옷을 입을 수 없기 때문에 집안에서 의논하여 탈상을 1백 일로 앞당기는 것이 좋다. 상제는 백 일 동안 반드시 흰옷이 아니더라도 생활에서 허용되는 범위 안에서 지키는 것이 좋으며, 중요한 것은 상중의 마음가짐이라는 것을 잊지 말아야 한다.

(6) 묘지(墓地)와 비석(碑石)

가. 묘지

조상 대대의 묘가 있는 선산에다 묘지를 정하는 경우가 있고, 종교 묘지, 공원 묘지, 공동 묘지 등도 있다. 어느 쪽이든 집안의 여러 가지 사정에 따라서 되도록 성묘 가기 쉽고, 땅 의 지질이 좋아 습하지 않고 볕이 잘 드는 조용한 곳으로 묘지를 택한다.

나. 비석과 석물

식물은 묘소에 세우는 석인(石人) · 석등(石燈) · 석상(石像) · 향로석 · 혼유석 등을 말한다. 비석은 그 묘에 매장되어 있는 분을 밝히

는 표지이므로 반드시 필요하지만 기타의 석물은 집안에 따라서 한다. 비석돌 중에서 가장 좋은 것은 오석(烏石), 그 다음이 황등석(黃等石) · 애석(艾石) 등이며 일반적으로 화강석을 많이 사용한다.

(7) 조문(弔問)

조객의 집안 풍습이나 신봉하는 종교가 다르더라도 조상을 갔으면 상가의 풍습에 따라 행하는 것이 예의이다. 그러나 상가의 특수한 풍습을 모를 때에는 사회의 일반적인 풍습대로 할 수밖에 없다.

조상을 갈 때는 가능한 한 끼니 때를 피하는 것이 좋다.

상가의 일을 도와 줄 처지가 아니면 정제수시(整齊收屍)가 끝나 발상(發喪)을 한 뒤가 좋고, 허물을 차릴 처지라면 염이 끝난 다음에 가는 것이 좋다.

부의(賻儀)를 할 때는 돈을 깨끗한 종이에 싸서 단자를 쓴 뒤에 함께 봉투에 넣는다. 단자를 쓴 종이에라도 돈은 싸서 넣는 것이 예의이다.

글씨는 먹물로 쓰는 붓글씨가 아니라도 검은색 잉크나 검은색 볼펜으로 쓰는 것이 좋다.

봉투 앞면에는 '부의(賻儀)' '향전(香奠)' 'OO상제 호상소(喪制 護喪所)'라고도 쓴다.

조상을 갈 수 없는 형편이나 먼 거리에서는 조전(弔電)을 친다. 조위 전보는 장례 전에 도착할 수 있도록 보내는 것이 좋다.

불가피한 사정으로 조위 전보를 쳤을 경우에는 바로 이어 조위(弔

慰) 편지를 보내는 것이 예의이다.

이웃이나 가까운 친지가 상을 당했을 때는 밤샘(철야)을 하는데 필요한 죽이나 많이 필요한 과일을 보내는 것도 상가에 큰 도움이 된다.

망인이 여만하여 돌아가셨을 때 일반에서는 흔히 호상(好喪)이라 하여 웃고 떠드는 일이 있는데 호상이란 있을 수 없는 것이다.

상을 당해 장례를 치르는 동안 상제의 하는 일이 많이 밀려 복잡한 경우에는 거들어 주는 것도 위로가 된다.

(8) 상례에 관한 용어 해설

- 가(斝): 제례에 사용하는 술잔.
- 갈장(渴葬): 예월을 기다리지 않고 급히 지내는 장례.
- 경야(經夜): 장사를 치르기 전에 죽은 사람의 일가친척들이 밤을 새우며 관 옆에서 지키던 일.
- 고복(皐復): 상사에 있어서 죽은 사람의 혼을 부르는 의식.
- 곡비(哭婢): 예전에는 장례 때 곡성이 끊이지 않도록 상복한 계집종을 애곡하게 했는데 이 계집종을 곡비라 하였다.
- 관건(冠巾): 굴건과 두건.
- 금정(金井): 묘혈(墓穴)을 팔 때 쓰는 제구의 하나. 묘혈의 구덩이와 넓이를 정하는데 사용한다. 굵은 나무를 가지고 정자형(丁字形)으로 만드는 것이다.
- 굴건(屈巾): 상제가 쓰는 건. 폭이 세 손가락 넓이만한 베오리를 종이로 배접하여 빳빳하게 만든 것. 두 끝을 휘어 끈을 꿰어서

쓰고 그 위에 눌러 쓰게 되어 있다. 상주가 두건 위에 덧쓰는 건.

- 기일(忌日): 사람이 죽은 날.
- 노장(路葬): 죽은 시체를 길 복판이나 길가에 매장하는 것. 정상적인 장사법이 아니고 젊은 미혼자(처녀, 총각)가 사망할 경우, 특히 청춘과부나 과년한 처녀가 죽었을 때 이들이 남성에게 채 풀지 못한 소원을 가진 채 죽었으므로 남성에 대한 원귀가 되어 산 사람들에게 여러 가지 해를 끼친다는 원시적 관념 때문에 생긴 장법(葬法)이다.

  많은 남성들이 왕래하는 길가에 묻어 간접적으로나마 남성과 접촉을 갖게 하여 죽은 혼을 달래기 위한 것이라고 한다. 총각과 처녀의 시체를 합장하는 것과 같은 뜻을 갖는다.
- 단면(袒免): 복식. 조선 왕조 때 두루마기의 오른쪽 소매를 벗고 사각건(四角巾)을 쓰던 상례. 먼 친척의 상 때 하기 때문에 일명 무복친(無服親)이라고도 한다.
- 대상(大祥): 사람이 죽은 지 만 두 해가 되는 날. 실제로는 상례의 마지막이 되며 대상 후에 담제와 길제가 있으나 크게 중요시되지 않고, 대상이 지나면 상을 벗게 된다. 소상과 더불어 상제(喪祭) 중에서 가장 큰 제사로 일가친척은 물론 죽은 사람의 친구나 상주의 친구들도 이날 문상(問喪)하는 것이 원칙이다.
- 두건(頭巾): 상중(喪中)에 남자들이 머리에 쓰는 건(巾). 대개 상인의 친지, 가까운 인척의 성년 남자들이 쓰도록 되어 있다. 삼베나 바래지 않는 천으로 만든다.

● 만가(輓歌): 구전 민요의 하나. 상여(喪輿)를 메고 장지로 갈 때 상여꾼이 부르는 노래로 죽은 사람을 애도하고 인생의 허무를 되씹는 구슬픈 노래다.

● 만장(輓章): 죽은 사람을 애도하며 지은 글. 비단이나 종이에 써서 기를 만들어 상여 뒤에 따르게 한다. 부조 중 만장 부조를 으뜸으로 쳤으며 만장이란 영구를 끌고 간다는 뜻이다.

● 명정(銘旌): 죽은 사람의 품계, 관직, 성씨를 기록한 기.

● 묘갈(墓碣): 무덤 앞에 세우는 둥그스름하고 작은 돌비석. 묘갈에 쓰여 있는 명문(銘文)을 묘갈명이라고 한다.

● 묘계(墓界): 조선 왕조 때 품계에 따라 정한 무덤의 구역. 종친은 1품의 무덤을 중심으로 사방 1백 보, 2품은 사방 90보, 3품은 80보, 4품은 70보, 5품은 60보, 6품은 50보였으며 문무관은 1품이 90보로 차례대로 10보씩 적어졌고, 서민은 사방 10보로 정했는데 이 구역 내에서는 경목(耕牧)이 금지되었다.

● 묘비(墓碑): 묘소에 세우는 장방형의 돌비석. 일명 묘석. 아래에 반석(盤石) 그 위에 비신(碑身), 맨 위에 지붕 모양의 가첨석이 있다. 비신에는 죽은 사람의 관직, 성명, 행적, 자손, 생몰 연월일 등이 새겨져 있다.

● 묘표(墓表): 무덤 앞에 세우는 표지돌. 일명 표석(表石). 죽은 사람의 품계, 관직, 성명 등이 새겨져 있다.

● 반(飯): 메. 밥.

● 반함(飯含): 염습할 때, 죽은 사람의 입에 쌀, 구슬, 동전 등을 넣

어 주는 것. 반함한 물건들은 죽은 사람의 영혼이 명부(冥府)까지 가는 동안의 노자와 음식이 되므로 이렇게 함으로써 죽은 사람이 고이 잠들 수 있다고 한다.

- 봉분제(封墳祭): 장사지낼 때 무덤을 만든 뒤에 지내는 제사. 평토제(平土祭).
- 부고(訃告) 달아매기: 한국 전래 풍습의 하나. 친척이나 친지에게 사람이 죽었다는 소식을 서면으로 알리는 부고장(訃告狀)이 올 때 불길한 소식이라 하여 대문 안으로 들여오지 않고 집 대문에 들어서면서 우측에다 새끼에 꿰어 달아매어 두던 풍습. 부고에 사자(死者)의 혼이 붙어 있어 생자(生者)에게 해를 끼친다고 믿기 때문이다. 현재도 시골에서는 이 같은 유풍이 계속되고 있다.
- 불삽(黻翣): 상례(喪禮)에 있어서 발인할 때 상여의 앞과 뒤에 세우고 가는 제구(祭具). 아(亞) 자 모양을 그린 널빤지에 긴 자루가 있다.
- 삼년상(三年喪): 부모의 상을 입는데 있어서 3년 동안 거상하는 것. 자식이 태어난 지 3년 (만 2년)이 된 뒤라야 부모의 품을 떠나기 때문에 적어도 젖을 먹이며 키워주셨던 3년 동안만이라도 돌아가신 부모를 위해 효를 다해야 한다는 뜻.
- 삼상(三殤): 미성년자가 죽었을 때의 3가지 구분. 미성년자의 죽음을 상(일찍 죽을 상)이라고 하는데, 16세에서 19세에 이르기까지는 장상, 12세부터 15세까지는 중상, 8세부터 2세까지는

하상이라 하며 이 3가지를 합해서 3상이라고 한다.

- 상두꾼: 상여꾼.
- 상립(喪笠): 방갓.
- 상복(喪服): 상중에 복인이 입는 예복. 상보기 또는 효복(孝服)이라고도 한다. 성긴 베로 지으며 바느질을 곱게 하지 않는다.
머리 위에는 영(纓)이 달린 삼벽이 있는 관을 쓰고, 신은 짚신을 신으며 허리에는 마승(麻繩)을 두르고 죽장을 짚는다. 상복은 탈상할 때까지 입게 된다.
- 상석(床石): 무덤 앞에 제물을 차려 놓는 돌상.
- 상장(喪杖): 상제가 짚는 지팡이. 부상(父喪)에는 대나무, 모상(母喪)에는 오동나무를 씀.
- 상장지절(喪葬之節): 장사 또는 삼년상의 모든 절차.
- 성빈(成殯): 빈소를 차림.
- 수상장(樹上葬): 옛날 장법(葬法)의 일종. 시체를 가마니에 싸거나 관 또는 항아리에 넣어서 나무나 기둥에 붙잡아매거나, 가지에 달아매어 방치해 두었다가 살이 썩어 뼈만 남으면 이것을 땅속에 매장하는 방법이다.
시체를 묻을 땅이 없는 빈민이나, 돌림병 따위로 죽었을 때 역신(疫神)을 흩뜨려 버린다는 의미에서 행해졌다.
- 순장(殉葬): 고대(古代)에 왕이나 귀족이 죽었을 때 신하나 처와 종자(從者)를 함께 매장하던 일.
- 여묘(廬墓): 상제가 무덤 가까이에 여막을 짓고 살며 무덤을 지

키는 일.

- 우제(虞祭): 초우(初虞), 재우(再虞), 삼우(三虞)의 총칭. 이 제사는 장사를 끝내고 곧이어 지내는 제사로 죽은 사람의 신체는 이미 땅 속에 매장했으므로 그의 혼이 방황할 것을 염려하여 지내는 위안제다.
- 위패(位牌): 죽은 사람의 계명(戒名), 기신(忌辰)을 써서 단(壇), 묘(廟), 원(阮), 절(寺) 등에 모셔두는 팻목. 이것은 항상 모셔두는 것이 아니라 제사를 지낼 때만 쓰며 대부분의 집에서는 이 위패를 대신하여 임시 신주의 이름을 백지에 적어서 쓰는 경우가 많은데 이것을 지방(紙榜)이라고 부른다.
- 장기(杖朞): 상을 당한 사람이 상장(喪杖)을 짚고 1년 동안 재최를 입는 복제. 조부가 살아있고 조모가 죽었을 경우, 또는 아버지가 죽은 뒤 재가한 가모(嫁母)가 죽었거나, 아버지에게 축출당한 친모와 아버지의 첩으로서 아들이 있는 서모가 죽었을 경우에 이 복제를 따랐다.
- 지석(誌石): 죽은 사람의 인적사항이나 무덤의 소재지를 기록하여 땅에 묻는 것을 말한다.
- 흠향(歆饗): 음식을 잡수시는 것.

5. 제례(祭禮)

(1) 의의(意義)와 유래(由來)

가. 의의

제례란 제사를 지내는 여러 가지 예절을 말하며 신명(神明)을 받들어 복을 비는 의식이다.

예로부터 동양에서는 하늘과 땅, 해와 달 · 별을 비롯하여 풍사(風師) · 우사(雨師) · 사직(社稷) · 산악(山岳) · 강천(江川), 그리고 선왕(先王) · 선조(先祖) · 선사(先師)를 대상으로 한 제사를 지내 왔다.

그러나 그 동안 인간 지능의 발달과 과학적 지식의 보급과 외래문화의 영향에 의하여 대부분의 제사 대상이 그 의미를 잃게 되었다.

따라서 제사란 신명을 받들어 복을 빌고자 하는 의미에서 많은 변화를 가져와, 오늘날 제사라고 하면 우리나라에서는 선조에 대한 의례를 가리키는 것으로 느끼게 되었다.

이 같은 현상은 중국 유학(儒學)의 영향으로 모든 인간은 조상으로부터 비롯되었다는 조상 숭배 사상이 보편화되면서부터 나타난 결과이다.

그 가운데 성리학(性理學)이 수입된 고려 말엽부터 함께 수입된

〈주자가례(朱子家禮)〉는 우리나라의 조상 숭배 사상을 보편화시키는 데 절대적인 역할을 하였고, 그 영향은 성리학에 바탕을 둔 치국이념(治國理念)을 채택한 조선 시대에 들어서 더욱 커졌는데 성리학의 내용 중에 가장 핵심적인 것을 예(禮)로 보았기 때문이다.

나. 유래

제례가 언제부터 조상 숭배의 구체적인 의식으로 틀이 잡혔는지는 정확하지 않다. 그러나 씨족(氏族) 사회 때부터 조상의 혼령을 섬김으로써 재앙을 예방하고 후손의 번성을 기원하려는 의도에서 전래되어 왔고, 유교(儒教) 문화가 보급되면서 전통 사회 때의 엄격한 제례 방식이 정형화된 것이다.

(2) 제사의 종류(種類)

〈예기〉를 보면 우리의 대표적인 제례에는 사당제(祠堂祭), 사시제(四時祭), 기일제(忌日), 이제, 묘제(墓制)의 다섯 가지로 구분되어 있고 그 밖에 행해지는 제례로는 사갑제(祀甲祭), 생신제(生辰祭), 연중절사(年中節祀)가 있으며 기타 종교식 제례를 제사의 종류로 볼 수 있다.

또 흉제(凶祭)라고 하여 상중(喪中)의 우제(虞祭)와 소상(小祥) · 대상(大祥) · 담제(譚祭) · 길제(吉祭)까지의 제사를 가리키는데, 영좌(靈座)가 산에서 반혼(返魂)하여 반혼제를 지내면서 탈상할 때까지의 제사를 말한다.

이 밖에 천신(薦新)이 있는데, 철 따라 나오는 햇곡식으로 만든 음식이나 과일 등을 사당에 올리는 것을 말한다. 그러나 사당이 없는 오늘날에는 대개의 가정에서 집 안의 윗자리에 과일이나 새로운 음식을 차리는 형태로 변했다.

가. 사당제(祠堂祭)

사당이란 조상의 신주(영혼)를 모시고 제사하는 곳으로 조선 시대에는 평민들이 사당을 세우지 못하게 하고 제사만 올리게 하였고 사대부들만 사당을 세웠으며, 사당을 가묘(家廟)라고 했다.

사당에는 대부분 목제 신주나 위패를 모시며 사당제에는 신알례(晨謁禮), 출입례(出入禮) 천신례(薦新禮), 참례(參禮), 고사례(告辭禮) 등의 다섯 종류가 있다.

나. 사시제(四時祭)

사시제는 계절마다 중월(仲月:음력 2월 · 5월 · 8월 · 11월을 일컬음)에 지내는 제례를 말한다.

그러나 사계(沙溪) 김장생에 의하면 계월(季月;음력 1월, 4월, 7월, 10월을 일컬음)에 시제를 지내도 무방하다 하였다. 그러나 시제는 반드시 제때에 지내야 한다. 만일 춘제를 봄이 다 가도록 지내지 못했을 경우 여름에 춘제를 지낼 수는 없는 일이다.

이 사시제의 대상은 고조부모(高祖父母)까지의 조상이며, 5대조 이상은 세일제(歲一祭)로 1년에 한 번 제사를 지낸다.

다. 기일제(忌日祭)

기일이란 부모가 돌아가신 날을 말하는데 기(忌)라는 것은 금(禁)이라는 뜻을 가졌으며 다른 일 하기를 꺼려, 하지 않는다는 의미이다. 또 이날을 휘일(諱日)이라고도 하는데 휘(諱)는 피(避)라는 뜻을 가지고 있으며, 기와 휘의 뜻은 비슷하다고 한다.

기제는 해마다 돌아가신 날에 지내며 예로부터 닭이 울기 전인 자시(子時: 밤 12시부터 새벽 1시 사이)에 행하는 것이 관례이다. 이날은 선대의 은덕을 기리고 슬퍼하며 추모의 정을 새롭게 하면서 지극한 효성의 마음으로 제사를 지낸다.

a. 기일제의 대상

현행 가정의례준칙에는 조부모까지 제사를 지내도록 되어 있으나 예전에는 신분상의 지위에 따라 달랐다. 즉, 사대부가문(士大夫家門)에서는 4대를 제사지내고, 향대부가문(鄕大夫家門)에서는 3대, 중인(中人)은 2대, 상인(常人)은 1대를 제사지내고 천인(賤人)은 제사를 지내지 않았다. 그러나 조선 중엽 이후부터는 상인(常人)도 4대까지 제사지내고 제주(祭主)인 현손(玄孫)이 죽으면 그 신주(神主)를 묘(墓) 밑에 묻고 제사를 중지하였다.

이러한 풍습이 이어져 내려와 받들고 지내오던 제사의 대상은 4대, 즉 고조까지를 기제로 종가에서 지내고 5대조 이상은 기제를 지낸 다음, 또는 음력 10월에 문중의 친척들이 모여 시향(時享)으로 지내는 수가 있다.

기제는 기일을 맞이하는 신위만을 받든다. 즉, 아버지의 기일일 경우에는 고위(考位)만을 설치한다. 할아버지 이상의 경우도 모두 같다.

b. 기일제 준비

제사를 지내기 하루 전에 재계하고 위(位)를 설치한다. 제사를 지내는 집은 부모의 기제인 경우 원칙적으로 맏아들의 집에서 지내며, 자손이 없는 경우에는 가장 가까운 친족의 집에서 지내게 된다. 제주는 고인의 장자 또는 장손이 되며, 이들이 없을 경우에는 차자 또는 차손이 제사를 주재한다.

상처(喪妻)한 경우에는 남편이나 그의 자손이 제주가 되며, 자손이 없이 상부(喪夫)한 경우에는 아내가 제사를 지낸다.

기제의 참례자는 고인의 직계 자손과 가까운 친척이나 친지도 참석할 수 있다. 부득이 참석할 수 없는 직계 자손은 기일을 맞는 슬픔으로 종일토록 근신해야 한다.

c. 제수 진설(祭需陳設)

제수 진설은 각 가문의 신분과 재산 정도, 또는 지방에 따른 관습과 풍속 등에 차이가 있을 뿐만 아니라 당파에 따라 다른 점도 있다. 그러나 신위는 북쪽에 모시어 남쪽을 향하도록 북좌남향(北座南向) 하는 것 등의 원칙은 동일하며 그 일반적인 세수 진설법은 다음과 같다.

• 동위좌양서위우음(東爲左陽西爲右陰): 동쪽은 왼쪽이므로 양에 속하고, 서쪽은 오른쪽이므로 음에 속한다.

• 생자종음이거우(生者從陰而居右), 숙자종양이거좌熟者從陽而居左) 날것은 음에 속하므로 오른쪽에 놓고, 익힌 것은 양에 속하므로 왼쪽에 놓는다.

• 천실처고위선(天實處高爲先), 지종처저위하(地種處低爲下): 높은 데서 구한 것은 오른쪽에 놓고, 낮은 데서 구한 것은 왼쪽에 놓는다.

• 육산위상이선(陸産爲上而先), 해산위하이차(海産爲下而茶): 육지에서 나는 것은 높게 쳐서 먼저 놓고, 해산물은 낮게 쳐서 다음에 놓는다.

• 습자종음이거우(濕者從陰而居右), 조자종양이거좌(燥者從陽而居左): 진 것은 음에 속하므로 오른쪽에 놓고, 마른 것은 양에 속하므로 왼쪽에 놓는다.

• 포(脯)는 익힌 것이 아니므로 진설하고 적(炙) 가운데 육(肉)은 육산(陸産)이므로 먼저 놓고, 어(魚)는 해산(海産)이므로 그 다음에 진설한다.

• 생채(生菜)는 음이므로 오른쪽에 놓고, 숙채(熟菜)는 양(陽)이므로 왼쪽에 놓는다. 익힌 것 가운데 콩나물은 습(濕)하기 때문에 오른쪽에 놓고 지짐은 조하기 때문에 왼쪽에 놓는다.

• 면(麵)은 습음(濕陰)하므로 오른쪽에 놓고, 떡은 조양(燥陽)하므로 왼쪽에 놓는다. 메는 오른쪽에 놓고 갱(羹)은 왼쪽에 놓

는다.

- 조율시이사과건시(棗栗柿梨沙果乾柿): 6가지 주과를 뜻하는 것이므로 먼저 놓고, 은행백자도(銀杏栢紫挑) 등은 부과(副果)이므로 다음에 놓고, 단석이유과(丹石飴柔果)는 조과(造菓)로 그 다음에 놓고 양과(洋果) 등은 종과(從果)로 그 다음에 놓는다.
- 주잔(酒盞)은 메와 갱(羹)의 중앙에 놓고, 어육(魚肉)은 홀수로 쓰고 과실과 소채(蔬菜)는 짝수로 쓴다.

이상은 진설의 좌우를 설명한 것인데 여러 가례론(家禮論)이 서로 비슷하다. 그러나 전후(前後)의 열(列)에 있어서는 차이가 심하지만 일반적인 예는 다음과 같다.

진설하는 열은 모두 5열로 하고 제1열은 반열(飯列), 제2열은 잔열(盞列), 제3열은 어육(魚肉), 제4열은 소채(蔬菜), 제5열은 과실(果實)이다.

#. 전후의 진설 서열은 다음과 같다.

- 제1열은 오른쪽부터 면,메,갱,예,병을 진설한다.
- 제2열은 주잔(酒盞)을 놓는다.
- 제3열은 건어포, 적 · 탕의 순서이다.
- 제4열은 김, 생채 장김치 숙채, 작채를 진설한다.
- 제5열은 대추, 밤, 곶감, 감, 배 사과, 은행, 잣, 자두, 오이, 단석, 엿, 유과, 양과를 진설한다.

제사 때의 방위(方位)는 실제적으로 동서남북의 방향을 가리키는 것이 아니고, 무조건 지방을 모신 곳이 북쪽이 되고, 제주가 제사지내는 곳이 남쪽이 된다.

라. 출주(出主)

출주는 사당으로부터 기일(忌日)을 맞이하는 신주를 정침으로 내어 모시는 의식이다.

마. 지방(紙榜)

본래 신주를 모셔 놓고 제사를 지내야 하지만 신주를 모시지 못할 경우에는 지방을 써서 제사를 지낸다. 지방은 깨끗한 창호지에 쓰며, 크기는 가로 5Cm, 세로 15Cm 정도로 한다.

지방에는 벼슬이 있으면 벼슬을 쓰고 벼슬이 없으면 '현고조' 또는 '현고학생부군신위'라고 쓴다. 여자는 남편이 벼슬이 있으면 벼슬에 따라 달라진다.

남편의 벼슬이 일품이면 정경부인(貞敬夫人), 이품이면 정부인(貞夫人), 정삼품 당상관이면 숙부인(淑夫人), 정3관 당하관과 종3품은 숙인(淑人), 4품이면 영인(令人,) 오품이면 공인(恭人), 육품이면 의인(宜人), 칠품이면 안인(安人), 팔품이면 단인(端人), 구품이면 유인(孺人)이라고 쓴다. 만일 벼슬이 없더라도 구품인 '유인전주이씨' 등으로 쓴다.

또한 재취나 삼취한 일이 있다 하여도 전취 배위(配位)와 같이 모신다. 또 학생(學生)은 처사(處士) 또는 거사(居士)라고도 쓰며, 18세 미만에 죽은 자는 수재(秀才), 수사(秀士)라고도 쓴다.

지방을 쓸 때는 고위(考位:돌아가신 아버지로부터 그 윗대의 할아버지 위)와 비위(妣位:돌아가신 어머니로부터 그 윗대 할머니의 위)를 나란히 쓰며, 고위는 왼쪽에, 비위는 오른쪽에 쓴다.

배위(配位)가 두 분이나 세 분일 경우에는 첫 배위를 고위(考位) 옆 왼쪽에 쓰고, 순차로 오른쪽에 써간다. 제상을 진설할 때도 고위는 왼쪽, 비위는 오른쪽에 놓으며, 배위의 순차로 왼쪽에서 오른쪽으로 놓아간다.

[고조부모(高祖父母)의 지방 쓰는 법]

벼슬이 있을 때	벼슬이 없을 때
顯高祖考某官府君神位 顯高祖妣某封某氏神位	顯高祖考學生府君神位 顯高祖妣孺人某·姓氏神位

[증조부모(曾祖父母)의 지방 쓰는 법]

벼슬이 있을 때	벼슬이 없을 때
顯曾祖考某官府君神位 顯曾祖妣某封某氏神位	顯曾祖考學生府君神位 顯曾祖妣孺人某氏神位

[조부모(祖父母)의 지방 쓰는 법]

벼슬이 있을 때	벼슬이 없을 때
顯祖妣某封某氏 神位 顯祖考某官府君 神位	顯祖妣孺人某·姓氏 神位 顯祖考學生府君 神位

[부모(父母)의 지방 쓰는 법]

벼슬이 있을 때	벼슬이 없을 때
顯妣某封某氏 神位 顯考某官府君 神位	顯妣孺人某氏 神位 顯考學生府君 神位

[형(兄)·형수(兄嫂)의 지방 쓰는 법]

벼슬이 있을 때	벼슬이 없을 때
顯兄妣某封某氏 神位 顯兄某官府君 神位	顯兄妣孺人某氏 神位 顯兄學生府君 神位

[남편(男便)·처(妻)의 지방 쓰는 법]

벼슬이 있을 때	벼슬이 없을 때
亡室某封某氏 神位 顯辟某官府君 神位	亡室孺人某氏 神位 顯辟學生府君 神位

[형(兄) · 형수(兄嫂)의 지방 쓰는 법

亡弟學生 이름 神位

亡子學生 이름 神位

[백부모(伯父母)의 지방 쓰는 법]

顯伯母某封某氏神位

顯伯父某官府君神位

벼슬이 있을 때

顯伯母孺人某氏神位

顯伯父學生府君神位

벼슬이 없을 때

[조부모(祖父母)의 기제 축문]

維歲次干支 幾月干支朔 幾日干支 孝孫 某 敢昭告于
유 세 차 간 지 기 월 간 지 삭 기 일 간 지 효 손 모 감 소 고 우

顯祖考某官府君 顯祖妣某封某氏 歲序遷易 顯祖考某官府君
현 조 고 조 관 부 군 현 조 비 모 봉 모 씨 세 서 천 역 현 조 고 모 관 부 군

諱日復臨 追遠感時
휘 일 부 림 추 원 감 시

不勝永慕 謹以 淸酌庶羞 恭伸奠獻 尙饗
불 승 영 모 근 이 청 작 서 수 공 신 전 헌 상 향

참고: 할머니인 경우에는 '현조비모봉모씨신위(顯祖妣某封某氏神位)라 쓴다.

풀이 : OO해 OO날 효손 OO는 감히 할아버지 OO부군과 할머니 OO씨에게 밝게 고하나이다. 해가 바뀌어 할아버지 돌아가신 날이 다

시 돌아오니 영원토록 사모하는 마음을 이기지 못하겠나이다. 술과 여러 가지 음식을 올리오니 흠향하소서.

[부모(父母)의 기제 축문]

維洗次干支 幾月干支朔 幾日干支 孝子 某 敢昭告于
유세차간지 기월간지삭 기일간지 효자 모 감소고우

顯考某官府君 顯玭某封某氏 歲序遷易 顯考某官府君
현고모관부군 현비모봉모씨 세서천역 현고모관부군

諱日復臨 追遠感時
휘일부림 추원감시

昊天罔極 謹以 淸酌庶羞 恭伸奠獻 尙饗
호천망극 근이 청작서수 공신전헌 상향

풀이 : OO해 OO달 효자 OO는 감히 아버지 모관 부군과 어머니 OO씨에게 밝게 고하나이다. 해가 바뀌어 아버지 돌아가신 날이 다시 돌아오니 은혜가 하늘과 같이 크고 넓어서 끝이 없나이다. 술과 여러 가지 음식을 올리오니 흠향하소서.

[남편(夫)의 기제 축문]

維歲次干支 幾月干支朔 幾日干支 主婦 某 敢昭告于
유세차간지 기월간지삭 기일간지 주부 모 감소고우

顯辟某官府君 歲序遷易 諱日復臨 追遠敢時
현벽모관부군 세서천역 휘일부림 추원감시

昊天罔極 謹以 淸酌庶羞 恭伸奠獻 尙饗
호천망극 근이 청작서수 공신전헌 상향

풀이 : OO해 OO달 OO날 주부 OO는 감히 밝게 고하나이다. 해가 바뀌어 당신의 돌아가신 날이 다가오니 은혜가 하늘과 같이 크고 넓

어서 끝이 없나이다. 삼가 맑은 술과 여러 가지 음식을 공손히 올리오니 흠향하소서.

[아내(妻)의 기제 축문]

維歲次干支 幾月干支朔 幾日干支 夫 母(性明) 敢昭告于
유 세 차 간 지 기 월 간 지 삭 기 일 간 지 부 모 성 명 감 소 고 우

亡室某封某氏 歲序淺易 亡日府至 追遠感時
망 실 모 봉 모 씨 세 서 천 역 망 일 부 지 추 원 감 시

不自勝感 茲以淸酌庶羞 伸此奠儀 尙 饗
불 자 승 감 자 이 청 작 서 수 신 차 전 의 상 향

풀이 : OO해 OO달 OO날 부 OO는 감히 밝게 고하나이다. 해가 바뀌어 당신이 죽은 날이 돌아와 스스로 한없는 느낌을 이기지 못하여 삼가 맑은 술과 여러 가지 음식을 올리오니 흠향하소서.

[형(兄)의 기제 축문]

維歲次干支 幾月干支朔 幾日干支 第 某 敢昭告于
유 세 차 간 지 기 월 간 지 삭 기 일 간 지 제 모 감 소 고 우

顯兄某官府君 歲序遷易 諱日復臨 精何悲痛
현 형 모 관 부 군 세 서 천 역 휘 일 부 림 정 하 비 통

謹以淸酌庶羞 恭伸奠獻 尙 饗
근 이 청 작 서 수 공 신 전 헌 상 향

풀이 : 세월이 흘러 형님의 제삿날을 다시 맞으니 형제지간의 정분으로 비통한 마음 한량없습니다. 이제 삼가 맑은 술과 여러 가지 음식을 차려 공손히 올리오니 응감하소서.

[아우(弟의) 기제 축문]

維歲次干支 幾月干支朔 幾日干支 兄 告于
유세차간지 기월간지삭 기일간지 형 고우

亡弟某 歲序遷易 亡日復至 精何可處
망제모 세서천역 망일부지 정하가처

茲以淸酌庶羞 伸此奠儀 尙 饗
자이청작서수 신차전의 상 향

풀이 : 세월이 흘러서 아우가 죽은 날이 다시 돌아왔네. 형제간의 정리를 어찌할 바 몰라 맑은 술과 음식을 차려 놓았으니 응감하여 주게.

[아들의 기제 축문]

維歲次干支 幾月干支朔 幾日干支 父 告于
유세차간지 기월간지삭 기일간지 부 고우

亡子之靈 歲序遷易 亡日復至 心毁悲念
망자지령 세서천역 망일부지 심훼비념

茲以淸酌庶羞 伸此奠儀 尙 饗
자이청작서수 신차전의 상 향

풀이 : 너의 제삿날을 맞으니 아비의 마음이 불타는 것 같고 비통한 마음 한량없어, 이제 맑은 술을 차렸으니 응감하거라.

[일년탈상시(一年脫喪時) 축문]

維歲次干支 某月干支朔 某日干支 孝子 某 敢昭告于
유 세 차 간 지 모 월 간 지 삭 모 일 간 지 효 자 모 감 소 고 우

顯考某官府君 日月不居 奄及朞祥 夙興夜處 哀慕不寧
현 고 모 관 부 군 일 월 부 거 엄 급 기 상 숙 흥 야 처 애 모 불 녕

三年奉喪 儀禮至當 事勢不逮 魂歸賁墓
삼 년 봉 상 의 례 지 당 사 세 불 체 혼 귀 분 묘

謹以 淸酌庶羞 哀薦祥事 尙 饗
근 이 청 작 서 수 애 천 상 사 상 향

참고: 백일탈상에는 엄급백상(奄及百祥)이라 하고 화장시에는 혼귀선경(魂歸仙境)이라 한다.

풀이 : OO년 OO월 OO일 효자 OO는 감히 고하나이다. 아버지께서 돌아가신지 1년이 되었습니다. 사모하는 마음 이기지 못하여 삼년을 모셔야 하나 시속에 따라 혼은 분묘로 돌아가시기를 바라며 이제 맑은 술과 음식을 공손히 올리니 흠향하소서.

바. 축문 상식

a. 유세차간지(維歲次干支) 기월간지삭(幾月干支朔) 기일간지(幾 日干支)

● 유세차간지(維歲次干支)

간지(干支)는 당년(當年)의 태세(太歲)를 말한다. 을해년이면 당년의 태세로서 '을해(乙亥)'를 쓰게 된다. 그러므로 '유세차을해(維歲次

乙亥)'라고 쓰는 것이다. 그 뜻은 '이어 오는 해의 차례가 을해년으로 바뀌었다"라고 하는 것으로서 이 문구는 어떠한 축문이든 그 당년의 태세만 옮겨 쓴다.

● 기월간지삭(幾月干支朔)

음력으로 제사를 맞은 달과 그 달의 초하루 일진(日辰)을 쓴다. 예를 들어 그 달이 5월이고, 그 달의 초하루 일진이 '병인(丙寅)'일 경우 '5월 병인삭(五月 丙寅朔)이라고 쓴다.

● 기일간지(幾日干支)

음력으로 제사를 맞은 날짜와 그 날의 일진을 쓴다. 예를 들어 15일이 고하는 달이 되고, 그 날의 일진이 임오(壬午)인 경우 '15일 임오(十五日 壬午)'라고 쓴다.

b. 관칭모(關秤某)와 감소고우(敢昭告于)

● 관칭(關稱)

이는 제사를 받드는 신위에 대하여 자기와의 관계를 자칭(自稱)하는 것으로 졸곡(卒哭) 전의 초종(初終)일 경우 아버지의 상사(喪事)는 '고자(孤子)' 조부모의 상사에는 '애손(哀孫)', 조부모가 모두 사망했을 경우는 '고애손(孤哀孫)'이라고 쓴다. 또한 졸곡 이후에는 부모 제사에 '효손(孝孫)' 조부모의 제사에는 '효자(孝子)', 증조부의 제사에는'효증손(孝曾孫)', 고조부모의 제사에는 '효현손(孝玄孫)'이라고 쓴다. 다만 '효(孝)'자를 쓰는 것은 종자(宗子)의 경우에만 한한다. 남편의 제사에는 '주부(主婦)', 아내의 제사에는 '부(夫)'라고 각각 쓴다.

● 모(某)

이는 고하는 사람, 다시 말해서 제사를 받드는 사람의 이름을 쓴다. 이름이 석봉이라면 '석봉'이라고 쓴다.

c. 현모친모관부군(顯某親某官府君)

● 현모친(顯某親)

이는 제위에 대한 경칭어(敬稱語)로서 아버지에 대해서는 '현고(顯考)'라 쓰고, 어머니에게는 '현비(顯妣)'라 쓴다. 그리고 조부에는 '현조고(懸祖考)', 처(妻)에게는 '고실(故室)', 아랫사람의 경우는 '현(顯)' 자를 '망'자로 바꿔 쓴다. 아들의 경우 '망자수재모(亡子秀才某)라고 쓰면 된다.

● 모관(某官)

이는 제위에 벼슬을 따라서 쓰는데, 벼슬이 없으면 '학생(學生)'이라고만 쓰고, 비위는 고위가 벼슬이 없으면 유인(孺人)이라 쓴다.

제수는 보통 때 가정에서 먹는 음식을 정성들여 만들어 상에 올리는 것이 바람직할 것이며, 여기에 고인이 살아 계실 때 좋아하던 음식을 곁들이면 더욱 좋다.

진설 방법 역시 지역과 집안에 따라 각각 다르나, 고인의 사진 또는 지방(紙榜)을 맨 앞에모시고 이를 중심으로 첫줄에 밥, 술잔, 국그릇,

둘째 줄에 채소, 간장, 김치, 셋째 줄에 어류, 찌개. 육류, 넷째 줄에 과일을 나란히 차리는 방식이 흔히 쓰이고 있다.

사. 제사 지내는 절차

a. 강신(降神)

강신은 신위께서 강림하시어 음식을 드시라고 청하는 의식이다. 제주가 신위를 모셔 오는 뜻으로 문 밖에 나갔다가 들어오고, 제사를 마친 후에도 다시 신위를 배웅하여 문 밖까지 나갔다 들어오는 지방도 있다. 강신은 제주와 참사자 모두 차례로 선 뒤에 제주가 신위 앞에 꿇어앉아 분향하고, 우집사(右執事: 아들이나 조카)가 술을 잔에 차지 않게 조금 부어 제주에게 준다.

제주는 이를 받아서 모사 위에 세 번 나누어 붓고 빈 잔은 우집사에게 주고 다시 일어나 두 번 절한다. 향을 피우는 것은 위에 계신 신을 모시기 위함이고, 술을 따르는 것은 아래에 계신 신을 모시기 위함이다.

b. 참신(參神)

참신은 신위께 참배한다는 뜻으로 제주와 모든 참사자가 두 번 절한다. 오늘날은 사당이 없어 지방을 모시고 하는데, 이때는 강신 다음에 참신이다. 신주를 모시고 할 때는 참신 다음에 강신의 순서로 한다.

c. 초헌(初獻)

초헌은 '수헌(首獻)'이라고도 하며, 첫째 술잔을 올리고 재배하는 절차이다. 제주가 신위 앞에 꿇어앉아 분향한 뒤, 좌집사가 잔을 제주에게 주면 우집사가 잔에 술을 가득 부어 준다. 제주는 강신 때와 같이 오른손으로 잔을 들어 모사에 조금씩 세 번 나눠 부은 뒤에 양손으로 받들어 집사에게 주면, 집사는 받아서 올린다.

합사(合祀)일 경우에는 먼저 고위(考位)에 올리고, 둘째 잔을 받아서 비위에 올리고 저(젓가락)를 고른 후 재배한다.

d. 독축(讀祝)

독축은 축문을 읽는 것이다. 축문은 초헌이 끝난 다음, 제주와 모든 상제가 꿇어앉고, 제주 옆에 축관이 앉아 엄숙한 목소리로 천천히 읽는다.

축문을 읽고 나면 일동은 곡을 하고, 조금 있다가 모두 일어나 재배한다. 그러나 근래에는 곡은 하지 않는다.

e. 아헌(亞獻)

둘째 잔을 올리는 것으로 주부가 하는 것이 예의이나, 주부가 하는 것이 어려울 때는 제주의 다음 가는 근친자가 한다. 초헌과 같이 하는데 축문은 읽지 않는다. 주부는 후손 중 여자의 대표로서 딸이 아니라 며느리이고 남편의 제사라면 미망인이다.

f. 종헌(宗憲)

셋째 잔, 즉 마지막 잔을 올리는 절차로 아헌자의 다음 가는 종친인 제주의 동생, 아들 또는 가까운 친척이 한다. 잔을 받아서 모사에 세 번 기울였다가 올린다. 지방에 따라서는 저(젓가락)를 고르기도 한다.

g. 첨작(添酌)

첨작은 '유식(侑食)'이라고도 하는데, 초헌자가 다시 신위 앞에 꿇어앉으면 우집사가 다른 술잔에 술을 부어 초헌자에게 준다. 이것을 받아 종헌자가 드릴 때 채우지 않은 잔에 세 번에 나누어 채우고 두 번 절한다.

h. 계반삽시(啓飯揷匙)

메 그릇의 뚜껑을 열어 수저를 꽂는 것으로 '삽시정저(揷匙正箸)'라고도 한다. 제주가 수저 바닥이 동쪽으로 향하게 하여 꽂고 재배한다

i. 합문(闔門)

참사자 모두 방에서 나와 문을 닫는 것을 '합문'이라 한다. 대청일 경우에는 뜰 아래로 내려와 조용히 3~4분간 기다린다. 단칸방이나 부득이할 때는 조용히 제 자리에 엎드려 있다가, 몇 분 후에 세 번 절하고 일어난다.

j. 계문(啓門)

계문은 문을 여는 의식을 말한다. 합문한 다음 잠시 있다가 제주가 기침을 세 번 한 뒤에 문을 열고 같이 들어간다. 대청이나 단칸방에서도 이와 같이 한다.

k. 헌다(獻茶)

갱(국)을 내려놓고 숭늉을 올린다. 그리고 메를 조금씩 세 번 떠서 숭늉에 말아놓고 저를 고른다. 참사자 일동이 2~3분간 읍(揖)하고 있다가 큰기침을 하고 고개를 든다.

l. 철시복반(撤匙復飯)

철시복반은 헌다 다음에 신위께서 제물을 다 잡수셨다고 생각되면, 수저를 거두고 메 그릇의 뚜껑을 덮는 의식을 말한다. 이때 수조라 하여 제주가 꿇어앉아 집사가 물려주는 술잔을 받아 마시고, 음식을 조금 받아먹기도 한다.

m. 사신(辭神)

사신은 신을 전송하는 절차이다. 참사자 일동이 두 번 절한 후 신주는 사당으로 모시고, 지방과 축은 불살라 숭늉 그릇에 재를 넣는다.

n. 철상(撤床)

철상은 제물을 치우는 절차를 말한다. 술잔에 남아 있는 모든 술은 술병에 넣어 봉하고, 음식은 다른 그릇에 옮겨 담는다. 그리고 제기를 깨끗이 닦아 간수한다. 이때 모든 제수는 뒤에서부터 물린다.

O. 음복(飮福)

조상께서 물려주시는 복된 음식이라는 뜻으로 참사자 가족이 모여서 식사를 한다. 이웃 어른들을 모셔다 대접하기도 하고, 이웃에 나누어 주기도 한다.

아. 기제(忌祭)와 다례(茶禮)의 차이점

a. 지내는 날: 기제는 조상이 돌아가신 날에 지내고 차례는 명절에 지낸다.

b. 지내는 시각: 기제는 밤에 지내고 차례는 아침에 지낸다.

c. 지내는 대상: 기제는 돌아가신 조상과 그의 배우자만 지내고, 차례는 자기가 기제를 받드는 모든 소상을 지킨다.

d. 지내는 장소: 기제는 장자손의 집에서 지내고, 차례는 사당이나 묘지에서 지내나 현실적으로 장자손의 집에서 지낸다.

e. 차리는 제수: 기제에는 메(밥)와 갱(국)을 차리지만 차례에는 메와 갱을 차리지 않고 명절 음식을 올린다.(설날에는 떡국, 추석에는 송편)

f. 기제에는 해(조기)를 올리지만 차례에는 조기 자리에 혜(식혜 건더기)를 차린다.

g. 기제에서는 술을 3번 올리지만 차례에서는 1번만 올린다.

h. 기제에서는 술을 올릴 때마다 제주를 하지만 차례에서는 제주를 하지 않는다.

i. 기제에서는 잔반을 내려 술을 따라서 잔반을 올리지만 차례에서는 주전자를 들고 제상 위의 잔반에 직접 술을 따른다.

j. 기제에서는 술을 올릴 때마다 적(炙)을 올리고 내리고 하지만 차례에서는 진찬(珍饌) 때 3적을 함께 차린다.

k. 기제에서는 첨작(添酌)을 하지만 차례에서는 하지 않는다.

l. 기제에서는 합문 · 계문(闔門 · 啓門)을 하지만 차례에서는 하지 않는다.

m. 기제에서는 숭늉을 올리지만 차례에서는 올리지 않는다.

n. 기제에서는 반드시 축문(祝文)을 읽지만 차례(茶禮)에서는 대부분 읽지 않는다.

o. 기제는 하루에 두 분(예: 祖와 父)의 기제를 지내는 경우라 해도 따로 두 번을 지내지만 차례는 모든 조상의 제상을 내외분씩 따로 차리되 한 번의 절차로 끝낸다.

(3) 현대의 제례

가. 제사의 중요성

옛날에는 제사가 형식에 치우쳐 낭비적인 요소도 많았지만 자손들이 대부분 흩어져 살 수 밖에 없게 된 오늘날은 새로운 각도에서 제사의 의미를 살펴보아야 할 필요가 있으며, 또 이를 통하여 혈족간의 유대를 강화하고 삶의 의미를 자녀들이 터득하게 하는 계기가 된다는 점에서 가정교육에 있어 매우 중요하다고 생각한다.

제례는 역사 이전의 상고 시대부터 이어져 내려온 고유의 풍습이다.

조상에 대한 제사를 미신의 차원에서 나쁘게 여기거나 냉대(冷待)해서는 안 되겠지만, 그렇다고 엄격한 격식이나 번거로운 절차를 그대로 답습하는 것 역시 바람직하지 못하다.

옛날에는 얼굴도 기억하지 못하고 그래서 혈육의 정을 실감하지 못하는 증조부모(曾祖父母), 고조부모(高祖父母)까지 기일(忌日)을 찾아 제사를 올렸고, 지금도 이름 있는 집안에서는 이 같은 4대조까지의 제사를 대물림하고 있지만 반드시 그럴 필요는 없을 것이다.

조상에 대한 고마움의 표시나 교육적인 효과는 조부모(祖父母)까지로 충분하며, 이것이 제례의 형식화를 피하는 방안이 될 수 있을 것이다.

그러나 이 역시 모두에게 일치된 틀일 수는 없을 것이며 집안의 전통을 존중하되 후손(後孫)이 제사의 뜻과 의미를 살려나갈 수 있다면 어떤 방법이든 관계없을 것이다. 이것은 곧 자녀의 뿌리 교육을 위해서도 제사의 뜻과 의미는 계속 존중되어야 마땅할 것이다.

나. 일반적인 제사 요령

a. 제사의 종류

제사의 종류와 절차, 제수는 지역과 집안에 따라 조금씩 차이 있다. 일반적으로 제사의 종류는 기제(忌祭), 시제(時祭), 묘제(墓祭)의 세 가지로 구분된다.

기제는 제사의 대상이 작고 한 날 해가 진 뒤에 매년 드리는 의식이고 시제는 음력 절후 때마다 지내는 제사이다

묘제는 한식과 추석 때 산소를 찾아가 음식을 차려놓고 지내는 제사를 일컫는다.

고례(古禮)에는 기제의 경우 4대조까지 매년 기일에 의식을 거행했는데 오늘날도 그 습속(習俗)을 따르는 가정이 많이 있다.

그러나 정부가 1969년 가정의례준칙 및 가정의례법을 제정하여 허례허식(虛禮虛飾)을 피하고 검소한 제례를 갖추도록 권장해 온 이후 기제의 대상이 된 부모, 조부모 및 배우자로 국한되는 경향이 많아졌다.

시제는 매월 삭망(朔望:1일, 15일)과 중삼(重三:3월 3일), 단오(端午: 5월 5일), 유두(乳頭: 6월 15일), 중양(重陽: 9월 9일), 동지(冬至) 때에 지내는 속절시식(俗節時食)과 춘하추동의 중월(中月에 올리는 사시제(四時祭) 등으로 구분되나 요즈음에는 거의 사라졌고 1월 1일의 연시제(四時祭)), 추석절 아침의 절사(節祀)만 권장되고 있다.

전통 사회 대의 제례는 1년에 48회 이상이었으나 요즈음에는

기제를 중심으로 횟수도 줄어들고 절차도 간소화되고 있다.

b. 제수

율곡(栗谷)의 '격몽요결(擊蒙要訣)'의 제례장(制禮章)을 보면 제사를 지낼 신위(神位)마다 과일 다섯 가지, 포(脯) 한 접시, 익은 나물 한 접시, 젓갈 한 접시, 간장 한 종지, 생선과 육고기를 각각 한 접시, 떡 한 접시, 국수 한 대접, 국 한 대접, 메 한 그릇, 탕 다섯 가지, 부친 것(적:炙) 세 가지(정육, 물고기, 꿩고기) 등을 기본 제수로 열거하였다.

그러나 이와 같이 차리려면 적어도 20여 개의 대접이나 접시에 음식을 담아 차려야 한다.

제사는 고인을 추모하는 마음에서 우러나오는 정성의 표시이므로 이 같은 번거로운 방식에 구애됨이 없이 간소화하는 것이 오늘날의 현실에 맞을 것이다.

제수는 보통 때 가정에서 먹는 음식을 정성들여 만들어 상에 올리는 것이 바람직할 것이며, 여기에 고인이 살아 계실 때 좋아하던 음식을 곁들이면 더욱 좋다.

진설 방법 역시 지역에 따라 집안에 따라 각각 다르나, 고인의 사진 또는 지방(紙榜)을 맨 앞에 모시고 이를 중심으로 첫줄에 밥, 술잔, 국그릇, 두 번째 줄에 채소, 간장, 김치, 세 번째 줄에 어류, 찌개, 육류, 네 번째 줄에 과일을 나란히 차리는 방식이 흔히 쓰이고 있다.

c. 지방 쓰기

신위는 고인의 사진이 좋으나 여의치 못할 경우에는 지방으로 대신한다.

지방은 가로 5Cm, 세로15Cm 정도의 크기로 백지에 먹물로 쓴다. 문자는 집안에 내려오는 방식대로 격식을 갖추어 한자로 써도 좋고 한글로 써도 좋다.

'가정의례준칙'에서는 한글을 권장, 제주(祭主)를 기준으로 고인이 아버지인 경우에는 '아버님 신위', 할아버지일 경우에는 '할아버님 신위'라고 쓰도록 하고 있다. 연시제(年始祭)를 지낼 때는 제사 대상이 여러 조상이므로 '선조 어른 신위'라고 쓰면 된다.

대상이 남편일 경우에는 '부군 신위', 할머니일 경우에는 '할머님 광주 이씨 신위' 어머니일 경우에는 '어머님 파평 윤씨 신위', 부인의 경우에는 '망실 밀양 박씨 신위' 등과 같이 성(姓)을 밝힌다.

할아버지, 아버지는 제주나 집안의 성과 같기 때문에 성을 밝힐 필요는 없으나, 할머니, 어머니, 부인은 성이 다르기 때문에 성(姓)을 밝힌다.

[가정의례준칙에 의한 단설도]

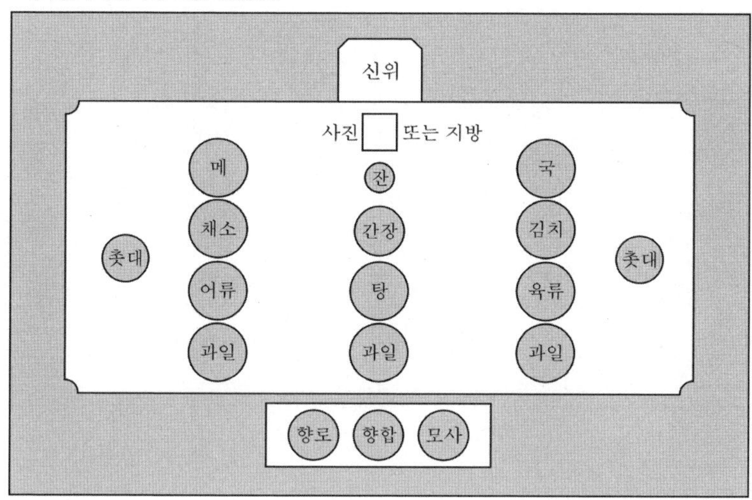

[가정의례준칙에 의한 합설도]

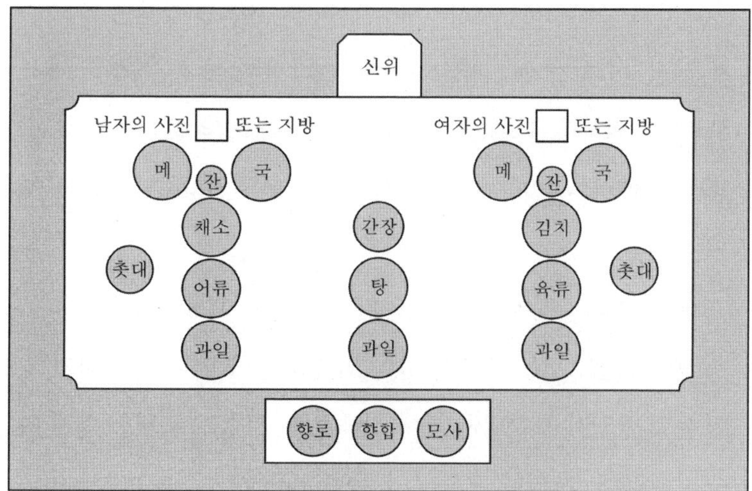

[한글식 지방 쓰는 법]

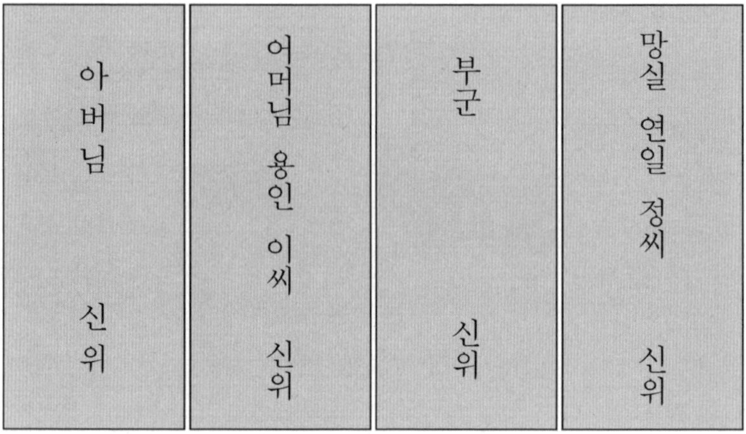

아버님 신위	어머님 용인 이씨 신위	부군 신위	망실 연일 정씨 신위
아버지의 경우	어머니의 경우	남편의 경우	아내의 경우

d. 제사 드리기

제사의 중심인물이 되는 제주(祭主)는 고인의 장자 또는 장손이 맡는다. 이때 장자나 장손이 없는 경우에는 차자, 차손이 제주가 되어 제사를 주재하고, 상처(喪妻)한 경우에는 남편이나 그의 자손이 주재하며, 자손이 없이 상부(喪夫)한 경우에는 아내가 제주가 된다.

제주 이외의 직계 가족인 근친자는 참사자(參祀者)가 된다. 전통적인 관습으로는 기제사 날이 되면 고향을 떠나 멀리 나가 있던 자손도 반드시 돌아와야 하며 집에 있는 사람도 손님을 받지 않고 근신했었다. 그러나 오늘날의 사회구조에서는 준수되기 어려운 일이다. 부득이한 이유로 제사에 참석하지 못할 경우에는 제사 드리는 시간에 맞춰 고향을 향해 절을 드리거나 묵념을 올리는 것으로 대신할 수 있으나, 직계 자손이나 근친들은 가능하면 이 날 만이라도 빠짐없이 참석하도록 노력하는 마음가짐이 필요하다.

제사를 드리기에 앞서 목욕하고 깨끗한 옷을 단정하게 차려입는다. 양복 차림일 때는 와이셔츠에 넥타이를 매고 웃옷을 입으며, 한복 차림일 경우에는 두루마기를 입는 것이 좋다.

제사는 참신(參神), 강신(降神), 헌작(獻爵), 독축(讀祝), 삽시(揷匙), 헌다(獻茶), 사신(辭神), 신위봉안(神位奉安)의 차례로 지낸다.

진설과 신위봉안(神位奉安)이 끝나면 제주와 참사자는 일제히 신위 앞에 두 번 큰 절을 올린다.

큰절을 하는 법은 두 손을 가볍게 마주잡고 눈높이까지 올린다. 한쪽 발을 뒤로 밀어 무릎을 꿇고 한쪽 다리도 같이 구부려 두 무릎을 가지런히 하고 엎드리며 손을 내려 방바닥을 짚으며 절한다. 절을 마치고 일어설 때도 마주잡은 두 손을 눈높이까지 올렸다가 내린다.

여자가 제주일 경우에는 큰 절을 네 번 하는 것이 예로부터 내려온 일반적인 관습(慣習)이다. 이어 제주가 강신 의식을 행한다.

제주는 향을 피운 뒤 술잔에 술을 조금 따라 향불을 거쳐 모사에 따르고 재배한다. 다음은 헌작(獻爵)으로 고인에게 술을 올리는 절차이다. 술잔을 채워 두 손으로 향불을 거쳐 밥과 국그릇 사이에 놓는다.

제주가 따른 술을 집사(執事)가 받아놓기도 하지만 제주 혼자서 해도 상관없으며 제주뿐 아니라 자손이 여럿일 경우에는 차남 또는 삼촌도 헌작을 한다.

그러나 보통 넉 잔을 넘기지 않는다. 신위가 여러 조상일 경우에는 한 분에 잔 하나씩을 놓아야 하고 국도 따로따로 마련해야 한다.

헌작이 끝나면 축문(祝文)을 읽고 제주는 두 번 절한다. 축문을 읽을 때는 참사자들 모두 꿇어앉아 엎드린다. 그 다음 절차로 숟가락을 밥에 꽂고 모든 참사자들이 고개를 숙여 묵념한다.

삽시는 고인이 제수를 많이 드시라고 비는 절차이다.

[부조(父祖) 기제 축문 쓰는 법(한글식)]

년 월 일

아버님(또는 할아버님) 신위 전에 삼가 고합니다. 아버님(또는 할아버님)께서 별세하시던 날을 다시 당하오니 추모의 정을 금할 수 없습니다. 이에 간소한 제수를 드리오니 강림하시어 흠향하소서.

[아내의 기제 축문 쓰는 법(한글식)]

년 월 일

남편 ㅇㅇ는 당신의 신위 앞에 고합니다.

당신이 별세하던 날을 당하니 옛 생각을 금할 수 없습니다. 이에 간소한 제수를 드리오니 흠향하소서.

삽시 절차와 병행하거나 이 절차를 생략하고 합문(闔門)이라 하여 제주 이하 모든 참사자들이 문을 닫고 밖으로 나가서 잠시 기다리는 경우도 있다.

이것은 고인이 제수를 드시는 것을 지켜보기가 송구스럽기 때문에 자리를 피하려는 뜻이다. 이어서 헌다(獻茶)를 한다. 숭늉(냉수를 쓰는 경우도 있음)을 국과 바꾸어 놓고 수저로 밥을 조금씩 떠서 세 번 정도 물에 만 다음 수저를 숭늉 그릇에 가지런히 넣고, 잠시 꿇어앉아 엎드렸다가 일어나서 수저를 든다.

그 다음 참사자들이 일제히 신위 앞에 두 번 큰절을 올리는데, 이를 사신(辭神)이라 하고, 고인의 영혼과 작별하는 시간이다.

사신 다음 마지막으로 지방을 거두어 축문과 함께 불사르고 사진일 경우에는 제자리에 다시 보관하는데, 이를 신위봉환(神位奉還)이라 한다.

이 같은 절차는 방법이 모든 경우에 일치하는 것은 아니다.

더 복잡한 경우도 있고 반대로 보다 간소화시킨 가정도 많으며, 추모의 정을 담은 축문을 준비하기도 하지만 생략하기도 한다.

제각기 자기 집안의 풍습대로 하고, 제사에 임하는 자세가 경건하고 정성스러우면 충분하다.

다. 천주교식 추도 미사

a. 천주교식 제례 성격

천주교(天主教:Catholic)에서 행해지는 미사(Missa)는 예수의

'최후의 만찬'을 본받아 진행되는 성제(聖祭)이다.

이 미사는 천주교 최대의 성찬(聖鑽) 의식으로서 천주를 찬미(讚美)하고 속죄(贖罪)를 원하며 은총을 기대하는 일종의 제사(祭祀)라 볼 수 있다

미사에는 장엄(莊嚴) 미사, 독송(讀誦) 미사, 연(憐)미사 등 여러 가지가 있으나 여기서는 죽은 사람에게 드리는 연미사와 묘지 방문에 대해 설명하고자 한다.

b. 연미사

연미사란 사람이 죽어 장례를 지낸 후 드리는 사자(死者) 미사이다.

천주교에서는 장례를 치른 후 3일, 7일, 30일이 되는 날에는 연미사를 드린다.

또한 소기(小朞: 사람이 죽은 지 한 돌만에 지내는 제사)와 대기(大朞: 죽은 후에 두 돌이 되는 제사) 때에도 연미사를 드리며 일반 미사 때와 같이 고백성사(告白聖事)와 영성체(領聖體)를 모신다.

이 외에도 조상의 기일(忌日), 생신(生辰) 날 등에 연미사를 드릴 수 있고, 합동(合同)으로 연미사를 드리는 경우도 있다. 특히 고인을 위하여 미사를 드리는 일은 '파티마의 성모'께서 부탁하신 일이라 하여 근래에는 크게 강조되고 있다.

c. 묘지 방문(墓地 訪問)

천주교의 묘지 방문이란 우리나라 전통 묘제(墓祭)와 같은 성격을 띠는 의식이다. 교우들이 1년 중 어떤 날이든지 묘지를 방문하거나 외교인들이 성묘하는 날 묘지를 찾아가 잔디를 입히든가 잡초를 깎기도 하는데 될 수 있는 대로 교우들은 추사이망 첨례날 묘지를 방문한다.

라. 기독교식 추도식

기독교에서는 우리나라에서 전통적으로 행하는 유교식(儒教式) 제사를 지내지 않고, 조상의 기일(忌日)을 맞으면 가족 및 친지들이 모여 추도식(追悼式)을 갖는다.

기독교에서 제사를 지내지 않는 것은 죽은 사람을 신격화(神格化)하여 숭배하지 않는다는 뜻이다. 이것은 기독교 신앙(信仰)에서의 신(神)은 오직 한 분뿐이며, 하나님 이외의 신은 일체 섬기지 말라는 성경(聖經) 말씀을 따르기 때문이다.

일반적으로 추도식은 목사(牧師)나 장로, 또는 집사가 주례(主禮)가 되어 진행하는데 식순(式順)은 먼저 찬송(讚頌)으로 시작하여 기도, 성경 낭독, 기념 축도, 묵도, 찬송, 주기도문의 차례로 진행된다.

- 찬송: 주례자 임의로 선택하여 부르는데 주로 찬송가 423장이나 501장을 모인 사람들이 함께 부른다.

- 기도: 주례자(主禮者)가 대표로 기도한다. 기도 내용은 돌아가신 분이 하나님의 나라에서 영광스러운 은총을 입게 해 달라는 내용과 유족들의 슬픔을 달래주고 그들이 하나님의 사랑으로 위안(慰安)과 소망(所望)을 갖게 해달라는 내용이다.
- 성경: 주례자가 낭독한다. '열왕기(상)' 2장 1절에서 3절까지, '잠언' 3장 1절에서 10절까지, '누가복음' 16장 19절에서, '묵시록' 21장에서 8절까지를 봉독(奉讀)한다.
- 기념추도: 돌아가신 분의 행적이나 유훈을 주례자가 말하여 그 분을 생각하고, 살아있는 사람들이 교훈으로 삼는다.
- 묵도: 마음속으로 기도드리며 약 3분 정도 묵도한다.
- 찬송: 묵도 후 찬송가 505장을 부르는데 모두 함께 부른다.
- 주기도문: 추도식에 참례한 모든 사람이 스스로 하거나 함께 한다.

마. 불교식 추도 의식

불교(佛敎)를 믿는 식자들은 돌아가신 분의 소기(小朞)나 대기(大朞), 또는 생일 등을 맞이하면 절(寺)을 찾아가 축원식을 갖는다.

축원식의 절차는 개식에 이어 삼귀의례, 독경, 묵도, 축원문 낭독, 축원사, 감상, 소향, 답사, 폐식의 순서이다.

a. 개식(開式): 축원식의 시작을 알리는 것으로 사회(司會)를 맡은 법사가 선언한다.

b. 삼귀의례(三歸依禮): 불(佛), 법(法), 승(僧)의 삼보(三寶)에 귀의한다는 의식을 거행한다.

c. 독경(讀經): '반야심경(般若心經)'을 주례법사(主禮法師)가 읽는다.

d. 묵도(默禱): 참례자들이 모두 입정(入定:방에 들어가 있음)하여 드린다.

e. 축원문 낭독(祝願文朗讀): 돌아가신 분을 축원하는 글을 읽는 것으로 약력 보고와 겸하여 수행하기도 한다.

f. 축원사(祝願辭): 주례 법사가 하는데, 내용은 돌아가신 분을 축원하고 살아있는 유족과 친지에게 위안을 주는 말을 한다.

g. 감상(感想): 내빈 가운데서 대표로 한 사람이 나와 위로의 말을 한다.

h. 소향(燒香): 분향(焚香)하는 순서인데 유족들이 먼저 하고 다음에 참례자 순서로 한다.

I. 답사(答辭): 내빈의 감사에 대한 답례로 유가족 대표가 나와서 한다.

j. 폐식(閉式): 사회자의 폐식 선언으로 축원식을 모두 마치게 된다. 이 밖에 불교식으로서 재(齋)와 영반(靈飯)이 있는데, 재에는 사구재(四九齋)와 칠칠재(七七齋)를 흔히 드린다.

바. 일반 추도식

원칙적으로 제사(祭祀)는 집안끼리 모여서 지내는 것이 보편적이다. 그러나 고인이 사회적으로 덕망이 높거나 공익적으로 이바지한 바가 컸을 때에는 그 고인을 위해 유족 및 친지, 또는 고인과 뜻을 같이 하던 사람들이 발기하여 추도식을 거행하는 수가 있다.

추도식의 장소는 대개 강당이나 학교 운동장, 또는 묘소 앞에서 거행하는데 제수(祭需)는 차리지 않는다.

의식은 먼저 참례자들이 검은 색깔의 옷차림으로 식장에 들어와 엄숙(嚴肅)하게 분향 배례하고 유족에게 위로의 인사를 한 후 제자리로 돌아오는데 대개 다음과 같은 식순으로 진행된다

a. 개식(開式): 사회자의 선언으로 추도식의 시작을 알린다.

b. 묵념(黙念): 고인을 추모하는 마음으로 모든 참례자들이 약 1분 동안 눈을 감고 머리를 숙인다.

c. 약력 보고: 고인이 생전에 활동한 업적을 중심으로 간추려 보고한다.

d. 추도사(追悼辭): 생전에 고인과 친분이 두터웠던 사람이 한다.

e. 추도가(追悼歌): 고인을 추모하는 노래를 합창 또는 독창으로 부른다.

f. 분향(焚香): 참례한 사람들이 모두 한다. 참례자가 많을 때는 줄을 지어 분향하고, 이때 악단은 주악을 연주한다.

g. 폐식(閉式): 모든 참례자들이 분향을 끝낸 후 사회자의 선언으로 추도식을 마친다.

사. 합동 위령제(慰靈祭)

위령제는 죽은 사람들의 영혼을 위로하고 그들을 추모하는 제사(祭祀)이다. 대체로 전쟁이나 천재지변, 또는 사고로 인하여 많은 생명이 희생되었을 경우 합동으로 지내며, 제단에는 향로를 마련하고 고인들의 사진이나 지방(紙榜)을 모신다.

일반적인 의식의 순서는 개회사, 묵념, 위령사 낭독, 추도가, 분향, 폐식의 순서로 진행된다.

그러나 이 순서는 집전하는 측의 종교적인 차이에 따라 다소 다르다. 즉 유교식(儒教式)이면 전을 차리고, 천주교식(天主教式)이면 연미사를 드린다. 또한 기독교식(基督教式)이면 찬송과 성경 낭독이 있고, 불교식(佛教式)이라면 스님의 주도로 행해진다.

문화관광부에서 제정한 순국열사제전 의례에서는 일반적인 제례의식이 유교식임을 감안하고, 또한 어떤 제례에도 공통적으로 사용할 수 있게 하였다. 이 의식에서 신위(神位)는 사진이나 영정, 또는 신주나 지방을 모신다. 제상(祭床)은 서서 경례하고 분향(焚香)할 수 있는 높이로 마련하고 제물(祭物)은 건포를 원칙적으로 한다. 복장은 집사집례의 제복을 원칙으로 하나 도포와 유건도 착용할 수 있다.

문화관광부 제정 의례의 식순은 다음과 같다.

- 제례 거행 선언
- 일동 경례
- 추모사
- 일동 경례
- 주악
- 약력 보고
- 분향과 헌작
- 주악
- 예필 선언(예식이 끝났음을 알리는 의식)

어떤 식(式)이든 의식의 순서는 이와 비슷하다. 다만 위령제나 추모식에 있어서 분향, 헌작의 의식 때 상당한 혼란을 일으키는 경우가 가끔 있는데, 이를 피하기 위해서는 분향, 헌작의 의식은 꼭 필요한 연고자나 대표자 몇 명으로 제한하여 혼잡을 막고 시간을 절약하는 것이 바람직할 것이다.

(4) 제례에 관한 용어

- 가(斝): 제례에 사용하는 술잔.
- 감실(龕室): 조상의 위패를 넣어 사당에 두는 상자를 감실이라 하는데, 이것은 여덟 짝의 문으로 4대를 따로 모시도록 만들어졌다.
- 개자(介子): 맏아들 이외의 모든 아들.
- 거촉(擧燭): 촛불을 켜다.
- 고려장(高麗葬): 고구려 때 늙고 병든 사람을 넓은 광중(壙中)에

먹을 것과 함께 넣어 두었다가 죽으면 장사지냈다 하여 고려장이라고 한다.

- 고애자(孤哀子): 외롭고 애달픈 아들이라는 뜻으로 양친이 작고했을 때 사용한다.
- 곡(哭): 상례에서 상제(喪制)들이 소리내어 우는 일.
- 구천(九泉): 저승.
- 기제사(忌祭祀): 해마다 죽은 날에 지내는 제사.
- 단표(短表): 작은 비석.
- 대기(大忌): 부모의 기일.
- 대상(大祥): 사망한 후 만 2년 만에 지내는 제사로서 소상을 지낸 지 1년이 되는 날에 지내는 제사로 상례의 마지막에 해당된다.
- 동심결(同心結): 두 고를 내고 맞죄어서 매는 매듭으로 염습의 띠를 매는 매듭.
- 명정(銘旌): 죽은 사람의 품계, 관직, 성씨를 기록한 기.
- 벽감(壁龕): 당을 따로 두지 못하는 집에서는 대청 뒷벽이나 마루 끝에 감실을 달아 위패를 모시기도 한다.
- 봉사(封祀): 조상의 제사를 받드는 것.
- 삭전(朔奠): 상가(喪家)에서 음력 초하룻날 조상에게 지내는 제사.
- 삼년상(三年喪): 세 해 동안의 거상(居喪)을 말하는 것으로 자식이 태어난 지 3년(만 2년)이 된 뒤라야 부모의 품을 떠나기 때문

에 적어도 젖을 먹이며 키워주었던 3년 동안만이라도 돌아가신 부모를 위해 효를 다해야 한다는 뜻.

- 신주(神主): 죽은 조상들의 위(位)를 모신 나무패이다. 대개 밤나무를 쓰며 두께 3Cm, 너비 6Cm, 길이 25Cm 정도이고 위는 둥글고 아래는 모지게 만들었다.
- 사당(祠堂): 조상의 혼백을 모셔 두는 곳으로 신주, 제상, 향로 등이 갖추어져 있다. 사람이 죽으면 3년간은 상청(喪廳)에서 조석상식을 하지만 3년이 지나면 신위를 사당으로 모신다.
- 강신(降神): 제사지낼 때 신이 내리게 하는 뜻으로 향(香)을 피우고 술을 잔에 따라 모사(茅沙)에 붓는 것을 말한다. 향을 피우는 것은 위에 계신 신을 모시고자 함이고, 술을 따르는 것은 아래에 계신 신을 모시고자 함이다.
- 참신(參神): 신주에게 절하여 뵙는 것을 뜻하는데 제주 이하 모든 참가자가 세 번 절한다.
- 초헌(初獻): 제사를 지낼 때 첫 번째로 술을 신위(神位)에 드리는 것을 말한다.
- 고위(考位): 돌아가신 아버지로부터 그 이상 각 대의 할아버지들의 위(位)를 말한다.
- 비위(妣位): 돌아가신 어머니로부터 그 이상의 각 대의 할머니들의 위(位)를 말한다.
- 아헌(亞獻): 둘째 잔을 올리는 것으로 주부가 한다.
- 종헌(終獻): 제사를 지낼 때 초헌과 아헌 다음, 셋째 잔을 올리는

것을 말한다.

- 첨작(添酌): 종헌을 드린 잔에 다시 술을 가득히 채우는 것을 말한다.
- 삽시(揷匙): 제사를 지낼 때 숟가락을 밥그릇에 꽂는 의식을 말하는데, 이때 숟가락 바닥이 동쪽으로 향하게 꽂는다.
- 합문(闔門): 유식(侑食)하는 차례에서 문을 닫거나 병풍으로 가리는 것을 말하는데 참사자 모두가 방에서 나와 바깥에서 삼사분 정도 기다린다.
- 계문(啓門): 합문 뒤에 문을 여는 제사의 의식이다. 이때 문을 열기 전에 제주는 기침을 세 번 한다.
- 헌다(獻茶): 갱(羹)을 내리고 대신 숭늉을 바꾸어 올리는 것을 말한다.
- 철시복반(撤匙復飯): 숭늉 그릇에 놓인 수저를 시접에 거두고 메그릇에 뚜껑을 덮고 '이성'을 고하는 것.
- 사신(辭神): 신주일 경우에는 사당(祠堂)으로 모시고 지방일 경우에는 축문과 함께 불사르는 것을 말한 다.
- 철상(撤床): 모든 제수(祭需)를 물리는 것을 말하는데, 철상할 때는 제수를 뒤에서부터 물린다.
- 음복(飮福): 조상께서 내려주신 복된 음식이라는 뜻으로 제사가 끝나면 제관이 제사에 쓴 술이나 다른 제물을 먹는 것을 말한다.
- 생동숙서(生東熟西): 김치(제사 때는 백김치를 쓴다)같은 날것은 제사상의 동쪽에, 익힌 나물은 서쪽에 놓는 진설법이다. 여기

서 동쪽이란 오른쪽이고 서쪽은 왼쪽을 말한다. 제사상은 실제 방위에 상관없이 정면을 무조건 북쪽으로 친다.

- 어동육서(魚東肉西): 제사상에서 생선은 동쪽, 육(肉)은 서쪽, 적(炙)은 어(魚)와 육의 중간에 놓는 것을 말한다.
- 동두서미(東頭西尾): 생선을 제사상에 놓을 때에도 격식이 있는데, 머리는 동쪽, 꼬리는 서쪽을 향하도록 놓는 것을 말한다.
- 좌포우혜(左脯右醯): 포는 왼쪽에 놓고 식혜는 오른쪽에 놓는 것을 말한다.

6. 백일 · 돌잔치, 수연(壽筵)

(1) 백일잔치

백일이라는 것은 아기가 출생한 날로부터 100일째 되는 날을 말하는 것인데, 이날 아기를 위해 베풀어 주는 잔치를 백일잔치라 하며 예부터 전해 내려오는 습속이다.

100일째 되는 날을 어째서 축일로 정해 기념하고 잔치를 베푸는 것인지에 대해서는 이렇다 할 증거를 제시할 수 없다. 하지만 출생한 날부터 삼칠일까지의 모든 행사가 주로 아기를 보호하고 산모의 건강회복을 위한 의례적인 행사로서 대부분 금기(禁忌) 사항이 주류를 이룬데 반하여 백일은 순전히 갓난아기만을 중심으로 한 아기 본위의 첫 경축행사라고 말할 수 있다.

아기가 별탈없이 건강하게 자라 무사히 100일을 맞게 된 것은 어떤 뜻이 있기 전에 우선 축하할 일이며 병이 없이 장수하여 복록을 누리고 출세하라는 기원은 빈부를 떠나서 누구나 바라는 바이고, 이를 어떤 의식에 의해 기원해 주는 것은 부모의 상정(常情)이라고 할 수 있다.

우리나라처럼 사계절(四季節)의 기온 변화가 현저히 느껴지는 지역에서 더욱이 의학 지식이 부족했던 과거에는 아기에게 병이 생기고 또 죽는 일이 환절기에 가장 많이 나타났다.

따라서 3개월이 지나면 계절이 바뀌는 것이기 때문에 3개월이라는 기간은 곧 100일에 가까운 날 수에 해당한다고 보아 100일을 맞는다는 것은 곧 절기에 따른 외계의 변화에도 불구하고 아무런 탈 없이 자랐고 어려운 고비를 넘겼다는 뜻도 있어서 이를 축하하고 아울러 성장과 장수를 기원하는 행사를 해 주는 것이라고 볼 수 있다.

또 한편으로는 숫자에 대한 우리나라 사람들의 선호성(選好性)과도 관련지어져 100일을 축하하는 날로 만들었다고 추측할 수도 있다.

예를 들면 백일치성 · 백일제 · 백일기 등과 같이 소원을 이루고자 하여 드리는 치성 기간을 정할 때 쓰는 100이라는 수는 큰 수이며 많은 수, 완전수(完全數)라는 뜻으로 해석된다.

따라서 100일이나 되는 오랫동안 아슬아슬하게 가슴 조이던 어려운 시기를 무사히 넘겼다는 안도감에서 이 날까지의 탈 없음을 축하해 주며, 한 인간으로서의 성장 과정의 시발점으로 백일을 중요시하게 된 것이라고 하겠다.

때문에 앞날의 성장에 있어서 무병장수를 기원하는 것은 오랜 경험에 따라 생긴 습속이고, 의식으로 나타난 것이 백일 축하연이라고 볼 수 있다.

백일이 되면 아기의 발육 상태는 눈에 띄게 달라진다. 고개를 가누고 소리 내어 웃으며 소리가 나는 쪽으로 눈길을 보내는 등의 재롱을 피운다.

백일 전까지는 흰옷만을 입히던 것을 이때부터는 색깔이 있는 옷을 입히기 시작하고, 자유롭게 움직여도 되기 때문에 등에 업을 수도 있다.

돌띠가 붙어 있는 마고자나 모자 등은 모두 백일부터 볼 수 있는 특색 있는 옷차림이다.

백일이 되면 배냇머리를 깎아 주는데 처음 보는 머리는 시어머니가 깎아 주어야 한다고 하며, 엄마가 깜짝 놀라야 아기에게 좋다고 믿는 습속이 있다.

배냇머리는 전부 깎지 않고 조금 남겨 두어야 한다고도 하는데 이는 아기가 놀랄까 봐 그러는 것이라고 한다.

가. 서울 지방

백일 날 아침에 삼신상(三神床)을 차리고 흰밥과 미역국을 드리고 빈 다음, 산모가 이 음식을 먹는다.

백일의 음식은 주로 떡이며 백설기(白餠) · 수수팥떡 · 인절미 · 송편 등을 만드는데 백설기는 장수를 뜻하고 정결 · 신성함을 나타낸 것이며, 수수팥떡은 부정을 막고 부정살을 제거하는 주술적(呪術的)인 뜻이 들어있으며, 인절미는 단단해지라는 뜻이 있고 송편은 속이 차라고 속을 넣으며 뜻이 넓으라고 속이 빈 송편을 만들어 준다.

백일 떡은 백 사람에게 나누어 주어야만 명(命)이 길어 오래 산다고 하여 많은 사람들에게 나누어 주기도 한다. 또한 백일떡은 그냥 먹을 수 없어서 떡을 받은 이웃과 친척은 반드시 선물을 하는데 답례로는 쌀 · 실 · 돈 같은 것을 주로 하며 이는 수복을 기원하는 기복을 뜻한다.

나. 경기 지방

a. 백 집을 돌며 쌀을 얻어서 떡을 만들어 백 사람이 나누어 먹으면 아이가 장차 장수하며 출세한다고 한다.

b. 백설기 · 미역국을 끓여 먹는다.

c. 이웃이나 친척으로부터 돈 · 의복 등의 선물을 받는다.

d. 배냇머리를 기르지 않고 백일이 되면 깎아 준다.

다. 강원 지방

a. 백설기 · 송편 · 수수팥떡 등을 만들어 친척과 이웃에게 대접한다.

b. 백설기를 만들어 길 가는 100사람에게 100개 이상을 나누어 주면 장수(長壽)한다고 한다.

c. 수수팥떡을 만들어 부정을 막고 살풀이를 한다.

d. 마을 사람들이 실 · 돈을 가지고 와서 아기와 대면하며 특히 외가에서는 할머니가 찰떡 · 시루떡 · 누비포대기 · 핫저고리를 해 온다(경남).

라. 충북 지방

a. 백일을 백날이라고도 하며 백편 · 미역국 · 수수팥떡 등을 해 먹으며 이웃을 대접한다.

b. 이웃에서는 장수하기를 기원하는 뜻으로 실로 답례한다.

c. 삼신상(三神床)을 차려 모신다.

d. 수수팥떡을 해 주는 것은 살풀이를 위한 것으로 수수팥떡을 10살 때까지 해 주면 좋다고 한다.

마. 충남 지방

a. 쌀떡(흰무리 · 백설기) · 수수팥 단지와 여러 가지 음식을 만들어 이웃과 나누어 먹는다.

b. 백 조각의 헝겊으로 옷을 해 입히면 장수한다고 한다.

c. 이웃에서는 답례로 옷. 실 · 수저 · 반지 등을 선물하고 외할머니가 포대기 · 옷 · 밥그릇 · 수저 등을 해 오는 것이 통례라고 한다.

바. 경북 지방

a. 망둥떡 또는 만개떡이라 하는 떡을 100개 만들어 길 가는 사람들에게 나누어 준다. 이는 명이 길라고 행하는 습속이라 한다.

b. 국밥을 이웃과 같이 나누어 먹는다.

c. 외가에서 옷을 해 온다.

사. 경남 지방

a. 흰떡 100개를 만들어 길에 나가 지나가는 사람들에게 나누어 준다. 이는 명이 길어지라고 기원하는 것이다.

b. 이웃에서 가져온 실을 목에 걸어 준다. 이것은 늘어진 실과 같이 장수하기를 기원하는 행위이다.

c. 삼신께 국 · 밥을 차릴 때 실을 같이 상에 놓고 아이의 명을 빈다.

d. 흰무리를 하여 이웃을 초대한다.

e. 외할머니를 초대한다.

아. 제주 지방

시루떡을 쪄서 지나가는 사람들에게 나누어 주는데 100사람 이상 나누어 먹어야 아기가 잘 자란다고 한다. 대부분 경제적으로 넉넉하지 못해 아침 한 끼나 평상시와 다르게 해서 먹지만 여유가 있는 집에서는 백일을 잘 차려준다.

(2) 돌잔치

돌이라고 함은 아기가 출생하여 처음 맞이하는 첫 산일(産日)을 말하는 것으로서 초도일(初度日) · 주일(周日) · 주년(周年) 등으로 불리기도 하는데, 보통 유아기 아기의 생일을 말할 때 쓰이며, 첫돌 · 두돌 · 세 돌 등과 같이 아기의 나이를 셈하는데 쓰이고 있다.

원래 돌이라는 말은 주(周) · 회(回) 등과 같은 뜻을 지닌 말로써 1

년의 기간을 단위(單位)로 하여 반복되는 경우에 사용하는 말이다.

우리나라에서는 예로부터 돌잔치 행사가 일반적으로 행해져 내려온 습속이다. 돌에 대한 전래의 의식 행사를 보면 첫째, 그 아이의 장수 복록(長壽福祿)을 축원하는 치성을 드린다. 둘째로 아기를 성장시키기 위한 의복을 만들어 성장시키고자 하는 뜻을 보인다. 셋째로 돌상을 차려 돌잡이를 행한다.

넷째로 돌 음식을 만들어 친척과 이웃에 나누어 주며, 그들이 돌 음식을 받으면 복록과 장수를 기원하는 의미의 인사와 선물로 답례하는 것이 일반화되어 있다. 그러나 이러한 습속이 우리나라의 모든 지역에서 동일하게 행해지지는 않았다.

가. 치성(致誠)

치성 행위는 출산 · 삼칠일 · 백일에 행하는 것과 마찬가지로 산신(産神)에 대한 치성이 주가 되며 돌 전날 만신당(萬神堂)에 가서 치성을 드리기도 한다.

치성을 드리기 위해서는 삼신상(三神床)을 차리는데 흰밥과 미역국과 정화수로 차리고 아기시루(삼신시루:시루떡)를 상 옆에 놓는다. 아기시루의 떡은 밖으로 나가면 안 된다고 하여 가족끼리만 먹는데 떡이 밖으로 나가면 아기의 복이 줄어든다는 속설이 있다.

삼신상을 차려 놓은 다음 치성을 드린다. 남자들은 대부분 참석하지 않으며 할머니 또는 산모가 치성을 드리는데 두 손을 비비고 기원의 말을 하면서 반복해서 절을 한다.

이러한 치성 행위의 목적은 아기를 점지해 준 삼신에 감사하는 마음과 산신의 초인적인 능력에 힘입어 나쁜 인연을 끊고 장차 아이의 무병과 성장과 복록을 누리도록 보호해 달라고 기원하는 내용이 주가 된다.

나. 돌복(아기의 옷차림)

아기가 돌이 되면 여러 가지 옷을 화려하게 만들어서 돌장이에게 입히는데 이 옷을 '돌복'이라고 한다.

돌복은 돌장이인 남녀에 따라 다음과 같이 만들어 입혀왔다.

a. 남아의 경우: 보라색 또는 회색 바지에 분홍색 저고리 또는 색동저고리에 색동두루마기를 입히고, 금박 또는 은박을 찍은 남색 조끼에 색동마고자를 달고 금 · 은박이의 전복(戰服)과 그 위에 홍사대(紅紗帶)를 띠고 복건에 타래버선과 염낭 등으로 차려 입혀왔다.

b. 여아의 경우: 색동저고리에다 빨강색 긴 치마를 입히고 금 · 은박을 찍은 조바위에 타래버선과 염낭 등으로 차려 입힌다. 타래버선은 아동용으로 버선을 편하게 만들어 수놓은 것을 말한다.

돌띠는 수명장수를 기원하는 뜻에서 길게 만들어 한 바퀴 돌려 사용할 수 있도록 만든 것이며, 돌주머니(염낭)는 복록을 기원하는 뜻으로 달아 주는 것인데 비단 헝겊에 주머니 입을 주름잡아서 색실을 끈으로 쓰도록 만든 것이며 앞면에는 모란 · 국화 등의 수를 놓고 뒷면에는 수 · 복(壽福)) 자의 수를 놓는다.

돌주머니 끝에는 장식물(裝飾物)을 달아 준다. 장식물 중에는 아주 작게 만든 수놓은 타래버선 · 은도끼 · 은나비 · 은북 · 은으로 만든 물고기 · 은장도(銀粧刀) · 은자물통 등인데 이러한 물건들은 모두 아기의 장수와 복록을 기원하는 것이며 사귀(邪鬼)의 접근을 막아 부정을 막는다는 뜻을 가지고 있다고 한다.

이와 같은 뜻을 지닌 비슷한 습속은 지금도 각 지방에서 볼 수 있는데, 예를 들면 아기의첫 나들이 때 북어 머리를 옷섶에 달고 나간다든지, 외가에 갈 적에 숯이나 재를 머리에 발라 밉게 보이게 하고 간다든지, 고추를 꽂고 가는 풍속이라든지, 전염병이 유행할 때 아이의 옷섶에 자물통을 달아 주는 풍속은 이것과 같은 형태의 습속이라 할 수 있다.

특히 자식이 귀한 집에서는 이런 습속이 철저하게 지켜지고 있음을 흔히 볼 수 있다. 돌복을 만들 때 단추를 달지 않고 끈을 달아 주는데 이것도 아기의 장수를 비는 의식과 관계가 있다고 한다.

다. 돌잔치

돌이란 회(回) 또는 주(周)를 의미하는데 생후 첫 탄생일로서 만 1주년에 해당하는 날을 말한다. 이 날은 돌잡힌다고 하여 처음 탄생일을 축하해 준다.

부모는 아이에게 옷을 입히고 돌상 앞에 앉힌다. 아기를 좌포단(座布團: 푹신푹신하게 만든 방석의 일종)이나 면포(綿布) 한 필을 접어 놓고 앉힌다.

그리고 남자 아이의 경우에는 돌상에 쌀 · 활 · 책 · 붓 · 먹 · 두루마리 · 실 · 대추 · 국수 · 돈 등을 올려놓으며 떡도 함께 놓는다. 여자 아이의 경우에는 쌀 · 무평필 · 붓 · 먹 · 종이 · 실 · 대추 · 국수 · 자 · 바늘 · 책 · 과일 · 무지개떡 등을 올려놓는다.

아이로 하여금 마음대로 잡게 하여 먼저 잡는 것과 다음번에 잡는 것을 가장 중하게 여기고, 돌에 대한 축하는 빈부의 차이에 따라 일정하지 않으나 가능한 한 아기 옷은 좋은 옷을 입히고 돌상은 풍부하게 차리려고 하는 경향이 있다.

그러므로 돌상을 차릴 때 부모는 자연히 아기가 자라서 어떻게 되기를(부모가 원하는 아이로 키우고 싶을 때) 원하는 바에 따라, 돌상에 물건을 차리는 순서도 아이가 손쉽게 잡을 수 있는 가까운 곳에 연관된 물건을 늘어놓는 경향이 있으며 재앙이나 악과 관련된 물건은 놓지 않는다.

라. 돌상 차림

돌상은 돌이 된 아이를 축하해 주기 위하여 마련한 상인데 떡과 과일이 주가 되며 떡의 종류(種類)만 해도 12가지가 넘는다고 한다.

떡은 주로 백설기 · 붉은 팥고물을 묻힌 수수경단 · 찹쌀떡 · 송편 · 무지개떡 · 인절미 · 계피떡 등인데 이 중에서도 백설기와 붉은 팥고

물을 묻힌 수수경단은 꼭 해 주는 것으로 되어 있다.

백설기는 아기의 신성함과 정결하기를 기원하는 뜻에서 뿐만 아니라 장수한다는 뜻을 지니고 있다고 한다. 수수경단은 붉은 떡이라고 해서 덕을 쌓으라는 뜻이 있다고도 하지만 이런 뜻보다는 귀신이 붉은 색을 싫어한다고 하는 속신(俗信)에서 이 떡을 해 주면 사귀(邪鬼)의 출입을 막고 귀물(鬼物)을 퇴치하며 병을 막을 수 있다고 믿고 무병하게 잘 자랄 수 있도록 하려는 기원에서 생긴 습속이라고 보는 것이 좋다.

수수경단에 쓰이는 붉은 팥은 곱게 채에 받힌 것이 아니고 통팥을 절구에 넣어 빻아서 쓴다. 백설기의 신성함에 비해 수수경단은 붉은 빛을 가진 벽사(辟邪)라는 뜻을 가지고 있으며, 백설기와 수수경단은 아기가 10세가 될 때까지 생일마다 해 주면 아기가 잘 넘어지지 않아서 좋다고 한다.

인절미 · 찰떡은 찰 기운이 잇는 음식이므로 끈기 있고 마음이 단단해지라는 뜻에서 해 주는 것이라고 한다.

이처럼 떡 하나하나에까지 깊은 뜻이 들어 있음을 알 수 있다.

과일은 계절에 따라 다르지만 빛깔대로 골고루 차려 놓는다.

돌상은 떡과 과일이 주류를 이루고 이 밖에 돌잡이를 하기 위한 여러 가지 물건들이 진열된다.

마. 돌잡히기

돌잡히기란 앞에서 소개한 것처럼 돌잡이가 자기 마음대로 가지고 싶은 물건을 집는 것을 보고 그 아기의 장래를 점치는 행사인데 시주(試周)·시아(試兒)라고도 하며 돌잔치의 가장 흥미있는 행사이다.

돌상 앞에 무명 피륙 한 필을 접어서 깔아놓거나 포대기를 접어서 깔고 그 위에 아이를 앉혀 놓고는 아버지가 돌잡이가 되어 아이로 하여금 먼저 집는 것과 두 번째로 집는 것을 가장 중요하게 여긴다.

아이가 집은 물건에 따라 다음과 같은 속신(俗信)이 있다.

활과 화살은 무인(武人)이 되고, 국수와 실은 수명이 길며 대추는 자손이 번창하고, 붓·먹·벼루는 글재주가 뛰어나게 된다. 또한 쌀은 재산을 모아 부자가 되며 자와 바늘은 손재주가 좋은 사람이 되고, 떡은 미련하며 칼은 음식 만드는 솜씨가 뛰어나게 된다고 한다.

돌날에는 친척과 이웃들에 음식을 대접하며 돌떡은 동네의 여러 집에 돌린다. 돌떡을 받은 집에서는 반드시 돌떡을 담아온 그릇을 씻지 않고 그 그릇에다 적지만 물품이나 돈을 답례로 담아 보내 준다.

그 돈은 집에서 쓰지 않고 돌장이를 위해서 늘이는 방법을 마련하기도 하고 밑전이라고 하며 귀중하게 여긴다고 한다.

답례 물건은 실·의복·돈·반지·수저·밥그릇·완구 등이다. 각 지방의 습속들을 보아도 옛날이나 지금이나 별다른 차이는 없는 것 같다. 다만 지금도 장수와 부귀를 기원하는 구습은 아직도 남아 있음을 뜻한다.

(3) 수연(壽筵)

수연이란 장수를 축하하는 잔치로서 회갑(回甲), 70세의 고희(古

稀), 77세의 희수(喜壽), 88세의 미수(米壽) 등이 있다.

이 중에서 회갑을 가장 뜻깊게 기념하는데, 회갑이란 육갑(六甲)의 간지(干支)가 60년 만에 돌아온다는 뜻으로 이를 환갑(還甲)이라고도 한다.

가. 회갑례(回甲禮)

회갑이란 우리나라 나이로 61세가 되는 해의 생일을 말한다. 회갑을 맞으면 자녀들이 주동하여 부모님에 대한 은혜와 위로를 드리고 친척과 친지들을 초청하여 잔치를 베풀고 하객들은 회갑주(回甲主)에게 기념품을 드리며 더욱 장수하기를 바란다.

회갑주가 사회적으로 저명한 사람인 경우에는 뜻있는 사람들이 발기하여 기념사업을 벌이기도 한다.

나. 헌수(獻壽)

헌수란 회갑을 맞은 사람에게 자녀들이 큰 상을 차려 술잔을 올리고 절을 하면서 축수(祝壽)하는 것이다. 회갑을 맞은 내외분을 대청이나 기타 적당한 장소에 자리를 마련하여 그 앞에 여러 가지 음식을 차려 놓고 큰아들 내외부터 차례대로 술잔을 올리고 절을 한다.

그 밖의 친척이나 손님들 중에서도 축배를 올리고 축사를 한다.

만일 회갑 되신 분의 부모가 살아 계시다면 그 부모 앞에도 큰 상을 차리고, 회갑 되신 분 내외가 그 부모에게 먼저 술잔을 올리고 절을 한 다음 자기의 자리에 앉아서 헌수를 받는다.

이때 따로 큰상을 차리지 못한 경우에는 같은 자리의 한가운데로 모시고 먼저 술잔을 노부모에게 올린 다음, 그 옆에 앉아서 헌수를 받도록 한다.

다. 수연상 차리기

수연상은 다섯 치 내지 한 자 높이로 차리는데 큰 상의 옆이나 곁에는 따로 곁상을 차려 신선로 · 면 · 편육 · 식혜 · 나박김치 · 화채 · 간장 등을 놓는다.

수연상의 기본 음식은 다음과 같다.

- 다식(茶食): 송화다식, 녹말다식, 승검초다식, 황밤다식, 검은깨다식 등.
- 건과(乾果): 대추, 밤, 은행, 곶감, 호도 등.
- 생과(生果): 사과, 배, 감, 귤, 복숭아 등.
- 유과(油果): 약과, 강정, 매잣과, 세반 연사 등.
- 정과(正果): 과실정과, 새앙정과, 연근정과, 인삼정과, 모과정과, 생강정과, 유자정과 등.
- 편(떡): 백편, 찰편, 꿀편 등.
- 당속(糖屬): 팔보당, 졸병, 온당, 옥춘 등.
- 포(脯): 어포, 육포, 건적포 등.
- 적(炙): 쇠고기적, 닭적, 북어적, 생선적 등.
- 전(煎): 생선전, 고기전, 파전 등.

● 초(炒): 전복초, 면초 등.

수연상을 차릴 때 실과류는 앞쪽, 편류는 옆줄, 적 등은 뒤에 놓는다. 굄 접시에는 날곡식을 채워 편편해지게 한 다음 백지로 싸며, 과일은 그대로 쌓기가 곤란하므로 아래 위를 칼로 조금씩 도려내어 이쑤시개와 같은 가는 나무로 연결시켜 쌓는다. 또한 은행은 까서 볶고 대추는 쪄서 실에 꿰어 싸며 과자류는 백지를 붙여 가며 괴어 올린다.

조부모가 살아 계실 때는 큰 상을 둘 차리고 아울러 돌상도 차린다. 돌상은 돌 때의 상과 똑같이 차리며 형편이 닿지 못할 경우에는 큰 상의 한가운데에 조부모님을 모시고 회갑주(回甲主)는 그 옆에 앉는다.

이날의 옷차림은 두 분이 다 깨끗한 예복으로 갈아입는다.

라. 수연 청첩장(請牒狀)

수연에 초대하는 청첩은 대체로 회갑을 맞는 분의 자녀들이 하게 된다. 그리고 공직이나 어떤 단체에 관계가 있는 사람이라면 그 단체의 뜻있는 사람들이 발기인이 되어 별도로 축하연(祝賀筵)을 갖는 경우도 있다.

청첩장은 먼저 상대방의 안부를 묻고, 초대하는 사연을 간략하게 쓰며 장소와 수일(壽日)을 명기한다.

마. 수연 축하장(祝賀狀)

수연을 축하하기 위해 돈으로 부조(扶助)를 하거나 기념이 될 만한 선물을 보내는데, 보낼 때에는 단자(單子)를 써서 봉투에 넣어 보낸다.

단자를 접을 대는 축의 문구(文句)와 상대편의 성명이 쓰여진 곳에 줄이 생기지 않도록 조심해서 접어야 한다.

바. 수연 축하 봉투(祝賀封套)

단자를 쓰지 않고 봉투만 쓸 때는 표면에 축하 문구(文句)를 쓰고 그 아래나 혹은 조금 왼편에 물목(物目) 내용을 표시한다. 봉투는 이중 봉투가 좋으며 홑봉투는 쓰지 않는 것이 좋다.

(4) 장수 잔치

가. 육순(六旬)

우리나라 나이로 예순 살이 되는 생일에 자손들이 경사스럽고 복된 날을 기념하고자 성의껏 특별히 잔치를 베풀고 부모님과 친분이 두터운 친지나 친구 분들을 초대하여 즐거운 분위기 속에서 부모님을 즐겁게 해 드리는 것이다.

나. 진갑(進甲)

회갑을 치른 이듬해의 생일을 말하는데, 회갑 잔치처럼 성대하게 하지 않고 친척과 친지들을 초대하여 부모님의 마음을 기쁘고 즐겁게 해 드리며 가정 형편에 따라 음식을 차려서 이 날을 기념하고 축하한다.

다. 칠순(七旬)

사람이 일흔 살 살기가 힘들다는 옛말이 있듯이 부모님의 연세가 일흔 살이 되면 자손들이 장수를 축하하는 잔치를 베풀어 드린다. 잔치는 간소하게 하며 칠순 잔치를 희연(稀筵) 또는 망팔(望八)이라고도 한다.

라. 팔순(八旬)

팔순이 되면 이 이후의 미수연(米壽筵)과 더불어 잔치를 베푸는데, 자손들은 부모님께 효도하는 마음으로 오래오래 장수하기를 빌면서 가정 형편에 따라 잔치를 베풀어 부모님의 마음을 기쁘게 해 드린다. 그러나 이런 성스럽고 경사스러운 일도 지나친 허례허식을 해서는 안 된다.

마. 회혼례(回婚禮)

해로(偕老)하는 부모님이 혼인(婚姻)한 지 예순 해의 회혼을 축하하는 잔치이다. 이 날은 가족과 친지 그 밖의 친분이 두터운 친구 분들을 초대하여 부모님을 축복해 드리며 자손들의 성의에 따라 잔치를 베풀어 드리는 것이다.

아름다운 예의 뿌리를 찾아서

2019년 7월 31일 1쇄 발행
2022년 12월 10일 3쇄 발행

엮은이 : 김영진
펴낸이 : 박종수 외 1인
펴낸곳 : 태평양저널
인쇄소 : 한빛인쇄(주)
표지디자인 : 조봉상
본문편집 : 지식과사람들
주 소 : 서울특별시 영등포구 신길로 23길 36, (신길5동 337)
전 화 : (02) 834-1806
팩 스 : (02) 834-1802
등 록 : 1991년5월 3일(제03-00468)
ISBN 978-89-90642-37-0

정가 15,900원

※ 잘못 만들어진 책은 바꾸어 드립니다.